皮书系列为
"十二五""十三五"国家重点图书出版规划项目

智库成果出版与传播平台

餐饮产业蓝皮书
BLUE BOOK OF CATERING INDUSTRY

中国餐饮产业发展报告（2021）

ANNUAL REPORT ON CATERING INDUSTRY DEVELOPMENT OF CHINA(2021)

主　编/邢　颖
执行主编/于干千

社会科学文献出版社
SOCIAL SCIENCES ACADEMIC PRESS (CHINA)

图书在版编目(CIP)数据

中国餐饮产业发展报告.2021/邢颖主编.--北京：社会科学文献出版社，2021.8
（餐饮产业蓝皮书）
ISBN 978-7-5201-8771-8

Ⅰ.①中… Ⅱ.①邢… Ⅲ.①饮食业-产业发展-研究报告-中国-2021 Ⅳ.①F726.93

中国版本图书馆CIP数据核字（2021）第158462号

餐饮产业蓝皮书
中国餐饮产业发展报告（2021）

主　　编 / 邢　颖
执行主编 / 于干千

出 版 人 / 王利民
组稿编辑 / 周　丽
责任编辑 / 王玉山　张丽丽

出　　版 / 社会科学文献出版社·城市和绿色发展分社（010）59367143
　　　　　 地址：北京市北三环中路甲29号院华龙大厦　邮编：100029
　　　　　 网址：www.ssap.com.cn

发　　行 / 市场营销中心（010）59367081　59367083
印　　装 / 天津千鹤文化传播有限公司

规　　格 / 开　本：787mm×1092mm　1/16
　　　　　 印　张：21.25　字　数：318千字
版　　次 / 2021年8月第1版　2021年8月第1次印刷
书　　号 / ISBN 978-7-5201-8771-8
定　　价 / 160.00元

本书如有印装质量问题，请与读者服务中心（010-59367028）联系

▲ 版权所有 翻印必究

餐饮产业蓝皮书编委会

顾　　问　杨　柳　荆林波

主　　编　邢　颖

执行主编　于干千

副 主 编　赵文珂　赵京桥　刘贵阳

编　　委　（排名不分先后）
　　　　　尚哈玲　云　程　韩姗月　程　钢　于学荣
　　　　　沈　坚　陈　恒　唐继宗　王喜庆　杨　遥
　　　　　张黎明　孔令涛　樊　宁　安　神　程小敏
　　　　　张祖群　王文江

主要编撰者简介

杨　柳　博士，正高级经济师、研究生导师，中国医药集团党委副书记、国药励展董事长，兼任世界中餐业联合会会长、中国商业联合会副会长、全国妇联常委，曾主编餐饮管理专业系列教材，出版餐饮专著，主持多项省部级课题，在国家一级刊物发表多篇学术论文；曾获第二届中国出版政府奖、全国商业科技进步一等奖等多个奖项。

荆林波　博士，博士生导师，二级研究员，中国社会科学评价研究院院长，享受国务院政府特殊津贴专家，21世纪"百千万人才工程"国家级人选，经贸政策咨询委员会委员，供应链政策咨询委员会委员，国家标准委委员，多个部委特聘专家。参与多项国家和部委重大课题研究及重要文件起草，获得孙冶方经济科学奖、万典武商业经济学奖、"有突出贡献中青年专家"等多项荣誉。社会兼职包括中国物流学会副会长、中国商业经济学会副会长、中国社会科学情报学会副理事长、中国信息经济学会副理事长等。

邢　颖　副教授，世界中餐业联合会常务副会长，原任中国全聚德（集团）股份有限公司董事长。主编高等教育自学考试《餐饮经济学导论》《餐饮企业战略管理》等教材及《中国餐饮产业发展报告》（餐饮产业蓝皮书）等书，曾获"中国餐饮业年度十大人物"等奖项。

于干干 博士后，二级教授，红河学院校长，世界中餐业联合会国际烹饪教育委员会副主席，云南省哲学社会科学创新团队（餐饮文化与产业升级）首席专家。

摘　要

《餐饮产业蓝皮书：中国餐饮产业发展报告》自2006年创办以来，始终坚持聚焦餐饮产业发展的前沿和热点问题，深入准确地分析行业发展状态，已经成为餐饮行业研究成果的重要载体和传播中国饮食文化的重要媒介。经皮书评审委员会审议，中国社会科学院批准，《中国餐饮产业发展报告》连续多年入选"中国社会科学院创新工程学术出版项目"。

《中国餐饮产业发展报告（2021）》分为总报告、地区发展篇、专题报告篇及附录四个部分。

本书第一篇总报告对2020年中国餐饮产业的宏观运行进行了分析，受到新冠肺炎疫情深远冲击，餐饮业2020年严重衰退，同时疫情也促进了产业结构调整和产业标准化、数字化发展；剖析了在后疫情时代餐饮市场迎来新消费机遇、新投资机会、新技术发展、新产业链协作等新机遇；提出了"十四五"期间餐饮产业的发展目标，以及推进餐饮业供给侧结构性改革，深化餐饮业需求侧改革，加快推进数字餐饮建设，融入乡村经济发展，全面推进乡村振兴，提升中华饮食文化影响力，加快绿色、生态、节约型餐饮发展，做好餐饮业民生保障工作，把餐饮业列入实施平安中国发展目标的重要产业等产业发展任务。第二篇总报告则针对疫情期间餐饮产业暴露出的问题，深入分析了通过制定《餐饮业发展促进条例》推动餐饮产业高质量发展的可行性和必要性，并提出了立法路径，阐释了《餐饮业发展促进条例》体例结构和主要内容。本书第二部分为地区发展篇，本篇重点关注了北京、上海、广东、江苏、浙江、海南、陕西以及澳门等地2020年餐饮产业运行

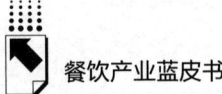

情况，对各地餐饮产业运行特点进行客观盘点和分析，着重分析了各地面对疫情重创的重振措施和创新出路。本书第三部分为专题报告篇，选取了业界普遍关注的地方菜振兴与发展、餐饮品牌建设、外卖、第五批非物质文化遗产项目和反食品浪费等主题进行了细致的分析。

关键词： 中国餐饮产业 "十四五" 高质量发展 品牌力 非物质文化遗产

前　言

　　2020年是极不平凡的一年。新冠肺炎疫情的突袭而至和防控常态化，给中国餐饮产业带来了前所未有的严峻挑战。在党和政府的坚强领导下，在中央和地方各项财政金融与促进消费政策及措施的扶持下，我国疫情防控和复工复产取得了重大成效，餐饮产业逐步从疫情影响中走了出来。从餐饮收入看，2021年第一季度已与2019年第一季度基本持平，实现了恢复性增长，产业活力和潜力可见一斑。这个成绩的取得与广大餐饮业同仁的积极努力密不可分。

　　2021年是"十四五"规划开局之年，是"两个一百年"奋斗目标历史交汇的关键节点，是乘势而上开启全面建设社会主义现代化国家新征程的关键之年。餐饮产业作为满足人民美好生活需求的重要消费产业和关系到广大人民群众获得感和幸福感的重要民生产业，在建设社会主义现代化进程中具有独特的重要作用。在《中华人民共和国国民经济和社会发展第十四个五年规划和2035年远景目标纲要》的统领下，餐饮产业势必在社会、经济、文化和生态等领域取得更亮眼的成绩。在此背景下，世界中餐业联合会和红河学院联合推出《中国餐饮产业发展报告（2021）》，本书继续遵循聚焦理论前沿、追求实践价值、引领行业发展的一贯原则，聚焦后疫情时代餐饮产业的重振措施和创新思路，着重研究餐饮产业如何立足新发展阶段、贯彻新发展理念、构建新发展格局，以高质量发展为主题，展开研究和论述。同时，本书聚焦疫情暴发及防控过程中催生的产业热点问题，围绕地方菜振兴、餐饮品牌建设、餐饮外卖发展、非遗项目传承和反食品浪费等主题，进行深入分析和研判。

2021年,世界中餐业联合会即将迎来建会30周年。这30年间,我们始终秉承促进中餐产业繁荣发展和弘扬中华优秀饮食文化的办会宗旨不懈努力。迄今,《餐饮产业蓝皮书:中国餐饮产业发展报告》也已创办15年,作为我们持续打造的产业研究品牌项目,日益受到政策制定者、产业研究者和产业链从业者的关注和肯定,在反映行业现状和诉求、引领产业研究方向和发展方向等方面的作用逐步凸显。"惟其艰难,才更显勇毅;惟其笃行,才弥足珍贵。"在餐饮产业高质量发展的征程中,我们定当不忘初心、实干笃行!

世界中餐业联合会 常务副会长

2021年7月31日

目 录

Ⅰ 总报告

B.1 立足新发展阶段 贯彻新发展理念 高质量融入"十四五"新发展格局
——中国餐饮产业2020年发展回顾与"十四五"展望
.... 赵京桥 于干千 / 001
  一 2020年中国餐饮产业宏观运行分析 .... / 003
  二 危中有机的后疫情时代餐饮市场 .... / 008
  三 "十四五"产业发展目标与任务 .... / 013
  四 推动餐饮业高质量发展融入新发展格局 .... / 022

B.2 关于加快制定《餐饮业发展促进条例》的研究报告
.... 于干千 姚俊颖 / 028

Ⅱ 地区发展篇

B.3 2020年北京餐饮产业发展报告 .... 云 程 宗志伟 / 037

B.4　2020年上海餐饮产业发展报告 …………… 上海商情信息中心 / 045

B.5　2020年广东餐饮产业发展报告 …………………… 程　钢 / 056

B.6　2020年江苏餐饮产业发展报告 …………………… 于学荣 / 086

B.7　2020年浙江餐饮产业发展报告 ………… 浙江省餐饮行业协会 / 101

B.8　2020年海南省餐饮产业发展报告 …………… 陈　恒　杨哲昆 / 119

B.9　2020年澳门餐饮产业发展报告 …………………… 唐继宗 / 137

B.10　后疫情时代陕西餐饮企业可持续发展研究
　　　……………………… 王喜庆　张　艳　谭启鸿　韩　洁 / 150

Ⅲ　专题报告篇

B.11　滇南乡愁美食文化记忆
　　　——基于建水县美食文化调查与分析 …………… 张黎明 / 162

B.12　以打造"国际消费中心城市"为契机 加快推进天津
　　　"国际美食之都"建设
　　　…………………… 孔令涛　诸　杰　陈　诚　郭成月 / 176

B.13　中国餐饮业迎来品牌力2.0时代
　　　——2020年中国餐饮品类与品牌调研报告 ……… 樊　宁 / 186

B.14　2020年中国线上外卖行业发展报告 ……………… 安　神 / 208

B.15　中国饮食类非物质文化遗产的当代际遇与未来进路
　　　——基于国家级非遗名录中饮食项目的检视
　　　………………………………………… 程小敏　宫润华 / 222

B.16　中国文化传统中饮食节俭惯习与健康观
　　　——基于春节的样本调查 ……… 张祖群　陈　琦　李　昕 / 243

B.17　《反食品浪费法》解读 …………………………… 王文江 / 261

Ⅳ 附录

B.18 中华人民共和国反食品浪费法 …………………………… / 274
B.19 餐饮业人工智能技术应用指南 …………………………… / 281

Abstract …………………………………………………………………… / 304
Contents …………………………………………………………………… / 306

总报告
General Reports

B.1
立足新发展阶段 贯彻新发展理念 高质量融入"十四五"新发展格局

——中国餐饮产业2020年发展回顾与"十四五"展望

赵京桥 于干千*

摘　要： 餐饮业作为国民经济中基础性的生活服务业在"十三五"期间收入规模完成了从3万亿元到4万亿元的跨越，继续为扩大消费、稳定就业、保障民生、传承文化发挥重要作用。受新冠肺炎疫情深远冲击，餐饮业在2020年严重衰退，同时疫情也促进了产业结构调整和产业标准化、数字化发展；在"十四五"发展新征程的起点上，餐饮业要按照"十四五"规划纲要部署，紧紧围绕人民美好生活需要，立足新发展阶段，贯彻新发展理念，以高质量产业发展融入"十四五"新发展格局，为

---

* 赵京桥，经济学博士，中国社会科学院财经战略研究院服务经济与餐饮产业研究中心执行主任，主要研究方向为服务经济与信息经济；于干千，理论经济学博士后，二级教授，红河学院校长，主要研究方向为产业经济。

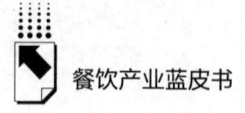

2035年远景目标和第二个百年奋斗目标贡献产业力量。

关键词： 餐饮业 "十四五" 高质量发展

2020年是全面建成小康社会、实现第一个百年奋斗目标的收官之年。尽管受到突如其来的新冠肺炎疫情冲击和面临复杂多变的国际政治经济形势，但在中国共产党领导下，全国人民齐心协力有效防控国内疫情蔓延和国外疫情输入，积极开展复工复产，实现了国民生产总值增长2.3%，突破100万亿元，胜利完成了"十三五"规划目标，取得了全面建成小康社会的历史性成就，为建党一百周年献上了靓丽的成绩单。

餐饮业作为国民经济中基础性的生活服务业在"十三五"期间收入规模完成了从3万亿元到4万亿元的跨越，继续为扩大消费、稳定就业、保障民生、传承文化发挥了重要作用；产业质量在供给侧结构性改革战略指引下，不断实现速度、规模与质量协调发展，提质增效、转型升级效果明显。2020年，突如其来的新冠肺炎疫情对餐饮业造成了全面而深远的冲击，餐饮堂食消费陷入前所未有的困境；在国内疫情得到有效控制后，在中央和地方各项财金扶持政策和促进消费措施下，餐饮业逐步回暖；经历了疫情洗礼后，产业转型升级逐步加快，供给质量进一步提升，安全防控能力进一步增强。

2021年是"十四五"开局之年，也是全面建设社会主义现代化国家新征程的起点。《中华人民共和国国民经济和社会发展第十四个五年规划和2035年远景目标纲要》（以下简称《纲要》）的发布为未来社会、经济等各个领域提供了发展目标和行动纲领；餐饮业要按照《纲要》部署，紧紧围绕人民美好生活需要，立足新发展阶段，贯彻新发展理念，以高质量产业发展融入"十四五"新发展格局，为2035年远景目标和第二个百年奋斗目标贡献产业力量。

一 2020年中国餐饮产业宏观运行分析

2020年，在突如其来的新冠肺炎疫情影响下，在复杂的国际政治经济形势下，餐饮业发展面临前所未有之困境。全年餐饮收入同比下滑16.6%，为39527亿元（见图1），低于2017年餐饮收入水平，是改革开放以来餐饮业衰退最为严重的年份。新冠肺炎疫情对餐饮业的冲击不仅仅体现在短期的收入下滑上，更为重要的是，疫情冲击带来了餐饮业产业结构、产业产品与服务、产业业态与模式、产业生态、产业安全和产业文化等方面的深远变化。

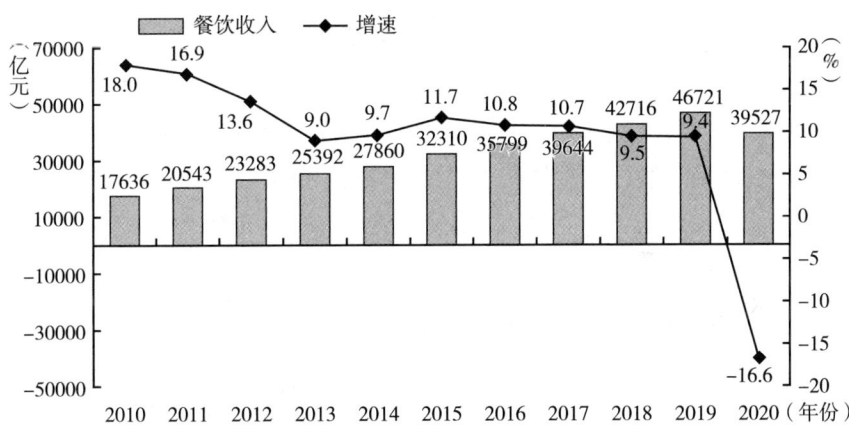

图1　2010～2020年中国餐饮业收入规模增长情况

注：由于价格等因素的影响，部分年份增速与实际计算结果不一致，但为了保持数据的完整性，本文对引用的国家统计局数据不做处理。仅供参考，下同。
资料来源：国家统计局，www.stats.gov.cn/。

（一）疫情导致餐饮收入严重下滑

"十三五"期间，餐饮业保持了平稳快速发展，到2019年实现餐饮收入4.7万亿元，比"十三五"初期增长44.6%。但在2020年，公共卫生安全成为餐饮业的阿喀琉斯之踵，而新冠肺炎疫情就像一支箭射中了它，餐饮业在最为火热的春节市场遭遇寒冬。在全国各地重大突发公共卫生事件一级响应形势下,餐饮业因其门店分布广、消费人群和就业人员多而杂、公共场所就餐极易造成疫情扩散等特点,成为了疫情防控的重要战场之一。各地餐饮企业按照当地政府统一部署要求积极开展门店和就业人员的疫情防控工作,大量餐饮门店在一季度处于停摆或半停摆状态。这使得餐饮企业在面临极大疫情防控压力的同时,面临巨大的持续经营压力、资金链断裂风险乃至生存危机。2020年一季度,全国餐饮收入同比几近腰斩,仅为6026.3亿元,负增长44.3%。

为了帮助困境中的餐饮企业,中央及地方政府出台了诸多保市场主体的金融和财政扶持政策,以及诸如消费券等促进消费发展的多种措施。从第二季度开始,在中央统一部署下,各地积极推进全社会复工复产,餐饮业也开始恢复生产经营。尽管国内疫情得到了有效防控,二、三季度餐饮收入下滑速度逐月放缓,但受到全球疫情防控压力和个别地区疫情反复影响,餐饮消费信心恢复缓慢,餐饮堂食消费难以如期反弹,餐饮企业复工难、复产难现象普遍存在。餐饮业直到2020年10月才实现了0.8%的名义正增长,第四季度逐步恢复到疫情前收入水平(见图2)。

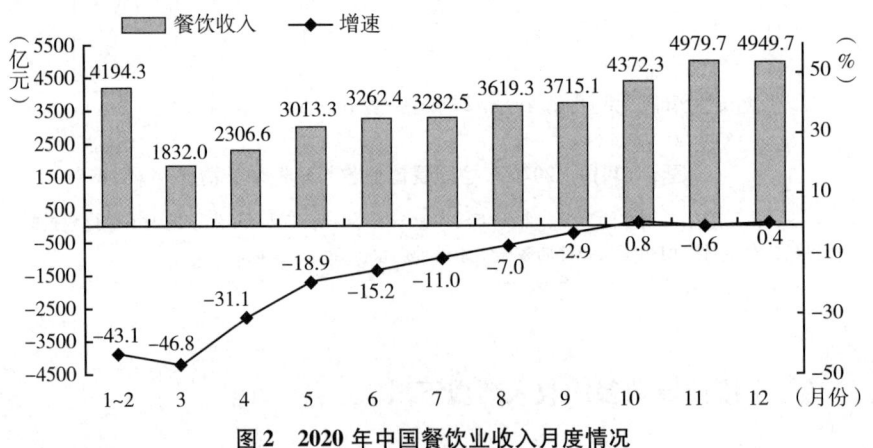

图2 2020年中国餐饮业收入月度情况

资料来源:国家统计局,www.stats.gov.cn/。

从疫情对社会消费品零售的影响来看,餐饮业受到疫情的影响要远大于零售业(见图3),全国商品零售额在2020年7月就实现了月度正增长,全年商品零售额下滑2.3%，而餐饮收入在7月份依然同比下降11%，全年下滑16.6%。受此影响，餐饮收入占社会消费品零售总额的比重回落到10%的水平，是"十三五"期间的首次下滑。

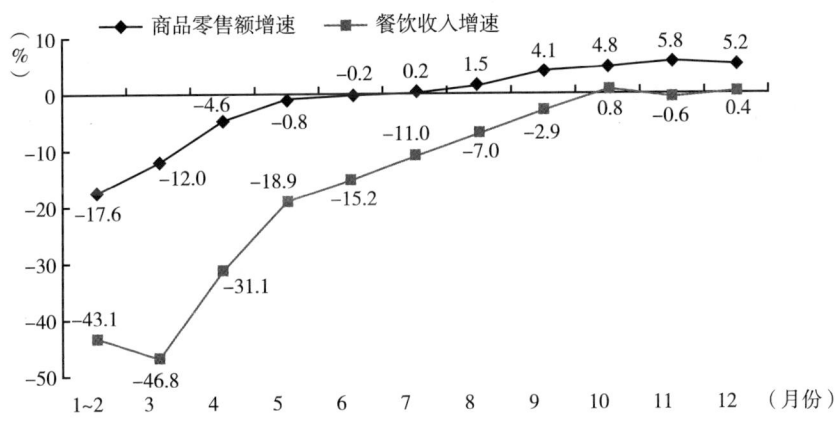

图3　2020年中国商品零售额与餐饮收入月度增速情况

资料来源：国家统计局，www.stats.gov.cn/。

（二）疫情加快了餐饮业结构调整

疫情加快了餐饮企业的优胜劣汰。疫情冲击给广大中小微餐饮企业带来了巨大的持续经营压力，不少缺乏竞争力和资金的餐饮企业选择了退出市场。这给拥有较多资金储备或者资金来源的上市餐饮企业、品牌餐饮企业带来了市场扩张机会。从限上餐饮企业收入数据来看，限上餐饮企业在突发应急事件中具有更强的抗风险能力和恢复生产能力。在疫情得到有效控制、全国餐饮复工复产中，限上餐饮企业餐饮收入显示出更快的恢复速度（见图4），在9月份就实现了月度正增长。限上餐饮企业全年实现餐饮收入8232亿元，下滑14%（见图5）。

此外，疫情冲击加快了餐饮网点调整。围绕社区餐饮服务发展的餐饮网点在疫情中更具有韧性，而过去通过人流聚集而发展的商业中心网点在疫情中受到较大冲击。

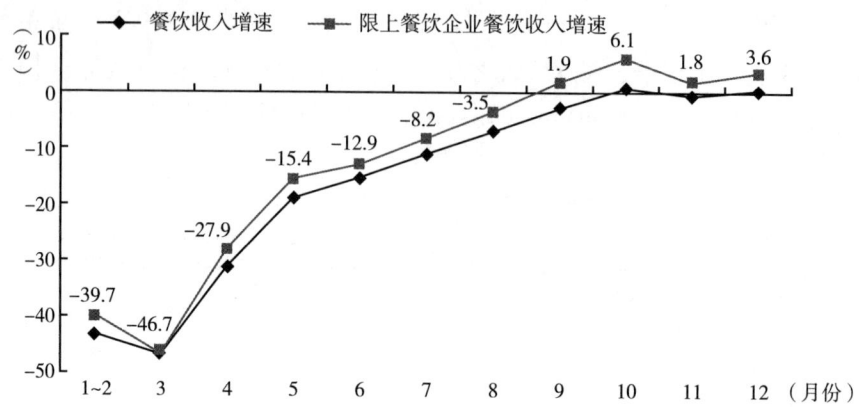

图4　2020年限上餐饮企业餐饮收入月度增速情况

资料来源：国家统计局，www.stats.gov.cn/。

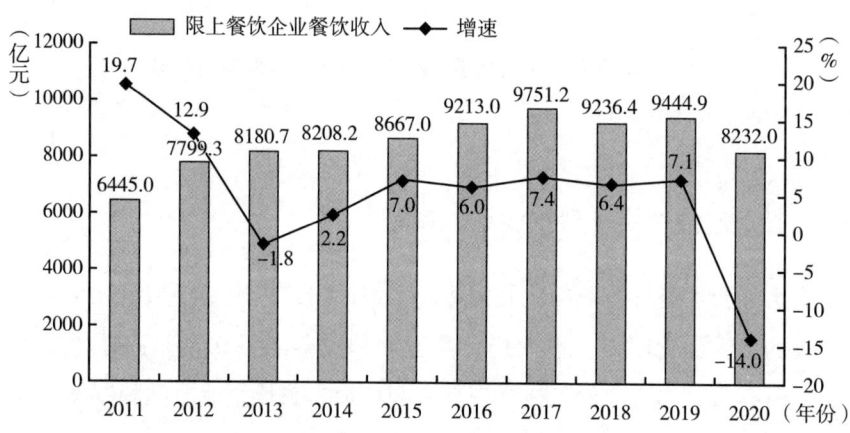

图5　2011~2020年中国限上餐饮企业餐饮收入情况

资料来源：国家统计局，www.stats.gov.cn/。

（三）疫情加快了餐饮标准化和零售化

在疫情影响下，生存和发展倒逼餐饮企业加快产品变革，以满足疫情防控需要和适应以"宅经济"为代表的消费场景的转换以及满足各地抗疫工作的民生保障需求。一是餐饮企业加快研发适用于宅食消费场景和外卖服务模式的各类标准化餐饮半成品、预制菜等，加快餐饮产品零售化发展，提高门店零售能力；二是符合卫生安全规范的标准化餐饮生产方式在应对公共卫生安全事件中更具抗风险能力。一些连锁餐饮企业加大了中央厨房、无接触服务等设备设施的投入，不仅考虑在生产安全性、产品安全性上能够满足疫情防控需要，而且着眼于未来满足大规模、标准化生产服务的需求，以应对餐饮生产方式的变革；三是许多社区餐饮门店充分利用门店的生产和流通能力，向社区居民提供食材、餐饮半成品、预制菜等餐饮零售服务，既保障了社区居民的民生需要，又满足了社区居民的多样化饮食消费需求。

（四）疫情加快了餐饮数字化

"十三五"是餐饮业数字化发展的重要时期，在线外卖迅速发展，渗透率逐年上升，在线外卖用户数量达到4.19亿（截至2020年12月）；SaaS（Software – as – aService）等餐饮数字化系统和智能厨房设备快速推广应用，进一步提高了餐饮企业运营效率。2020年，生存和发展倒逼餐饮企业必须加快数字化改造，以适应当前社会经济数字化进程和满足疫情防控下的餐饮消费需求。一是更多餐饮企业开设了线上餐饮门店，开辟线上销售和服务渠道，全年外卖交易额超过8000亿元①，在线外卖已经成为餐饮企业生存发展的重要商业模式。二是餐饮企业进一步加快了SaaS等信息化服务应用，积极利用数字技术改造餐饮服务流程，降低成本，提高效率，形成了覆盖前端点菜、结账以及后端供应链、生产制作等环节的餐饮数字化流程，加快了餐饮服务数字化发展。同时餐饮企业积极推进智能餐饮服务应用，加快了机器人厨师、送菜机器人等无接触服务在门店的应用，通过数字化、智能化服务满足防疫需要和提供便利化服务。三是自建和第三方在线餐饮服务平台在疫情期间加速发展。以美团为例，截至2020年12月31日，美团平台活跃商家数和年度交易用户数分别增长至680万和5.1亿，全年餐饮外卖交易金额4889亿元，同比增长24.5%，订单笔数超过100亿单。互

---

① 央视财经披露数据。

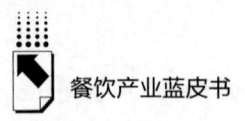

联网餐饮服务平台已经成为餐饮供需匹配的重要平台，而平台的监管和治理也成为餐饮业高质量发展的重要内容。

（五）短期扶持政策和消费刺激措施支持餐饮企业求生存、谋发展

自新冠肺炎疫情发生以来，餐饮业一直是疫情防控重点产业和政府重点扶持的生活服务业之一。国务院及各部委相继制定出台了疫情防控指南，财政、金融扶持政策，复工复产政策，以及促进消费政策等十多个与餐饮业相关的扶持政策，各地方政府也根据不同的疫情和地情，在党中央、国务院政策意见指引下细化出台了数十项扶持政策，帮助企业开展安全有效防控工作，规范有序复工复产有效减轻了餐饮企业成本压力，增强了抗击疫情、恢复增长的信心，有序推动了餐饮业复工复产，并通过多种方式刺激消费，提振国内消费市场。但由于全球疫情输入压力持续，国内疫情存在反复，餐饮消费的公共卫生安全信心较为脆弱，餐饮消费恢复相对于其他商业活动要更慢，餐饮经营面临人工成本上涨、租金上升、供应链延长等诸多挑战。因此要化危为机，推动餐饮业恢复性增长，不仅要优化当前餐饮业扶持政策，加大扶持力度，提升帮扶企业的服务质量和效率，还需要着眼于长远发展的产业发展政策，吸引产业投资，提振产业发展信心。

二 危中有机的后疫情时代餐饮市场

习近平总书记强调："危和机总是同生并存的，克服了危即是机。"新冠肺炎疫情给餐饮业全产业链带来巨大危机，但疫情不改中国长期发展趋势，危机不改中国人民美好生活的高质量饮食需要。在"十四五""加快形成以国内大循环为主体、国内国际双循环相互促进的新发展格局"的战略指引下，后疫情时代餐饮市场迎来新发展机遇。

（一）新消费机遇

尽管疫情重创了餐饮市场，但十四亿多人口的饮食消费需求并没有消失，而是以不同的场景和不同的诉求在疫情期间和后疫情时代餐饮市场中出现，而且当前正处于消费升级的长期趋势中，消费者对健康、营养的品质餐饮，对餐饮服务体验和饮食文化体验需求不断增长。这给后疫情时代餐饮市场发展带来了新消费机遇，主要体现在三个方面。

一是疫情期间堂食场景的公共卫生安全风险以及数字商务、数字生活的发展推动了传统堂食场景向宅食场景、食堂场景等生活和工作餐饮消费场景转换。这种消费场景的转换带来了对互联网外卖服务、高品质团餐服务、高品质方便食品、预制菜的消费需求的快速增长。

二是疫情冲击进一步提高了消费者对餐饮消费的安全和健康诉求。在后疫情时代餐饮市场发展中，符合食品安全生产标准和公共卫生安全环境的餐饮产品和服务更加受到消费者青睐，这推动了品牌餐饮和连锁餐饮的消费需求增长。此外，轻食品类、饮食健康服务等餐饮产品和服务越来越成为餐饮的重要品类和服务。

三是被疫情压抑的餐饮体验消费需求在疫情后释放带来了沉浸式主题文化餐饮、美食旅游等体验式、融合式餐饮消费需求的新发展。

（二）新投资机会

疫情带来的短期产业波动造成了行业剧烈洗牌，给餐饮业投资带来了新机会。一方面，诸多在疫情期间因短期资金短缺而陷入经营困境的品牌连锁餐饮企业需要更多资本市场支持来稳定企业发展，这为产业资本和风险资本进入餐饮市场创造了良好投资机会；另一方面，拥有较多现金储备或资金支持的品牌连锁企业正利用行业洗牌机会加快布局全国餐饮市场，获取更多优质商圈门店资源，进一步扩大市场占有率。如百盛中国在 2020 年开设了 1165 家门店，并计划在 2021 年继续开设上千家门店；海底捞在 2020 年开设了 544 家门店，占 2020 年底门店数量的 45%；麦当劳在 2020 年也开设了 430 家门店。这些资本的进入和新增门店投资会进一步加快品牌连锁餐饮发展，提高餐饮市场集中度。

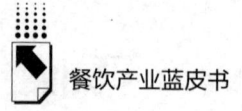

（三）新技术发展

信息技术、食品工业技术正在改变传统餐饮的管理方式、服务模式、生产工艺，而疫情的防控加快了新兴技术在餐饮业的应用。

在信息技术应用发展方面，疫情加速了经济、社会的数字化进程，数字商务和数字生活成为日常生活方式。消费者的线上化成为餐饮线上化发展的最大动力。为了更好地与消费者沟通，线上门店的品牌维护、产品信息、营销策划与促销引流、售后服务成为门店日常管理的重要内容；线上品牌社区成为餐饮企业宣传品牌、推广产品、维系消费者关系的重要方式，而微博、微信、抖音、快手等新媒体成为餐饮企业的重要引流渠道。消费行为的线上化积累为基于人工智能、大数据的智能分析技术发展提供了学习素材和发展空间，智能技术已经开始帮助餐饮企业更好地洞察消费者。在供给端，人工成本和租金成本的上升，要求餐饮企业深入应用信息技术，创新产品与服务，规范企业经营和成本核算，优化传统流程和供应链，而互联网服务平台、SaaS餐饮软件服务和移动支付的快速发展应用极大降低了中小微餐饮企业从前端到后端全流程数字化成本。此外，为了满足疫情防控需求，基于机器人厨师、机器服务员等智能设备的智能餐厅加快应用实践、优化了商业模式；为了满足消费者的体验需求，3D裸眼技术、虚拟现实技术等开始融入餐饮环境布置与菜品设计。总之，信息技术正在加快与餐饮业融合，以数字服务方式优化传统餐饮服务流程，以数字内容提升餐饮消费体验，以智能技术变革传统餐饮生产、服务方式。

在食品工业技术应用发展方面，疫情催生的"宅"经济带来了大量方便餐食和预制菜产品的消费需求，这大大加快了餐饮产业化发展进程。餐饮零售化发展要求通过食品工业技术应用实现餐饮产品从人工烹饪工艺向工业化工艺流程转变，实现餐饮产业化，并在保鲜技术和冷链环境下，为消费者提供接近于堂食产品的餐饮体验。

（四）新产业链协作

餐饮业规模持续增长，带来了产业分工的不断细化，从农地到餐桌的全产业链上，从餐饮企业开业、运营到注销的全企业生命周期，涌现了大量生产、服务企业，共同构筑了繁茂的餐饮生态圈。疫情对餐饮业的冲击波及了整个餐饮生态圈，不仅仅体现在早期第一季度产业停摆阶段导致的供应链短期停滞，更为重要的是疫情防控时期推出的禁野、禁塑政策，禁止餐饮浪费指示，境外输入冷链防控措施，以及以北京新发地市场疫情出现为代表的疫情反复事件等给餐饮产业链发展带来了长期影响，推动了餐饮产业链专业化分工水平的提高，加快了产业链的生态化和数字化协作，催生了新的产业链协作机会。

主要体现在以下三个方面。

一是餐饮产业链分工水平提升。近年来，餐饮业的规模化发展推动了餐饮供应链市场的快速增长，超万亿的餐饮供应链市场成为产业和资本争抢的香饽饽，形成了多方角逐的市场格局。其中有餐饮企业自身成立发展起来的综合性餐饮供应链企业，如海底捞的颐海国际；有依托零售企业成立的食材供应链企业，如永辉的彩食鲜；有互联网供应链平台企业美菜、美团快驴、饿了么有菜等；还有拥有农产品种植养殖、加工优势的供应链企业，如正大食品、首农裕农、望家欢等，以及垂直食材供应链企业，如专注于火锅供应链的锅圈食汇、懒熊火锅和查特熊，专注于速冻食品的供应商千味央厨、安井、三全、惠发等。尽管餐饮供应链企业在疫情期间都面临严峻的经营压力，但供应链的巨大市场潜力吸引了更多资本进入食材供应链领域。不少食材供应链企业都在2020年获得融资，渡过疫情难关，并加快市场布局（见表1）。餐饮企业对供应链服务的需求不仅仅体现在食材领域，还包括餐饮易耗用品、设备设施、商务服务等，越来越多的生产企业、服务企业也进入餐饮供应链市场。

二是生态化协作成为餐饮产业链协作新要求。2020年，全国人大常委会发布了《关于全面禁止非法野生动物交易、革除滥食野生动物陋习、切实保障人民群众生命健康安全的决定》，审议通过了《中华人民共和国固体废物污染环境防治法》，并就《反食品浪费法（草案）》公开征求意见，国家发改委、生态环境部、商务部等部委陆续发文落实禁塑令，各地方人大、地方政府也纷纷出台地方禁野政策，加大生态保护、环境保护和资源保护力度（见表2）。

表1 2020年食材供应链企业主要融资情况

供应链公司	时间	融资额	投资方
锅圈食汇	2020年2月B轮	5000万美元	IDG资本（领投）、嘉御基金、不惑创投投资
	2020年7月C轮	6000万美元	启承资本（领投）、IDG资本、嘉御基金、不惑创投、光源资本
望家欢	2020年3月B轮	6亿元	美团、隐山资本
	2021年2月B+轮	8亿元	CPE领投,葆润控股集团和自明资本跟投
乐禾食品	2020年5月C轮	4亿元	美团龙珠资本及鼎晖投资
	2020年12月D轮	数亿元	钟鼎资本、龙珠资本、鼎晖投资
莲菜网	2020年5月B+轮	1.55亿元	美菜
冻师傅	2020年7月PreA轮	数千万元	漠策资本、信天创投
蜀海	2020年7月	数千万元	雨知控股、亭和明、太阳维斯塔
彩食鲜	2020年12月A轮	10亿元	腾讯等

资料来源：根据企业公开融资信息整理。

表2 2020年出台的禁野、禁塑、禁浪费主要法律法规

禁止事项	法律法规	发布机构	时间
禁野	《关于全面禁止非法野生动物交易、革除滥食野生动物陋习、切实保障人民群众生命健康安全的决定》	全国人大常委会	2020年2月
禁塑	《中华人民共和国固体废物污染环境防治法》	全国人大常委会	2020年4月修订通过，2020年9月实施
	《关于进一步加强塑料污染治理的意见》	国家发改委、生态环境部等	2020年1月
	《关于扎实推进塑料污染治理工作的通知》	国家发改委、生态环境部等	2020年7月
	《关于进一步加强商务领域塑料污染治理工作的通知》	商务部办公厅	2020年8月
禁止餐饮浪费	《反食品浪费法（草案）》	全国人大常委会	2021年1月征求意见

资料来源：根据政府公开信息整理。

这些法律法规的出台和修订完善以及实施，对传统不符合禁野、禁塑要求的食材供应商、塑料制品供应商带来巨大冲击，对食材供应商的食材流通

效率、降低损耗率提出了更高要求。这给合规食材供应商、环保制品供应商提供了更好的发展机会。

三是数字化协作成为餐饮产业链协作的新方式。疫情防控要求、冷链防控要求以及北京新发地市场疫情出现冲击了传统餐饮食材采购环节，数字化采购和数字化溯源成为餐饮企业在保障食材供应前提下，提高供应链效率、加强食材供应链安全管理的重要方式。这给专业食材供应商、食材供应平台发展创造了更多机会。同时，为了更好地降低门店仓储成本和食材损耗，餐饮企业也加快了供应链数字化管理，利用数字技术实现消费、生产和供应链之间的匹配，提高了供应链的精准性。

三　"十四五"产业发展目标与任务

"十四五"时期是我国全面建成小康社会、实现第一个百年奋斗目标之后，乘势而上开启全面建设社会主义现代化国家新征程、向第二个百年奋斗目标进军的第一个五年。进入这一发展阶段，外部发展环境处于百年未有之大变局中，国际政治经济形势更加复杂多变，再加上新冠肺炎疫情的冲击，经济社会发展的不稳定性不确定性明显增加，给中国发展带来新的挑战，但中国当前依然处于战略机遇期；从内部发展来看，中国已转向高质量发展阶段，制度优势显著，治理效能提升，经济长期向好，发展基础更加坚实，但发展不平衡不充分问题仍然突出，改革攻坚、创新驱动、农业基础、城乡协调、生态环保、民生保障、社会治理等方面依然需要进一步加强。

在这重要的新发展阶段和百年未有之大变局中，《中华人民共和国国民经济和社会发展第十四个五年规划和2035年远景目标纲要》的发布为未来社会、经济等各个领域发展提供了发展目标和行动纲领。尽管餐饮业在《纲要》文本中仅直接被提及1次，但作为基础性的劳动密集型生活服务业，餐饮业连接着农村和城市，连接着生产和消费，肩负着食品安全与人民健康，承载着中华饮食文化，与经济建设、文化建设、社会建设、生态文明建设有着紧密联系，在《纲要》的多个目标和战略中都有着重要任务。因

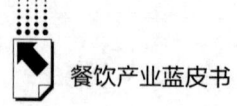

此，餐饮业要按照《纲要》部署，紧紧围绕人民美好生活需要，立足新发展阶段，积极贯彻新发展理念，以高质量的产业发展融入"十四五"新发展格局，为2035年远景目标和第二个百年奋斗目标贡献产业力量。

（一）产业发展基础与不足

改革开放四十多年来，中国餐饮业始终坚持市场化发展道路，坚持开放发展道路，增长速度和产业规模实现了跨越式发展，产业收入超4万亿元规模，保障就业近3000万人，在稳增长、促消费、稳就业、惠民生等方面做出了突出贡献，取得了举世瞩目的成就，并且积累了在行业监管、协同开放、融合创新、传承文化等方面的产业发展经验。"十三五"期间，餐饮业加快转型升级，努力推进供给侧结构性改革，逐步迈向高质量发展，为"十四五"高质量发展打下了坚实基础。具体表现在以下方面。

一是产业规模持续增长，成为稳消费、促消费的重要产业；二是产业就业保持稳定增长，成为稳定就业、创造就业的重要产业；三是产业数字化转型取得积极成效，在先进信息技术支持下，餐饮业加快了生产、流通、消费环节的数字化转型，实现了经营效率的提升和服务能力的提高；四是产业标准化、工业化发展水平快速提升，产业现代化发展水平有了大幅提升；五是产业内分工不断细化，专业化分工水平不断提升，产业生态日益完善；六是餐饮业态、品类多样化发展，商业模式持续创新，品牌餐饮企业不断涌现，连锁经营取得了长足进步，持续经营能力不断提高，满足人民美好生活需求的多元化餐饮市场体系不断完善；七是产业依法监管水平大幅提升，产业食品安全风险控制能力持续提高；八是中华饮食文化传承发展取得积极成效，地方饮食特色化发展、品牌餐饮企业国际化发展加快推进。

虽然餐饮业在供给侧结构性改革战略指引下，经过多年转型升级，供给侧质量不断提升，开始步入高质量发展阶段，为"十四五"高质量发展奠定了坚实基础，但总体来看，过去粗放式增长带来的产业发展质量不高问题依然存在，餐饮业满足人民对美好生活需要的能力和水平还发展得并不充分、不平衡，主要体现在以下方面。

一是市场主体质量发展落后于整体产业规模发展，大产业小品牌现象普遍。多年以来，尽管有海底捞、呷哺呷哺、华莱士、西贝西北菜、眉州东坡等品牌餐饮企业不断做大做强，但总体来看，区域性品牌、地方性品牌多，全国性品牌少，全国性品牌中具有国际竞争力的品牌少。1987年进入中国的百盛中国依然是当前中国最大的连锁餐饮企业，而诸多中华老字号餐饮品牌在市场化经营中面临困境，影响力日渐薄弱。

二是产业化水平落后于整体产业规模发展，家庭作坊式生产方式依然普遍，产业整体效能不高。餐饮业产业化水平经过多年发展已经有了较大提高，标准化、工业化生产能力在不断提升，产业内分工不断细化，但小微餐饮企业依然以传统家庭作坊式生产方式为主，企业管理水平和餐饮供给质量较低。

三是餐饮产品附加值低，品质和服务需要进一步提升。随着我国居民消费结构不断升级，消费品质不断提高，优秀品牌餐饮企业越来越重视餐饮品牌培育、服务质量和文化内核，满足消费者精神层面的消费需求，提高餐饮产品附加值。但过去以温饱为导向的餐饮产品，产品附加值低，面临越来越激烈的市场竞争。重产品轻服务、有饮食缺文化、喜模仿厌创新现象依然较为普遍，守正不够和创新不足同时存在。

四是产业发展规模与区域发展不平衡。从东、中、西部区域发展来看，尽管中、西部在近年来呈现更高的增长速度，但东部11个省市的餐饮收入占据了全国一半比重，区域发展仍需要更加平衡；从城乡发展来看，城市餐饮一直是餐饮企业的重点市场，餐饮产品质量和服务能力更高，但随着城乡一体化发展、乡村振兴战略的深入实施、乡村消费水平的不断提升，乡村居民消费支出快速增长，乡村地区居民和乡村旅游游客对社会化餐饮服务需求不断增长，城乡餐饮供给不平衡问题凸显。

五是产业生态化、绿色化发展水平不高。生态化、绿色化餐饮已经成为餐饮发展的趋势，但当前餐饮生态化和绿色化发展依然存在大量问题与挑战，比如绿色餐饮或者生态餐饮的概念和评价标准还有待进一步研究明确，

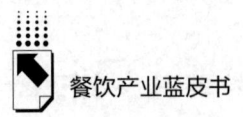

对于绿色餐饮和生态餐饮的评价实施、激励和约束机制还未建立,这导致了市场中存在大量虚假概念宣传和劣币驱逐良币现象;还有当前餐饮领域还存在大量食品浪费现象,需要进一步明确立法,加强宣传贯彻。

六是产业国际化发展水平相对落后。随着自身市场竞争力的增强,当前中餐企业国际化经营的能力有了大幅提高。在国家"发展更高层次的开放型经济"战略、"一带一路"倡议支持下,以及行业组织引导下,包括全聚德、便宜坊、海底捞、大董烤鸭、眉州东坡、小尾羊、狗不理、广州酒家、北京局气等在内的一批品牌中餐企业和餐饮食品企业已在拓展海外市场。但相对于中国经济、社会发展的全球影响力和餐饮产业发展规模,产业国际化发展还需要进一步推进,品牌餐饮企业的国际化经营能力依然较弱,全球餐饮人才培养体系和政策支持缺乏,全球产业链堵点仍需要打通。

七是产业治理效能还有待加强。我国餐饮业在迈向高质量发展的进程中,暴露出诸多现实治理困境,包括监管和服务部门职责不清、落实不严、协同不足,民众餐饮文明素养落后,特色餐饮文化保护传承制度不完善,相关投融资和税收制度不健全,公共服务保障水平落后等体制机制障碍。尤其是在当下应对新冠肺炎疫情的过程中,由于我国治理体系长期忽视餐饮业在国家公共卫生安全体系、社会公共健康体系以及国家应急保障体系中的重要作用,我国在餐饮供给与需求的应急响应机制,餐饮食材采购、生产加工和物流配送等常态化保障机制等方面制度供给严重不足。上述治理困境追根溯源,很大程度上生发于法治保障的缺失,亟待立法这一具有稳定性和强制性的手段明确餐饮业的重要行业地位并对治理顽疾予以规制。

(二)"十四五"《纲要》规划部署

《纲要》为未来经济、社会发展设立了发展目标、发展战略与任务,其中加快发展现代产业体系,形成强大国内市场,建设数字中国,构建高水平社会主义市场经济体制,全面推进乡村振兴,提升国家文化软实力,推动绿色发展,提升国民素质,增进民生福祉,建设更高水平的平安中国等十大规划任务与餐饮业"十四五"发展息息相关(见表3)。

表3 与餐饮业发展相关的"十四五"《纲要》规划任务

《纲要》规划任务			相关任务描述
第三篇 加快发展现代产业体系-巩固壮大实体经济根基	第十章 促进服务业繁荣发展	第二节 加快生活性服务业品质化发展	1. 构建服务产业新体系[1]; 2. 推动生活服务业高品质和多样化发展[2]
第四篇 形成强大国内市场 构建新发展格局	第十二章 畅通国内大循环	第一节 提升供给体系适配性	1. 促进国民经济良性循环[3]; 2. 推动供需协调匹配[4]; 3. 开展中国品牌创建行动[5]
	第十四章 加快培育完整内需体系	第一节 全面促进消费	4. 稳步提高居民消费水平[6]
第五篇 加快数字化发展 建设数字中国	第十五章 打造数字经济新优势	第三节 推进产业数字化转型	1. 实施"上云用数赋智"行动,推动数据赋能全产业链协同转型; 2. 深入推进服务业数字化转型
	第十六章 加快数字社会建设步伐	第三节 构筑美好数字生活新图景	3. 打造智慧共享、和睦共治的新型数字生活[7]
第六篇 全面深化改革 构建高水平社会主义市场经济体制	第十九章 激发各类市场主体活力	第五节 促进民营企业高质量发展	1. 鼓励民营企业改革创新,提升经营能力和管理水平; 2. 推动民营企业守法合规经营,鼓励民营企业积极履行社会责任
第七篇 坚持农业农村优先发展全面推进乡村振兴	第二十三章 提高农业质量效益和竞争力	第三节 丰富乡村经济业态	1. 推进农村一二三产业融合发展,发展现代乡村富民产业[8]
	第二十六章 实现巩固拓展脱贫攻坚成果同乡村振兴有效衔接	第二节 提升脱贫地区整体发展水平	2. 实施脱贫地区特色种养业提升行动,广泛开展农产品产销对接活动,深化拓展消费帮扶

续表

《纲要》规划任务			相关任务描述
第十篇 发展社会主义先进文化 提升国家文化软实力	第三十四章 提高社会文明程度	第三节 传承弘扬中华优秀传统文化	1. 深入实施中华优秀传统文化传承发展工程[9]
	第三十五章 提升公共文化服务水平	第三节 提升中华文化影响力	2. 创新推进文化国际传播[10]
第十一篇 推动绿色发展 促进人与自然和谐共生	第三十八章 持续改善环境质量	第四节 积极应对气候变化	1. 落实2030年应对气候变化国家自主贡献目标，制定2030年前碳排放达峰行动方案； 2. 推动能源清洁低碳安全高效利用； 3. 锚定目标努力争取2060年前实现碳中和，采取更加有力的政策和措施
	第三十九章 加快发展方式绿色转型	第一节 全面提高资源利用效率	4. 坚持节能优先方针； 5. 实施国家节水行动
		第三节 大力发展绿色经济	6. 建立统一的绿色产品标准、认证、标识体系； 7. 深入开展绿色生活创建行动
第十三篇 提升国民素质 促进人的全面发展	第四十四章 全面推进健康中国建设	第六节 深入开展爱国卫生运动	1. 提供全方位全生命周期健康服务； 2. 树立良好饮食风尚，制止餐饮浪费行为[11]
	第四十五章 实施积极应对人口老龄化国家战略	第三节 完善养老服务体系	3. 健全基本养老服务体系； 4. 发展银发经济，开发适老化技术和产品
第十四篇 增进民生福祉 提升共建共治共享水平	第四十七章 实施就业优先战略	第一节 强化就业优先政策	1. 完善与就业容量挂钩的产业政策[12]
		第三节 全面提升劳动者就业创业能力	2. 健全终身技能培训制度，持续大规模开展职业技能培训； 3. 建设一批公共实训基地和产教融合基地，推动培训资源共建共享； 4. 办好全国职业技能大赛

续表

《纲要》规划任务			相关任务描述
第十五篇 统筹发展和安全 建设更高水平的平安中国	第五十三章 强化国家经济安全保障	第一节 实施粮食安全战略	1. 有效降低粮食生产、储存、运输、加工环节损耗,开展粮食节约行动
	第五十四章 全面提高公共安全保障能力	第一节 提高安全生产水平	2. 建立企业全员安全生产责任制度
		第二节 严格食品药品安全监管	3. 深入实施食品安全战略[13]
		第四节 完善国家应急管理体系	4. 构建应急管理体制,优化国家应急管理能力体系建设[14]

资料来源:根据《中华人民共和国国民经济和社会发展第十四个五年规划和2035年远景目标纲要》整理。

注:1 "聚焦产业转型升级和居民消费升级需要,扩大服务业有效供给,提高服务效率和服务品质,构建优质高效、结构优化、竞争力强的服务产业新体系"。

2 "以提升便利度和改善服务体验为导向,推动生活性服务业向高品质和多样化升级"。

3 "依托强大国内市场,贯通生产、分配、流通、消费各环节,形成需求牵引供给、供给创造需求的更高水平动态平衡,促进国民经济良性循环"。

4 "深化供给侧结构性改革,提高供给适应引领创造新需求能力。适应个性化、差异化、品质化消费需求,推动生产模式和产业组织方式创新,持续扩大优质消费品、中高端产品供给和教育、医疗、养老等服务供给,提升产品服务质量和客户满意度,推动供需协调匹配"。

5 "开展中国品牌创建行动,保护发展中华老字号,提升自主品牌影响力和竞争力,率先在化妆品、服装、家纺、电子产品等消费品领域培育一批高端品牌"。

6 "顺应居民消费升级趋势,把扩大消费同改善人民生活品质结合起来,促进消费向绿色、健康、安全发展,稳步提高居民消费水平"。

7 "推动购物消费、居家生活、旅游休闲、交通出行等各类场景数字化,打造智慧共享、和睦共治的新型数字生活"。

8 "发展县域经济,推进农村一二三产业融合发展,延长农业产业链条,发展各具特色的现代乡村富民产业。推动'种养加'结合和产业链再造,提高农产品加工业和农业生产性服务业发展水平,壮大休闲农业、乡村旅游、民宿经济等特色产业"。

9 "深入实施中华优秀传统文化传承发展工程,强化重要文化和自然遗产、非物质文化遗产系统性保护,推动中华优秀传统文化创造性转化、创新性发展"。

10 "加强对外文化交流和多层次文明对话,创新推进国际传播,利用网上网下,讲好中国故事,传播好中国声音,促进民心相通"。

11 "加强健康教育和健康知识普及,树立良好饮食风尚,制止餐饮浪费行为,开展控烟限酒行动,坚决革除滥食野生动物等陋习,推广分餐公筷、垃圾分类投放等生活习惯"。

12 "完善与就业容量挂钩的产业政策,支持吸纳就业能力强的服务业、中小微企业和劳动密集型企业发展"。

13 "深入实施食品安全战略,加强食品全链条质量安全监管,推进食品安全放心工程建设攻坚行动,加大重点领域食品安全问题联合整治力度"。

14 "构建统一指挥、专常兼备、反应灵敏、上下联动的应急管理体制,优化国家应急管理能力体系建设"。

(三)产业发展目标与理念

立足新发展阶段,面向"十四五"和2035年发展目标,餐饮业必须清晰和深刻认识当前存在的问题与不足,牢记满足人民日益增长的美好生活需要的核心使命,以"创新、协调、绿色、共享、开放"新发展理念为指引,进一步推进供给侧结构性改革和注重需求侧改革,打通堵点,补齐短板,贯通餐饮业生产、分配、流通、消费各环节,形成需求牵引供给、供给创造需求的更高水平动态平衡,提升产业整体效能,处理好速度与质量、竞争与合作、传承与创新、效率与公平、市场与监管、经济效益与社会责任的关系,化危为机,实现"十四五"餐饮业高质量发展目标,全面落实"十四五"发展战略与发展任务,更好发挥餐饮业在经济、社会、文化、生态领域的积极作用,努力建成满足人民美好生活愿望的生活服务业,建构高质量产业体系的现代服务业,推动文化传承与创新的饮食文化产业和引领文明素养提升的健康服务业,推进构建和融入"十四五"以国内大循环为主体、国内国际双循环相互促进的新发展格局。

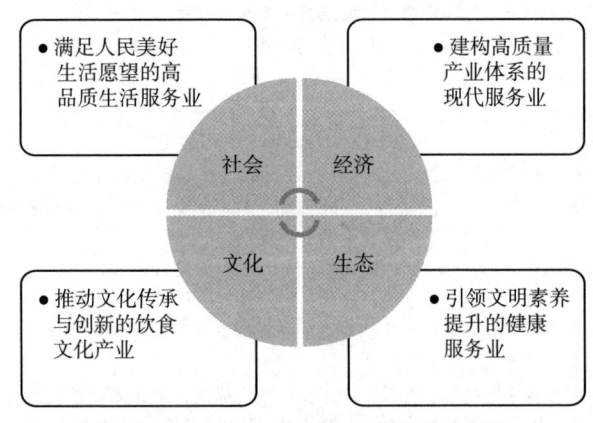

图6 "十四五"餐饮业高质量发展目标

(四)产业发展任务

餐饮业要紧紧围绕《纲要》和产业发展目标,贯彻新发展理念,落实

立足新发展阶段 贯彻新发展理念 高质量融入"十四五"新发展格局

八大产业发展任务,积极推进供给侧结构性改革、需求侧改革、数字餐饮建设、乡村振兴、文化软实力建设、美丽中国健康中国、就业优先以及平安中国等国家大战略实施。

1. 推进餐饮业供给侧结构性改革,促进服务业繁荣

餐饮业作为基础性的生活性服务业,要深化供给侧结构性改革,扩大有效供给,提高产业效率与品质,构建优质高效、结构优化、竞争力强的餐饮产业体系;要依托国内餐饮市场,贯通从农田到餐桌的各个环节,提高供给适应、引领和创造需求能力,形成需求牵引供给、供给创造需求的更高水平动态平衡。

2. 推进餐饮业需求侧改革,全面促进消费

餐饮消费是基础性消费,要完善餐饮市场体系建设,更好满足个性化、差异化、品质化消费需求,发挥好稳定消费、促进消费的产业功能;要顺应居民消费升级趋势,把扩大餐饮消费同改善人民生活品质结合起来,促进餐饮消费向绿色、健康、安全发展;要适应老龄化社会的餐饮消费需求,开发适合老年人的餐饮产品和服务,做好养老餐饮服务工作。

3. 推进数字餐饮建设,构筑美好数字生活新图景

要深入推进餐饮业数字化转型,推动数据赋能全产业链协同转型,提高餐饮全产业链数字化水平;推动各类餐饮消费场景数字化,为消费者提供高效、便利的餐饮服务,助力打造智慧共享、和睦共治的新型数字生活。

4. 推进餐饮业融入乡村经济发展,全面推进乡村振兴

要推进餐饮业与乡村经济业态紧密融合,便利乡村特色种植养殖业走上餐桌,壮大乡村美食旅游和完善乡村餐饮服务;要发挥餐饮业消费对接和产业对接优势,开展脱贫地区餐饮食材产销对接活动,以消费扶贫和产业扶贫两种方式提升脱贫地区整体发展水平。

5. 推进文化软实力建设,提升中华饮食文化影响力

中国餐饮业是中华饮食文化传承发扬的重要产业,要深入实施中华优秀传统文化传承发展工程,强化饮食类非物质文化遗产系统性保护,推动中华优秀传统饮食文化创造性转化、创新性发展;要推动中餐"走出去"国际

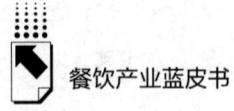

化发展，加强对外民间文化交流，讲好中国故事，传播好中国声音，促进民心相通。

6. 加快绿色、生态、节约型餐饮发展，助力建设美丽中国、健康中国

餐饮业要加快绿色化、生态化转型，坚持节能节水节约粮食，全面提高资源利用效率；要做好垃圾分类管理和厨余垃圾回收工作，构建资源循环利用体系；要加快建立绿色餐饮、生态餐饮、节约餐饮标准、认证、标识体系；要做好禁止餐饮浪费工作，禁止使用野生动物食材，积极推广分餐公筷等餐桌文明。

7. 做好餐饮业民生保障工作，增进民生福祉，推进就业优先

餐饮业关系稳定就业和保障民生，要进一步发挥稳定就业、保障民生的重要作用。要推动开展餐饮职业技能培训，健全终身技能培训制度，建设一批餐饮业公共实训基地和产教融合基地，推动产业培训资源共建共享；积极参与全国职业技能大赛，做好餐饮类各项比赛工作。

8. 把餐饮业列入实施平安中国发展目标的重要产业，并将其作为重要组成部分纳入国家公共卫生安全体系和国家应急保障体系

餐饮业深入实施食品安全战略，加强供应链管理，做好餐饮公共卫生安全防控和生产安全工作，建立公共卫生安全应急管理制度和企业全员安全生产责任制度；深刻认识粮食安全问题，有效降低粮食生产、储存、运输、加工环节损耗，开展粮食节约行动；要做好国家应急餐饮保障工作。适时制定和出台《餐饮业发展促进条例》，依法推进餐饮业高质量发展，将行得通、真管用、有效率的政策规章上升为法律。将餐饮业发展促进条例纳入相关法律议程依法推进，是餐饮业治理体系和治理能力现代化的现实要求，将为构建餐饮业高质量发展的长效机制提供法律保障。

四 推动餐饮业高质量发展融入新发展格局

"十四五"规划纲要和2035年远景目标描绘了未来发展蓝图，为餐饮业未来发展指明了方向，明确了战略与任务。餐饮业要立足新发展阶段，深

化供给侧结构性改革，推进需求侧改革，积极练好内功，紧紧围绕人民美好生活需要，锚定产业高质量发展目标，贯彻"创新、协调、绿色、共享、开放"新发展理念，按照八大产业任务部署，积极推动产业品质提升，市场体系完善，数字化转型，绿色、生态发展引领，饮食文化传承和中餐"出海"这六大重点工作，推进"十四五"发展目标与战略实施，以高质量发展融入"双循环"新发展格局。

（一）产业品质提升

产业品质提升是"十四五"餐饮业高质量发展的基础工作。通过实施品质工程，深化供给侧结构性改革，提高餐饮业市场主体质量，提高产业链分工水平，强化餐饮安全防控能力。

一是提高餐饮业市场主体质量。提高餐饮企业烹饪技艺水平、服务水平和管理水平，打造核心竞争力；推动餐饮企业品牌化、标准化、连锁化、资本化发展，做大做强，提高市场竞争力；推动中国餐饮评价标准体系建设，引领市场主体高质量发展。

二是提高产业链分工水平。一方面要推动餐饮业专业化生产性服务业发展，如厨房服务、食品安全服务、供应链服务、信息化服务、品牌服务、管理服务、餐饮科技服务等，繁荣产业生态，提高产业分工水平，提升整体产业效能；另一方面，推动发展餐饮平台经济，通过平台组织和赋能，降低产业生态协调成本，提高个体经营户、中小微企业的餐饮经营能力。

三是强化餐饮安全防控能力。安全是餐饮的生命线，要从食品安全、公共卫生安全和生产安全三个方面筑牢产业发展生命线。餐饮企业要建立安全管理制度，落实安全责任，加大教育培训力度，提高员工安全意识和风险防控意识；提高监管力度和水平，利用社会化、数字化监管机制，推进线上线下一体化监管，完善信用约束机制。

（二）市场体系完善

市场体系完善是提高餐饮有效供给能力，顺应消费升级趋势，提供全方

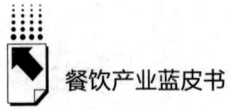

位全周期餐饮服务的重要工作内容。

一要发展多层次餐饮服务市场，满足城乡居民个性化、多样化的餐饮消费需求；既要完善早餐供给，社区服务市场，发展快餐、团餐业态，提高餐饮市场服务保障能力，又要持续扩大优质餐饮消费产品、中高端餐饮服务供给，匹配消费升级带来的对优质餐饮品牌、服务和饮食文化消费的需要。

二要科学规划社会餐饮网点和布局。加快餐饮服务在各个消费场景科学布局，提高居民消费便利水平；优化数字社会背景下的餐饮门店布局，提高门店经营效率；完善社区餐饮服务，保障"一老一小"餐饮服务需求。

三要推进地方特色餐饮市场繁荣发展和走向全国，满足居民特色饮食体验需求，推进乡村振兴。鼓励餐饮企业对接脱贫地区特色农产品种植养殖和加工业，利用消费扶贫和产业扶贫方式提高脱贫地区产业发展水平。

（三）数字化转型

数字化转型是餐饮服务数字化，提高产业整体能效的重要工作内容，也是构建数字生活图景的重要版图。一要加快餐饮企业利用信息技术改造生产流程、服务流程和管理流程，提高决策数字化、精准化水平。二要加快餐饮企业线上化发展，提高线上门店运营水平，满足数字社会消费者的餐饮服务需求，同时提高餐饮供需匹配水平，更好地满足消费需求。三要完善互联网生活服务平台治理机制，构建公平、公正、透明的平台竞争环境，防止平台垄断侵害市场主体利益。

（四）绿色、生态发展引领

绿色、生态发展引领是餐饮业引领绿色、生态生产、生活方式，助力美丽中国、健康中国建设的重要工作内容。一要加快绿色、生态餐饮标准制定、推广和实施，完善绿色、生态餐饮的信息披露和动态监测机制，如资源节约和循环利用情况、碳排放、食品浪费、阳光厨房、可追溯供应链等，建立激励约束机制，鼓励餐饮企业参与绿色、生态和节约餐饮建设。二要加快建立禁止餐饮浪费长效机制，依法反对食品浪费。三要加大健康文明用餐方式宣传力度，推广分餐公筷餐桌文明，引导绿色、健康生活方式。

（五）饮食文化传承

饮食文化传承是餐饮业实施文化强国战略的重要工作内容，也是提高餐饮业文化软实力，提高餐饮产品和服务附加值的重要工程。一要加大餐饮业非物质文化遗产的挖掘、保护和宣传，通过建立饮食文化档案、建设饮食文化博物馆等方式，形成长效保护机制。二要推动中华优秀传统饮食文化创造性转化、创新性发展，鼓励餐饮企业与文化产业融合发展，推动餐饮文创等产品和服务的发展。三要鼓励地方特色菜系发展，传承地域特色文化、风俗和食材。

（六）中餐"出海"

中餐"出海"工程是推动中国餐饮业国际化发展、增强中餐品牌国际影响力、提高中餐国际竞争力的重要方式，也是以民间交流方式推动中华文化传播、促进中西方文化交流的重要支撑。

鼓励中餐企业"走出去"，要从资金、人才、供应链和海外商务服务四个方面切实解决面临的问题和挑战。一是要在保障金融安全前提下，加大对中餐企业"走出去"的金融支持。二是建立海外中餐人才培养、培训和交流机制，满足海外发展人才需求。三是打好海外发展供应链基础，畅通国际食材等餐饮供应链。四是完善海外投资、法律、财务、税务等商务服务供给，降低海外投资风险，提高投资便利度。

（七）依法提升餐饮业治理效能

在我国餐饮业迈向高质量发展的进程中，暴露出诸多现实治理困境，亟待制定专门的餐饮业发展促进条例，为餐饮业渡过难关、实现恢复性增长和立足长远、谋划高质量发展提供法律保障。

其一，我国目前并无国家层面专门针对促进餐饮业发展的立法。其他相关法律法规诸如《食品安全法》《消费者权益保护法》《餐饮服务许可管理办法》《餐饮业经营管理办法（试行）》《餐饮服务食品安全监督管理办法》仅从局部环节和某个侧面对餐饮业进行了规范，均未能正视餐饮业在国家公共卫生安全体系、社会公共健康体系以及国家应急保障体系中的重要行业地位，无法实现多个监管部门协同联动、信息共享，更不能满足新发展趋势和疫情防控新常态下的制度供给。因此，无法在修改现有相关立法的基础上实现促进我国餐饮业高质量发展的目标，唯有制定新法。

其二，新法需要对餐饮业所承担的安全、健康、绿色、稳定、秩序等公共利益、社会利益和国家利益进行保护，这势必会通过权利义务的分配对餐饮业经营主体原有的一部分民事权利作出限制，以及对监管和服务部门的职责职能进行新的授权、调整和优化。因此只能由权力机关即全国人民代表大会及其常务委员会作为立法主体制定新法，即制定行业性法规。

其三，新法的名称既要体现立法目的，又要符合通用表述。新法的目的是促进餐饮业发展，参考我国《循环经济促进法》的法律名称表述以及新法的级别，建议命名为《餐饮业发展促进条例》。

其四，统筹协调，处理好与相关法律的衔接配合。如上所述，《餐饮业发展促进条例》与多部法律法规密切相关，新法须坚持本法作为促进我国餐饮业发展的专门法律的定位，注重处理好本法与相关法律的关系：其他法律没有规定或者规定不够完善的，尽可能在本法中作出明确具体的规定；其他法律有明确规定的，本法只作原则性、衔接性的规定，使之既相互衔接又各有侧重，发挥合力共同推动餐饮业高质量发展。

主要参考文献

[1]《中华人民共和国国民经济和社会发展第十四个五年规划和2035年远景目标纲要》，http：//www.gov.cn/xinwen/2021-03/13/content_5592681.htm。

[2] 赵京桥、于千千：《雄关漫道真如铁，而今迈步从头越——2019年中国餐饮产业宏观运行分析与"十四五"展望》，《中国餐饮产业发展报告（2020）》，社

会科学文献出版社，2020。

［3］中国社会科学院宏观经济研究中心课题组，李雪松、陆旸、汪红驹、冯明、娄峰、张彬斌、李双双：《未来15年中国经济增长潜力与"十四五"时期经济社会发展主要目标及指标研究》，《中国工业经济》2020年第4期。

［4］于干千、赵京桥：《改革开放四十年来中国餐饮业发展历程、成就与战略思考》，《商业时代》2020年第11期。

［5］于干千、赵京桥、杨遥：《公共卫生安全视域下餐饮业高质量发展的产业政策转型》，《开发研究》2020年第41期。

［6］于干千、赵京桥：《新时代中国餐饮业的特征与趋势》，《商业经济研究》2019年第3期。

B.2
关于加快制定《餐饮业发展促进条例》的研究报告

于干千　姚俊颖*

摘　要： 在应对新冠肺炎疫情的过程中，我国治理体系长期忽视餐饮业在国家公共卫生安全体系、社会公共健康体系以及国家应急保障体系中重要作用的问题被暴露。依法推进餐饮业高质量发展，将行得通、真管用、有效率的政策规章上升为法律，制定促进餐饮业发展条例，并将其纳入相关法律议程，依法推进改革，是餐饮业治理体系和治理能力现代化的现实要求。本文在分析加快制定《餐饮业发展促进条例》必要性和可行性的基础上，提出了立法路径，阐释了餐饮业发展促进条例体例结构和主要内容。

关键词： 餐饮业　立法　餐饮业发展促进条例

新冠肺炎疫情致使餐饮业面临前所未有的信誉危机、生存危机，完全依靠市场实现自我恢复增长或寄希望于疫情过后出现"报复性消费反弹"是一种理想状态，业界既要充分估量新冠肺炎疫情对餐饮业发展所产生的冲击与影响，从抗击新冠肺炎疫情中总结经验、反思教训、精准施策、帮扶企业共渡难关，又要对餐饮业长期的发展趋势有清晰的判断，从危机中找准机遇

---

* 于干千，理论经济学博士后，二级教授，红河学院校长，主要研究方向为产业经济；姚俊颖，中国政法大学博士，普洱学院副教授。

和施策点,推动餐饮业高质量发展。把餐饮业列为实施健康中国战略的重要产业,并作为重要组成部分纳入国家公共卫生安全体系和国家应急保障体系,依法推进餐饮业高质量发展,将行得通、真管用、有效率的政策规章上升为法律,制定促进餐饮业发展条例,并将其纳入相关法律议程依法推进改革,是餐饮业治理体系和治理能力现代化的现实要求,将为构建餐饮业高质量发展的长效机制提供法律保障。

一 立法的必要性

1. 坚持习近平法治思想的内在要求

习近平法治思想对推进全面依法治国提出了"坚持建设中国特色社会主义法治体系""坚持在法治轨道上推进国家治理体系和治理能力现代化"的要求。以法治化思维和法治方式推进餐饮业高质量发展是提升治理体系和治理能力现代化的必然要求。在我国餐饮业迈向高质量发展的进程中,暴露出诸多现实治理困境,包括监管和服务部门职责不清、协同不足、落实不严,民众餐饮文明素养落后,特色餐饮文化保护传承制度不完善,相关投融资和税收制度不健全,公共服务保障落后等体制机制障碍。尤其在当下应对新冠肺炎疫情的过程中,由于我国治理体系长期忽视餐饮业在国家公共卫生安全体系、社会公共健康体系以及国家应急保障体系中的重要作用,我国在餐饮供给与需求的应急响应机制、餐饮食材采购、生产加工和物流配送等常态化保障机制方面制度供给严重不足。上述治理困境追根溯源,很大程度上生发于法治保障的缺失,亟待立法这一具有稳定性和强制力的手段明确餐饮业的重要行业地位并对治理顽疾予以规制,为餐饮业渡过难关、实现恢复性增长和立足长远、谋划高质量发展提供法律保障。

2. 促进依法治国和以德治国相结合的现实需要

习近平总书记在中央全面依法治国工作会议上指出:"要坚持依法治国和以德治国相结合,实现法治和德治相辅相成、相得益彰。"社会主义核心价值观是社会主义核心价值体系的内核,同样是餐饮业高质量发展需恪守的

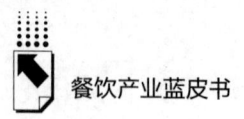

道德理念。近年来，人们对更优质、更安全、更生态、更清洁的餐饮产品的要求以及节约粮食、减少浪费、"光盘行动"、理性消费的行为已逐渐转变为内在自觉。在新冠肺炎疫情的影响下，全国出现了遏制野味饮食文化，普及双筷、公筷、分餐等文明餐饮社交文化以及回归家庭厨房的亲情文化的改变。上述承载了"文明""和谐"等社会主义核心价值观的"饮食素养"是餐饮业高质量发展中不可或缺的价值导向。另外，围绕社会主义核心价值观抓好弘德立法是立法工作的一项重要任务，政府在引领大众餐饮消费升级、培育全面饮食素养、辨识和抵制传统文化和外来文化的糟粕、构筑牢固的公共健康体系等方面负有不可推卸的时代使命。由是，在我国餐饮业高质量发展的法治建设中，树立鲜明的餐饮文明价值导向，不仅能够加强道德对法治的支撑作用，还能确保道德具有可靠的制度支撑，促进依法治国和以德治国的有机结合。

3. 坚定文化自信 做好文化传承的必然要求

餐饮业是一个充满中华民族几千年传统文化积淀的行业，饮食文化作为重要的文化资源，是餐饮业守正创新的内在基因和精神源泉。中华餐饮文化博大精深、源远流长、纷呈各异、丰富多彩。特色鲜明的地方菜系和民族特色浓郁的加工技艺已成为非物质文化遗产的重要组成部分，然而我国在保护和发展餐饮文化方面长期存在原料品质、工艺传承、民族风俗保护、特色菜品开发等方面的诸多问题，在一定程度上削弱了文化自信、影响了文化传承与创新发展。因此，通过法治手段对中华饮食文化进行系统发掘整理、保护传承以及创新发展，尤其是开展饮食文化非物质文化遗产保护，深挖传统美食文化，以达到强化本地文化自信、增强传统美食文化认同并形成文化支撑餐饮、餐饮带动文化的良性发展格局的行动已刻不容缓。

二 立法的现实要求和发展要求

1. 稳就业、保民生的现实要求

餐饮业是巩固脱贫攻坚成果和吸纳稳定社会就业的重要产业。它属于典型的劳动密集型服务行业，在吸纳城镇闲暇劳动力和农村转移劳动力中贡献显著。除直接就业贡献外，餐饮业还带动围绕餐饮业发展的农业、食品加工业、餐饮设备制造业、餐饮信息服务业等产业的间接就业。尤其在此次新冠肺炎疫情防控中，餐饮业作为重要防控阵地，面临着巨大的经营压力甚至引发了生存危机，无疑是受到疫情影响最为深远的生活服务业之一，理应成为政府重点扶持的民生产业。鉴于餐饮业在稳就业、保民生方面所具有的重要产业地位，有必要通过法治化的方式加强部门协同联动，构建应急响应体制机制、公共服务保障机制、固化和完善产业扶持措施，以提升政府的服务质量和效率，帮扶餐饮企业走出困境，并推动餐饮业恢复性增长。

2. 促消费、惠民生的现实要求

一方面，餐饮业是拉动内需、促进消费的重要阵地，也是承载"双循环"发展新格局的重要产业，需要良法善治提供规范的消费市场并改善餐饮消费环境供给。另一方面，餐饮业是满足人民美好生活新期待的幸福产业。坚持以人民为中心的习近平法治思想内在地要求法律体系强化顶层设计，并着力在提振消费信心、大众餐饮消费升级、绿色生态、餐饮文明方面进一步提升餐饮业发展的质量。此外，新冠肺炎疫情使得餐饮业需求端受到抑制。立法机关有责任通过制度安排提振消费信心、优化消费环境，实现刺激国内消费、满足人民幸福餐饮期待的目标。

3. 稳增长、促发展的现实要求

近年来餐饮业已经成为社会消费增长的重要动力之一，是增强中国经济内生增长动力的重要消费产业。新冠肺炎疫情使餐饮业面临前所未有的信誉危机、生存危机，完全依靠市场实现自我恢复增长或寄希望于疫情过后出现"报复性消费反弹"是一种理想状态，立法机关需要从"消费反弹有限、恢复增长乏力"的非理想市场状况考量，更加积极主动地做出调整，以应对"市场失灵"，提升治理效能。同时，还必须结合餐饮业长期发展规划，通过提升供给侧质量水平以及加强需求侧刺激双管齐下的方式，推进餐饮业科学、稳定、健康、高质量发展。

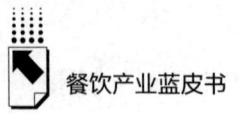

4. 法律经验主义的发展要求

近年来，为紧抓消费升级趋势、推进餐饮业产业结构优化，国家出台了一系列加快推进餐饮业供给侧结构性改革的政策文件，取得了可喜的成绩。抗击疫情期间，中央及地方密集出台了疫情防控指南、财政金融扶持政策、复工复产政策、促进消费政策等一系列直接或间接的防控和扶持政策，并通过实践有力证明了上述政策措施有效减轻了餐饮企业的成本压力，在一定程度上纾解了短期困难。然而，结合餐饮业重新步入稳定、健康发展的新常态并实现高质量发展的需要，上述短期的政策措施无法达到释放长期红利的要求。此外，上述政策措施尚存在联动一、二、三产业融合发展的长期规划不足，多部政策缺乏统筹协调难以发挥协同效应，提振消费信心和优化消费环境的需求侧政策有待强化，分类指导和差异化实施的能力水平与产业发展和消费需求存在较大差距四个方面的主要问题，有必要通过法治的方式为加快推进餐饮业治理体系和治理能力现代化进程、实现餐饮业高质量发展提供长期稳定的制度保障。

三 立法的可行性

1. 价值平衡的正当性

餐饮业作为基础性生活服务业，其经营主体主要是中小微企业、个体工商户，遵循市场化发展道路，秉持意思自治、契约自由的基本价值。此次疫情一方面体现了餐饮业在配合疫情防控、阻断传播渠道、保障居民健康上具有重要作用，从正面凸显出餐饮业在国家公共安全体系和国家应急保障体系中的重要责任；另一方面，餐饮业遭受疫情冲击后表现出的产业脆弱性，从反面印证了健康、卫生、安全是餐饮业的立业之本。并且，随着社会化餐饮消费比重的进一步提高，餐饮业的服务规模和服务范围必将越来越大，推进餐饮业高质量发展必然需要将其列为实施健康中国战略的重要产业，纳入生态文明建设、国家公共卫生安全体系和国家应急保障体系。综上，餐饮业所承担的安全、健康、绿色、稳定、秩序等公共利益、社会利益和国家利益在价值平衡的序位中对经营主体的自由价值具有正当的优先性，国家通过法律途径对监管和服务部门的职责职能进行新的授权、调整和优化，对餐饮业经营主体原有的一部分民事权利作出限制具有正当性。

2. 实践经验的积累性

长期以来，无论是《食品安全法》《消费者权益保护法》《餐饮服务许可管理办法》《餐饮业经营管理办法（试行）》《餐饮服务食品安全监督管理办法》等法律法规，还是为应对新冠肺炎疫情、推进经济社会发展专门出台的政策措施，诸如商务部、国家卫生健康委联合印发的《零售、餐饮企业在新型冠状病毒流行期间经营服务防控指南》，国家发展改革委、教育部、工业和信息化部、财政部等十四个部委联合印发的《近期扩内需促消费的工作方案》（发改综合〔2020〕1565号），《商务部 卫生健康委 市场监管总局关于餐饮服务新冠肺炎疫情常态化防控工作的指导意见》（商服贸发〔2020〕224号）等，都从不同领域和角度持续为餐饮业切实巩固疫情防控成果、精准高效推进协同复工复产、有效刺激市场消费和提振市场信心开展了相应的部署和落实工作，为餐饮业在新常态下的稳定健康发展以及推动产业转型升级和高质量发展积累了充分的经验。因此，运用法治的方式将行得通、真管用、有效率的政策措施上升为法律，将有效促进餐饮业发展的有益实践进行固化，同时将无益于甚至阻碍了餐饮业发展的体制机制问题予以治理，构建适合新常态下助推餐饮业高质量发展的法律保障机制具有实践上的可行性。

3. 立法时机的适宜性

（1）立法是民心所向

餐饮业是社会最基本和最重要的生活服务业之一，是吸纳稳定社会就业的民生产业，是满足人民美好生活新期待的幸福产业。人们逐渐形成的餐饮文明自觉、绿色餐饮共识以及大众餐饮消费升级的趋势，无一不在呼唤立法机关通过法律手段旗帜鲜明地对健康的居民饮食价值观念予以认可、对公共卫生安全信心予以提振、对国内餐饮消费环境予以优化。

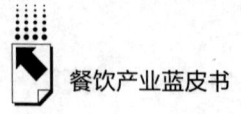

（2）立法是企业所望

近几年，餐饮产业围绕大众化消费，依托信息技术，加快推进供给侧结构性改革，产业收入规模保持稳定、快速的增长势头。然而自突发新冠肺炎疫情以来，餐饮业作为疫情防控的重要阵地，大部分餐饮企业处于停摆和半停摆状态，整个产业的良好增长势头被迅速遏制。餐饮业发展面临疫情常态化防控和发展的双重压力，促进餐饮企业摆脱困境、实现恢复性增长并实现高质量发展，必然离不开稳定、长效、可预期并具有强制力的法律制度保障。

（3）立法是大势所趋

餐饮业经过改革开放40多年的发展，已经形成了从农、林、牧、渔到餐桌，从设备制造到生产服务的较为完备的产业生态体系，在社会、经济、文化、健康、国家应急保障等多个领域具有重要作用。对于受到本次疫情严重影响的餐饮业及围绕餐饮企业形成的产业链市场，只有通过具有国家权威和巨大财政保障的法治手段才能快速有效地提振行业信心、缓解经营困难，并进一步深化餐饮业供给侧结构性改革，发挥餐饮业联动，推动一、二、三产业融合发展的聚合效应。

四 立法的路径

1. 制定专门的餐饮业发展促进条例

我国目前并无国家层面的专门针对促进餐饮业发展的立法。其他相关法律法规诸如《食品安全法》《消费者权益保护法》《餐饮服务许可管理办法》《餐饮业经营管理办法（试行）》《餐饮服务食品安全监督管理办法》仅从局部环节和某个侧面对餐饮业进行了规范，均未能正视餐饮业在国家公共卫生安全体系、社会公共健康体系以及国家应急保障体系中重要的行业地位，无法实现多个监管部门协同联动、信息共享，更不能满足新发展趋势和疫情防控新常态下的制度供给。因此，无法在修改现有相关立法的基础上实现促进我国餐饮业高质量发展的目标，唯有制定新法。

新法需要对餐饮业所承担的安全、健康、绿色、稳定、秩序等公共利益、社会利益和国家利益进行保护，这势必会通过权利义务的分配对餐饮业经营主体原有的一部分民事权利作出限制，以及对监管和服务部门的职责职能进行新的授权、调整和优化。因此只能由权力机关即全国人民代表大会及其常务委员会作为立法主体制定新法，即制定行业性法规。

新法的名称既要体现立法目的，又要符合通用表述。新法的目的是促进餐饮业发展，参考我国《循环经济促进法》的法律名称表述以及新法的级别，建议命名为"餐饮业发展促进条例"。

统筹协调，处理好与相关法律的衔接配合。如上所述，《餐饮业发展促进条例》与多部法律法规密切相关，新法须坚持本法作为促进我国餐饮业发展的专门法律的定位，注意处理好本法与相关法律的关系：其他法律没有规定或者规定不够完善的，尽可能在本法中作出明确具体的规定；其他法律有明确规定的，本法只作原则性、衔接性的规定，使之既相互衔接又各有侧重，发挥合力共同推动餐饮业高质量发展。

2.《餐饮业发展促进条例》体例结构和主要内容

建议条例可由七章组成，分别是总则、餐饮规划与安全管控、餐饮业应急保障体系、餐饮业扶持与刺激措施、餐饮文化保护传承和创新发展、公共服务保障与监督以及法律责任。

第一章　总则：包括规定立法目的、法律适用范围、基本原则、餐饮文明、管理体制等内容。

第二章　餐饮规划与安全管控：包括规定制定餐饮业短、中、长期发展规划的任务以及基于国家公共卫生安全和社会公共健康要求下的相应管控措施。

第三章　餐饮业应急保障体系：包括规定餐饮业应急响应体制机制和应急状态下的常态化保障机制。

第四章　餐饮业扶持与刺激措施：内容来源于对有效经验的认真总结，将实践证明的行之有效的产业扶持措施、需求侧刺激措施在本法中固定下来。

第五章　餐饮文化保护传承和创新发展：包括规定保护、传承、创新、发展我国特色餐饮文化的相关举措，例如鼓励申请非物质文化遗产、倡导品牌建设等。

第六章　公共服务保障与监督：包括规定搭建公共、准公共餐饮服务平台、社会监督等措施。

第七章　法律责任。

参考文献

［1］赵京桥、于干千：《雄关漫道真如铁，而今迈步从头越——2019年中国餐饮产业宏观运行分析与"十四五"展望》，《中国餐饮产业发展报告（2020）》，社会科学文献出版社，2020。

［2］于干千、赵京桥、杨遥：《公共卫生安全视域下餐饮业高质量发展的产业政策转型》，《开发研究》2020年第41期。

地区发展篇
Development of the Regional Catering Industry

B.3 2020年北京餐饮产业发展报告

云 程 宗志伟*

摘 要: 突然暴发的新冠肺炎疫情使北京市餐饮市场受到巨大冲击。北京市餐饮行业应对疫情多措并举,政府主导协会引导企业参与,餐饮市场逐步回暖,创建放心餐厅、申报政府消费券、开展"玩转京城美食"全年促消费项目、培育餐饮业规范化示范门店等措施取得实效。2021年是"十四五"规划的第一年,也是推动首都新发展的关键时期,预计北京餐饮行业将逐步从疫情影响中走出,实现恢复性增长并稳定向好,同时借助数字化技术取得新的发展。

关键词: 北京市 餐饮业 数字化

---

* 云程,高级政工师,北京烹饪协会会长。长期从事商业和餐饮服务业管理工作,对北京市餐饮业发展有较深入研究,熟悉行业发展,曾参与北京奥运会餐饮服务,先后主持完成多项课题研究;宗志伟,北京烹饪协会秘书长,北京市职业技能竞赛高级裁判,熟悉北京市餐饮业发展,组织参与多项餐饮业大型活动。

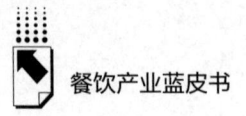
餐饮产业蓝皮书

一 2020年北京市餐饮市场概况

2020年，北京市餐饮行业受到新冠肺炎疫情重创，特别是疫情最初暴发的2020年春节期间，餐饮行业更是一片萧条，餐饮收入大幅下跌。

（一）2020年北京市餐饮市场运行情况

1. 2020年北京餐饮运行数据

根据北京市统计局发布的数据，2020年北京市实现餐饮收入871.7亿元，同比下降幅度为29.9%（见表1）。2020年分月餐饮收入如图1所示。

表1 2020年北京市餐饮收入及同期对比增幅

月份	餐饮收入（亿元）	同比增长（%）
1~2月	117.5	-39.8
3月	34.4	-65.5
4月	45.6	-53.6
5月	57.7	-38
6月	63.4	-40
7月	69.0	-34.7
8月	87.4	-20.8
9月	93.5	-10.9
10月	98.3	-6.9
11月	101.0	-8
12月	103.9	-9.6
合计餐饮收入/同比增长	871.7	-29.9

资料来源：北京市统计局。

（二）北京市餐饮消费的主要特征

防疫措施的加强转变了消费者的观念，使其更注重食品的安全、质量。其消费特征表现如下。（1）市民自疫情以来养成的居家就餐习惯正逐步形

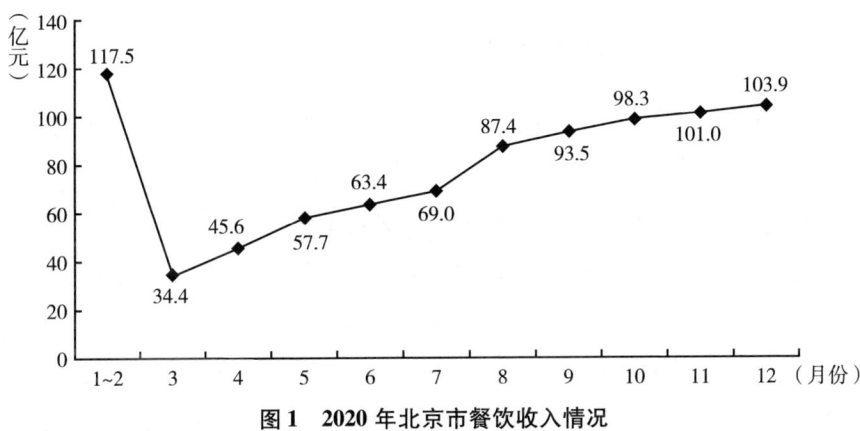

图1　2020年北京市餐饮收入情况

资料来源：北京市统计局。

成，消费者普遍对于"吃"类消费舍得掏腰包，但餐饮业是受疫情影响明显的行业之一，疫情的波动会直接影响消费者外出就餐；（2）家庭用餐比重快速增长，特别是带老人的餐饮消费收入明显增加；（3）国庆期间婚宴接待扎堆，一些具有婚宴接待能力的餐厅，国庆假期婚宴接待火爆；（4）消费者用餐文明程度提高，北京市《制止餐饮浪费　践行"光盘行动"指引》出台，社会舆论宣传引导，餐厅主动提示监督，消费者餐饮浪费现象已大幅减少；（5）一些依赖游客为主要客流的餐厅，受到景区景点限流影响，消费增长乏力，如故宫国庆节期间往年单日限流8万人，2020年限流3万人，导致故宫周边的餐饮消费收入增幅不大。

二　北京市餐饮行业应对新冠肺炎疫情的举措

2020年初，在疫情刚刚出现时北京市政府就出台了一系列防疫措施，有效地控制了疫情的蔓延。尤其是疫情的二次出现，促使北京餐饮防控不断升级。按照《新型冠状病毒肺炎疫情防控期间餐饮服务单位经营服务指引（4.0版）》进行规范操作，控制就餐人数，确保间距1米以上，同时停止酒席宴会群体性聚餐。这着实考验了北京市防疫措施的有效性，更是考验了餐饮业随机应变的能力。

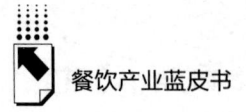

（一）政府主导协会引导企业参与，餐饮市场逐步回暖

随着北京市出台的一系列复工复产政策的落地，北京餐饮业加快了复工复产的步伐，为餐饮市场的回暖注入了活力。在此过程中，北京烹饪协会（以下简称协会）持续搭建高质量平台共促复工复产。

（1）开启创建放心餐厅工作。协会在北京市疫情防控专班的统一指挥下，持续发扬社团组织的凝聚精神，2020年4月28日，在市商务局、市市场监管局、市城管执法局、市疾控中心等部门指导下，在北京市疫情防控第95场新闻发布会上，推出放心餐厅创建工作标准。经过近半个月深入研究，最终确定了放心餐厅创建工作标准、报名系统、认定细则等。该项措施一经发布，全行业积极报名参与，网上报名系统一共收到3000多家企业的报名申请，最终，分四批次公布了2500家放心餐厅创建单位名单。同时，抓紧一切宝贵时间，将标识牌、海报分发给2500家企业，并进行放心餐厅每日自查上报。

（2）动员企业申报参与政府消费券工作。从2020年5月开始，协会配合市商务局，动员企业参与消费券报名，共动员了2000多家各种体量的餐饮企业，包括集团公司企业、单一品牌企业、小微企业等。由于政府消费券是新生事物，第一批企业申报不积极，协会秘书处各位同志不厌其烦地为企业讲解消费券使用方法和优势，保障了首批消费券的发放数量。政府消费券第一批使用后，协会征集意见需求，向市商务局反馈，得到重视。第二批政府消费券发放时，餐饮企业在使用上进行了优化。

（3）配合北京消费季，开展"玩转京城美食"全年促消费项目。2020年6月协会组织全市餐饮业进入拉动内需促消费模式。为配合助力北京消费季"玩转京城美食"活动，协会于6月初组织了"国潮餐企星厨秀"，餐饮掌门人直播带货；7月，北京新发地市场暴发疫情，行业停摆，协会配合市商务局、市市场监管局全力做好全员核酸检测工作；8月协会组织了"嗨吃龙虾节"（3场）；9月协会组织了"千品万店美食荟暨第四届中国京菜美食节"；10月，北京开启"国潮京品月"，品牌餐饮走进博瑞汽车大集；11月协会组织了"品味暖冬'食'惠节";12月协会组织了首届"京津冀火锅节"。据统计,仅2020年下半年,协会共组织万余家企业、上百位品牌掌门人参与了近20场主场活动,以及大量的线上直播、推广、带货等传播分支活动。在新闻宣传报道方面,协会配合市商务局消费促进处,组织餐饮活动的宣传新闻稿件,每月都有北京烹饪协会组织的活动新闻推送。协会全力服务会员企业,拉动北京市餐饮消费。

(4)除了消费季主线,协会还主导或参与了很多具体的行业引领性服务工作,如光盘行动抓节约。8月初,习近平总书记作出重要指示,强调要在全社会营造浪费可耻、节约为荣的氛围。协会将此项工作贯穿到所有工作中,加强宣传引导、加大行业创新引领;代表餐饮社团,在市领导组织召开的践行"光盘行动"宣传引导专项推进会上,发布《"制止餐饮浪费 践行光盘行动"倡议书》;做好北京市发布《"制止餐饮浪费 践行光盘行动"指引》的宣传贯彻落实;召开光盘行动餐饮企业经验交流会;参加民政局社团办的光盘行动经验汇报会,并组织由北京市委社会工作委员会、市民政局主办的"社会组织公益汇展"光盘行动论坛。

另外,2020年开展的"国庆吃面 国泰民安"新民俗持续深入行业和广大消费者心中,受到企业的重视并得到媒体的宣传报道。北京烹饪协会领导在国庆节前,与品牌掌门人一道,深入门店为消费者送上国庆生日面,体现出疫情常态化防控下,协会和头部企业的责任意识、大局意识和担当意识。

(5)在促进品质和技能提升方面,协会培育了2000家北京市餐饮业规范化示范门店。为提升从业人员技艺技能,协会组织承接了北京市第十届商业服务业技能大赛中式烹调师和餐厅服务员两项目比赛;同时,协会组织全国首届技能大赛北京赛区选拔和实施工作,包括西式烹调、餐厅服务、烘焙三个餐饮类项目,最终,北京代表队取得了一金的好成绩;此外,协会联合北京商报社,组织了以"求生、求变、求新"为主题的"北京餐饮品牌大会",对在抗击新冠肺炎疫情过程中,积极自救、勇于担当、逆势创新的餐饮品牌予以推介发布。

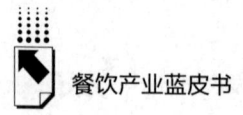

（二）北京市餐饮企业自救措施及成功案例

1. 疫情过渡期，转变经营思路，积极自救

2020年春节期间，由于餐饮企业启动年夜饭预订项目较早，很多餐饮企业出现年夜饭大量退订、食材积压的严重情况，餐饮企业损失重大。北京也出现了外地员工滞留、开工难的问题。随后，各类餐饮企业通过转战线上、设置便民蔬菜摊、社区团购等方式开展自救。

（1）早在2020年2月，眉州东坡、同和居、旺顺阁等品牌餐饮企业便开始售卖餐饮半成品，同时开通小程序对周围社区进行食材配送。随着市场需求的演变，品牌餐饮企业继续打破时间空间限制，开始零售产品。

（2）自热小火锅脱销成"断货王"。疫情让餐饮行业的堂食消费备受打击，但以自热小火锅为代表的速食产品化危为机，不仅销量井喷，而且大额融资也密集落地。疫情初期，自热小火锅成了超市里的"断货王"，超市、便利店以及电商平台的自热小火锅产品均销售一空。小火锅的热销使资本看到了新的投资机遇，5月15日，自热火锅品牌"莫小仙"完成数千万元A轮融资，无独有偶，"自嗨锅"也分别于5月、10月完成逾亿元的B轮和C轮融资。2021年春节档期的电视剧《假日暖洋洋》的热播引动自嗨锅销量又一轮增长。

（3）"大厨上门"走进寻常百姓家中服务，在过去的行规中，是百姓望而却步的一件事儿。疫情导致商务宴请需求大幅下降，但家庭聚餐需求降幅相对较小。餐饮企业探索新的服务方式，尝试派出厨师前往顾客家中烹饪服务。

（4）为应对到店堂食消费骤减的情况，发力供应链、布局新零售是多数餐企自救的举措。品牌餐企发力零售领域，例如，2020年10月份，肯德基推出"KAIFENGCAI"快煮预包装食品系列产品，新品包括鸡胸肉、鸡汤、鸡肉螺蛳粉，这些产品并不适用于堂食，而是针对"懒人经济"推出的在家速煮的方便速食产品。

（5）餐厅超市冰火两极，催生共享员工。突如其来的疫情，让餐饮企业与超市在人力调动方面形成了默契。疫情初期，餐饮企业开工难和零售商超用工难的现象并存。2020年2月初，部分餐厅暂停营业，在北京市商务局、北京烹饪协会助力下，愿意继续工作的员工入驻盒马鲜生各地门店，参与打包、分拣、餐饮等工作，涉及北京、上海、南京、西安等地，共计近500人。随后，不少商超和餐饮企业也开始联手，以共享员工的方式解决用工难问题。由此可见，共享员工的模式让企业化解了种种资金难题，并给员工吃了"定心丸"。北京商报发起建立了具有公益性质的"商业企业员工共享信息平台"，满足特殊时期企业的用工需求。

2. 复工复产阶段的成功案例

（1）眉州东坡采取线上直播带货等方式售卖相关产品，做出了较为成功的尝试。如"眉州东坡香肠""传统地道毛血旺"等产品，营销效果较好，有效补偿了餐厅收入的损失。

（2）小吊梨汤加快菜品的研发和创新。小吊梨汤主打老北京胡同菜，根据老顾客的需求，小吊梨汤的菜品研发团队加大菜品研发力度。每半年进行统计，将销量最少的10道菜换掉，不断更新换代。

（3）国庆黄金周期间外卖火爆。鸿宾楼、烤肉宛、烤肉季、柳泉居、峨嵋酒家、又一顺、曲园酒楼、砂锅居、玉华台、西来顺等老字号名店外卖销量均达到平时的4倍左右。玉华台的外卖销量几乎占到全店销量的一半，而且很多外卖都是大单，包含七八道菜品，有的甚至超过该数量。同和居三家门店外卖收入同比增长超过700%。二友居同比增长超过100%。同春园、惠丰酒家、新川面馆等餐厅外卖同比增长也超过40%。

三 北京餐饮行业发展方向展望

2021年是"十四五"规划的开局之年，也是推动首都新发展的关键时期。作为保障民生、弘扬并传承中华文化、拉动消费、推动国内大循环的重要阵地，北京餐饮行业应承担起自身的责任，积极谋求高质量发展。

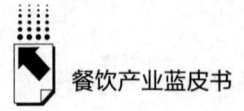

（一）餐业企业经营情况展望

展望2021年餐饮消费市场，疫情防控重大成效进一步巩固发挥，经济社会生活和居民消费将逐渐恢复到正常状态。餐饮业逐步从疫情影响中走出，实现恢复性增长。2020年的疫情虽然让餐饮企业经历了罕见的困境，但是也能让餐饮企业逐步适应市场的变化，更好、更长远地规划发展思路。2021年北京餐饮市场整体将会趋于稳定向好发展。

（二）数字化技术更有效地为行业赋能

餐饮行业正在由外延扩张型向内涵集约型转变、由规模速度型向质量效率型升级。在此过程中，依托数字化技术，移动化、自助化、智能化消费新体验将成为行业未来发展的重要领域。基于互联网和云计算技术为餐饮业量身打造的智能管理系统，通过互联网智能化手段及信息管理系统等条件，进一步精减餐厅员工、降低经营成本、提升管理效绩，为餐饮行业带来了新的发展路径。利用物联网、人工智能等新兴技术打造智慧餐厅，构建了良好的消费场景，以满足新一代消费者对个性化用餐体验的需求。同时，依托数字化技术的直播带货走俏，不少餐饮企业抓住时机，将自身销售与直播结合起来，实现客流导入，同时利用直播宣传餐厅的服务、菜品等内容，观众能直观地感受到餐厅的服务氛围和饮食文化。

参考文献

邢颖、黎素梅主编《中国餐饮产业发展报告（2020）》，社会科学文献出版社，2020。

B.4
2020年上海餐饮产业发展报告

上海商情信息中心[*]

摘　要： 2020年上海餐饮市场在做好疫情防控、保障市民"菜盘子"的同时，主动求变，积极转型，呈现出强劲韧性和发展活力。政策助力，上海市发布多项地方标准，引导餐饮业安全、健康、有序发展。通过举办"五五购物节""环球美食节""小吃节"等大规模的节庆活动，有力提振了餐饮消费信心，恢复了餐饮业造血功能，全面助推了餐饮业复苏。创新推动"一早一晚"饮食两大升级，推动早餐供应方式创新，线上线下联动，为市民提供更便捷、多样、健康的早餐服务，外卖夜宵点亮申城夜经济。"一新一老"创新，老字号主动出击，创新谋变，新式茶饮遍地开花，为城市注入新活力。

关键词： 上海餐饮业　节庆促销　新式茶饮

一　2020年上海餐饮产业发展概况

2020年是极不平凡的一年。上海一手抓疫情防控，一手抓经济社会发展，疫情得到有效控制，经济实现了由负转正，呈现应对风险挑战的强劲韧

---

[*] 上海商情信息中心成立于1993年，多年来，专注于农产品、快速消费品及零售、餐饮等流通行业研究，深刻理解行业竞争环境，熟悉商业流通模式，在监测上海商贸服务流通运行信息的过程中积累了丰富的数据监测及分析研究经验。

性和发展活力。2020年，上海社会消费品零售总额1.59万亿元，同比增长0.5%，高于全国4.4个百分点，规模稳居全国城市首位①。上海市统计局数据显示，2020年住宿和餐饮业实现零售额1178.28亿元，同比下降19.6%。

上海市全市重点企业监测显示，"上海2020年3月零售额环比2月大幅增长41.3%，其中，近一个月内，购物中心和餐饮行业日均营业额分别回升35个百分点和29个百分点，恢复率分别达到56%和78.1%"②。

根据上海市商务委员会数据统计，国庆8天长假，上海全市餐饮消费金额达到51亿元，同比增长1.8%。这表明上海餐饮市场逐渐走出了疫情的负面影响。

二 2020年上海餐饮产业积极防疫防控主动作为

2020年，面对突如其来的新冠肺炎疫情，上海餐饮企业落实落细各项常态化疫情防控措施，为消费者打造安全、放心、健康的消费环境。

（一）为抗疫一线提供有力后勤保障

2020年初的疫情非常时期，杏花楼、新雅、沈大成、功德林等食品厂积极生产，为分布全市的各大食品专卖店提供更充足的产品，满足广大市民的生活所需；丰收日集团加班加点为工作在防控一线的医护人员，以及有需要的医疗机构提供免费的"一人食爱心工作餐"；大年初二，一批绿波廊招牌的点心带着爱心和温暖送到党建联建单位瑞金医院；沈大成研发了有益身体健康的热饮茶，为奋战在疫情第一线的医务人员提供最有力的后勤保障。

（二）主动求变，坚守上海市民"菜盘子"

2020年，面对上海市民不得不"宅"在家里过年的情况，各大餐企坚

---

① 2021上海商务情况通报会，2021年2月24日发布。
② 2020上海商务情况通报会，2020年4月9日发布。

2020年上海餐饮产业发展报告

守上海市民的"菜盘子",推出送货到家等多种新的服务形式,将原料新鲜、菜品现烧、保质保量的产品及时、保鲜、卫生地送到消费者手中,比如,老字号品牌豫园餐饮把部分年夜饭食材改为半成品或熟菜,上海绍兴饭店通过小程序向社会提供家宴,和记餐饮在春节期间提供外卖线上"平安过大年"菜品和套餐配送。开工之后,为避免人员聚集和交叉感染,确保用餐安全,多家餐企上线安心套餐。大富贵美团外卖平台推出企业用餐外送服务;小南国推出企业用餐直送服务,周一到周五,菜单不重样,由专人专车直送;豫园文化餐饮集团旗下各大老字号品牌的所有外卖餐品出餐后均附加产品安心卡;老盛昌所有外卖餐品均附加"老盛昌汤包外卖安心卡",从菜品制作人、装餐员到快递骑手信息全透明,做到食品安全、装餐安全、配送安全均可追踪。

(三)切实做好进博会餐饮服务保障

在上海市卫生健康部门的指导下,上海市餐饮烹饪行业协会制定了防疫工作方案,"着重做好人员、环境、原材料疫情防控工作;严格落实取餐、用餐安全间隔等餐饮防控要求,在商业广场、展馆部分公共区域、馆间通道等增设公共就餐区,推行展位就餐制度、分批分时就餐制度,加强就餐环境管控;定期开展餐车、设备等的清洁消毒,做好场地环境消杀工作"[①]。

三 2020年上海餐饮产业创新发展

(一)发布地方标准,引导餐饮业安全、健康发展

2020年,为提振餐饮消费市场,倡导健康饮食习惯,上海市发布多项地方标准,以此引导餐饮行业安全、健康、有序发展。

发布《传染病流行期间餐饮服务单位经营安全操作指南》。2020年4

---

① 上海市政府新闻发布会,2020年10月30日。

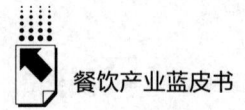

月,上海市市场监管局发布了首个全面指导餐饮服务单位疫情期间经营安全操作的地方标准,涵盖了从厨房到餐桌全流程管理和服务要求。

发布《餐饮服务单位公筷公勺服务规范》。2020年2月,上海市健康促进委、市卫生健康委联合市文明办向全体市民发出使用公筷公勺的倡议,120多名市政协委员联名提案,"全市2.5万余家餐厅表示要推广使用公筷公勺,同时抽样调查表明92%的市民赞成使用公筷公勺"①。9月,由市健康促进中心、市餐饮烹饪行业协会、杏花楼(集团)股份有限公司新雅粤菜馆共同起草完成的上海市地方标准《餐饮服务单位公筷公勺服务规范》(DB31/T1239-2020)正式实施。规范提出"公筷公勺要与个人自用餐具有显著区分,并符合安全的基本要求;餐饮服务单位应对使用公筷公勺开展宣传和倡导,并将公筷公勺纳入各个环节管理之中;规定餐饮服务单位在上菜、摆放、打包等方面使用公筷公勺的要求,将服务流程纳入日常培训;对公筷公勺应按照已有规范进行清洁消毒,并存放在专用区域"②。11月,《上海市公共卫生应急管理条例》(以下简称《条例》)正式实施,将戴口罩、使用公筷公勺写进上海公共卫生立法。《条例》要求"餐饮服务单位应当提供公筷公勺服务,餐饮行业主管部门以及相关行业组织应当制定分餐制服务规范,并推动餐饮服务单位落实要求"③。

发布《餐饮服务单位分餐制管理规范》。2020年4月,由上海市质量和标准化研究院、上海市餐饮烹饪行业协会共同起草的《餐饮服务单位分餐制管理规范》地方标准发布,该标准根据本市餐饮服务单位多年形成的经验做法以及居民饮食特点,创新性地提出了分派式、位上式、公筷公勺自取式以及自助餐式等四种分餐模式,并倡导根据每种分餐模式的特点开发菜品、制定分餐制菜单,分餐制菜单的制定在全国尚属首次。该地方标准确定了五项工作任务,即"转变餐饮业经营模式,逐步形成餐饮行业分餐制度

---

① 上海市疫情防控新闻发布会,2020年2月23日。
② 上海市《餐饮服务单位公筷公勺服务规范》标准发布新闻通气会,2020年9月9日。
③ 上海市人民代表大会常务委员会公告第50号《上海市公共卫生应急管理条例》,上海市卫生健康委员会,2020年10月30日。

体系和操作规程；推广执行地方标准，引导广大市民形成健康的用餐方式；开展分餐行动，推广餐饮行业分餐制服务，倡导家庭使用公勺公筷；加强分餐制宣传教育，坚持分餐从娃娃抓起，增强市民'保障健康卫生、分餐势在必行'的意识；开展创建与示范活动，通过示范引领，使分餐制服务固化为餐饮行业的规范经营行为"[1]。上海市餐饮烹饪行业协会根据市政府分餐行动的总体要求，首先在丰收日、新荣记、杏花楼集团、梅龙镇集团、和记小菜、上海人家、恒悦轩、衡山宾馆等160家品牌企业1000家门店倡议率先全面推行。

（二）举办活动，恢复餐饮业造血功能，维护多元化健康生态

2020年，上海市通过举办各类大规模的节庆活动，恢复餐饮业造血功能。通过"五五购物节"、环球美食节、小吃节、夜生活节等全面助推餐饮业复苏。

全国首创"五五购物节"。2020年，随着国内疫情好转，为最大限度促进消费回补和潜力释放，上海首创了超大规模消费节庆活动"五五购物节"。为推动上海市餐饮业发展尽快进入正常轨道，上海市餐饮烹饪行业协会与美团点评联合发布"上海餐饮企业百家品牌千家店优惠月"信息。活动覆盖了老字号、著名餐厅、地方特色餐厅、快餐简餐、日料外企品牌等多业态、多特色、多层次的餐厅，能够满足消费者的不同用餐需求、激发消费者消费热情，带动餐饮行业快速复苏，为上海市餐饮业增长和餐饮品质注入新的活力。上海203家品牌2058家门店从5月15日至6月15日发挥各自的经营特色优势大力推出特色单品、组合套餐，以线上线下优惠消费的促销形式，力推受消费喜爱的各类促销活动。杏花楼集团旗下所有老字号门店、著名小吃店以及上海人家、宝燕、光明邨大酒家、丰收日、大富贵、老饭店、绿波廊、避风塘、梅龙镇酒家等均推出各项特色优惠。线上方面，望湘园、圆苑、张生记、上海1号、小杨生煎、和记小菜、苏浙汇、醉辉煌、大

---

[1] 《餐饮服务单位分餐制管理规范》，上海市餐饮烹饪行业协会官方网站，2020年5月21日。

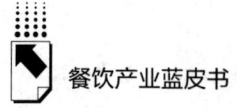

董、乐意坊、浦江一号等餐饮的优惠折扣高达4~5.5折。"五五购物节"给消费者带来了实惠,有力地拉动了上海餐饮市场复苏,推广了上海特色餐饮品牌,传播了餐饮文化,扩大了上海国际美食之都的影响力。

首创环球美食节,吃遍全球。举办首届"2020环球美食节"活动,吸引了6大洲、42个国家、300余个餐饮品牌的2000余家海外风味餐厅,包括新天地、陆家嘴、联洋、碧云、古北、龙柏、大虹桥等外国友人聚集生活板块,并同步开展美食厨艺、风情酒饮、调酒技能等展示,评选环球美食榜单,举办环球美食直播达人赛等活动。同期,举办了2020年"环球食材·上海味道"活动,5月31日(周日)客流量相较上周日上升40%,为5月日客流最高值,创疫情以来日客流量最高值。活动期间,参与上海环球美食节促消费活动的餐厅,销售额均有不同程度的增长,"洋餐厅"普遍恢复至疫情前的九成左右,如日式餐厅蟹的冈田屋5月至6月销售额同比上涨15%左右;日式餐厅筑地海幸三代目"五一"期间营业额同比增长19.5%;意大利餐厅PRIMO1同比增长20%;SITE Wine&Dine餐吧5月营业额同比上涨10%。

首届小吃节带来大效应。2020年举办首届"上海小吃节",杏花楼、功德林、鲜得来、大壶春、泰康、富春小笼等一批上海老字号、老品牌、老店铺参与,其间,全市近40家企业的4700余个网点共实现销售额13亿元,月环比增长53.58%;客流量超过6916万人次,月环比增长49.55%,有力促进了餐饮服务消费、拉动了餐饮行业复苏、提振了餐饮消费信心。

(三)创新推动"一早一晚"饮食两大升级

推动早餐供应方式创新,线上线下联动,为市民提供更便捷、丰富、健康的早餐服务。2020年,早餐工程被列为上海民心实事工程,持续推动早餐供应方式创新,围绕上海市委、市政府推出的《关于进一步推进我市早餐工程建设的意见》《上海市推进早餐工程建设三年行动计划(2020~2022年)》,提出发展"网订柜取""互联网+早餐"新场景,目标是通过三年的努力,"构建起以中央厨房为核心,连锁早餐网点为主体,特色单店、流动餐车、外卖平台配送等多种形式为补充的早餐供应体系"。目前，上海已经有200个早餐示范点，涵盖了西式和中式多个餐饮品牌。

外卖夜宵点亮申城夜经济。2020年6月，上海首届夜生活节通过举办180多个文化娱乐饮食活动，以及商场延时营业、城市政策配套等措施合力提升夜间经济活力。支付宝数据显示，上海市2020年6月夜间消费力已达到上年同期水平，夜间消费总额环比5月增长在10%以上。阿里本地生活（饿了么、口碑等平台）通过与全市各区主要步行街、夜市街、商圈MALL的品牌购物、小吃美食、老字号餐饮相结合，打造"夜间美食地图"。合生汇与阿里本地生活联手推出"深夜食堂-Young铺夜市"，阿里本地数据显示，活动期间，合生汇的夜间外卖订单指数上升了15%。线上销售火爆，线下商铺也一样火热——合生汇Young铺夜市数据显示，活动当天客流量高达10万人次，同比增长20%；烤肉、小龙虾、白熊啤酒等人气摊位当晚销售额均高达5000~9000元。根据美团外卖发布的全国外卖活力数据，上海凭借外卖用户消费活跃度、餐饮商家外卖占比、商家营业时长等多个指标，跻身"外卖新一线城市"的第三位，通过外卖崛起强势带动沪上餐饮行业复苏。美团外卖还根据商家凌晨营业率设置了全国餐饮商家"熬夜指数"，上海同样位于第三位，是以外卖撑起城市夜经济的绝对代表之一。

（四）进博会餐饮保障进一步丰富

2020年第三届进博会在国家会展中心馆内有固定餐饮商户77家，日最大供应能力12万份，设立临时供餐点位22个，日最大供应能力4.3万份[①]。为确保供应总量充足，第三届进博会的餐饮保障工作还建立了应急供应机制，以满足展会期间的用餐需求。同时，在上海市商务委员会的指导下，上海首批24家早餐工程企业及老字号品牌企业参展，小吃馆内展示主题为"寻味魔都，寻觅小吃"，小吃馆总营业面积约2200平方米，日均可供应特色小吃约2万份。

---

① 第三届中国国际进口博览会新闻发布会，2020年10月30日。

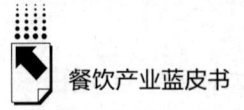

（五）"双节"假日经济带动餐饮

2020年国庆中秋"双节"期间，餐饮消费呈现"商场餐饮提升，街面餐饮减少；景区餐饮热闹，社区餐饮一般；小吃增幅下降，熟菜外卖增长；农家餐饮火爆，线上外卖下降；即兴消费红火，节前订餐减少"等特点。消费点餐人均单价的下降，体现了反对餐饮浪费，倡导"小碗饭""小盆菜"的效应。大数据（上海）显示：外来游客的消费占34.2%，本地居民消费占65.8%。"双节"假日经济带动餐饮发展，主要体现在以下几点。一是"双节"效应显见。上海杏花楼集团营业额同比增长8.45%，其中南京路企业上升8.35%，云南路美食街企业营业额同比增长11.22%；新雅粤菜馆营业额较上年同期上升了17.1%，包房和散席几乎天天爆满。二是婚宴消费回补明显。上海市商务委员会定点监测的28家大型餐饮企业实现销售额1.3784亿元，同比增长11.6%，增长原因是因疫情延迟的婚礼扎堆举行。上海市餐饮烹饪行业协会抽样婚宴数据也显示回补明显：衡山集团同比增长40%，格日丽雅增长18%。婚宴对数增长45%，平均每单桌数总量下降10%，价格基本持平。三是重点商圈大幅增长。小陆家嘴—张杨路、南京东路、南京西路、淮海中路、虹桥商务区等重点商圈同比大幅增长，增幅分别达到30.2%、30.1%、26.1%、24.3%和14.6%。四是正餐消费普遍增长。协会抽样同比数据：杏花楼集团8.45%；丰收日28%；上海人家20%；上海1号16%；宝燕集团8%（其中宝燕商城增长12%，主要为亲子消费回补）；圆苑15%；耶里夏丽9.53%；道道鲜10.9%；谷谷鸡10%。尤其是高端餐饮抽样数据显示高位增长，醉辉煌、伙坊海鲜、新荣记三个高端品牌，分别增长60%、40%、19%，体现了上海餐饮消费市场追求品质餐饮的趋势向好。五是节前月饼销售火爆。2020年中秋国庆"双节"合一，节前月饼销售火爆，如著名品牌杏花楼广式月饼同比增幅较大，尤其是苏式鲜肉月饼，凡上海知名品牌门店，排队购买已是常态。杏花楼、新雅、功德林的月饼销售额同比增长21.02%，杏花楼集团各企业现制现售月饼销售额同比增长15.2%。

（六）健全监管机制，遏制餐饮浪费

2020年，上海市餐饮烹饪行业协会发布《关于制止餐饮浪费行为、弘扬节约美德的倡议书》。为了有效制止"舌尖上的浪费"，沪上企业食堂和餐饮企业纷纷出台创新举措，将节约理念落到实处。例如，杏花楼推出了一批符合"一人一份"消费需求的单品；苏浙汇根据客人的人数来推荐菜品，引导食客合理点餐，对于实现"光盘"的消费者，提供打九折或者赠送甜品的优惠活动；小杨生煎免费为顾客提供可降解的打包盒，提醒消费者堂食吃不完可以打包带回家；上海三菱电梯有限公司食堂为制止餐饮浪费，推出了"小饭小碗、一两一加、半荤半素、有多有少"16个字小妙招，让员工根据自己的胃口自选，多种举措执行了近一周，这个每天有2500人用餐的大食堂，餐厨垃圾明显减少；博海餐饮集团在上海经营180多家企业、学校食堂，其在早餐时段推出小份的粥、豆浆和面条，把刀切馒头、蜂糕等做小，有意识地引导顾客不浪费；上海1号通过在菜谱上标注每道菜品的主辅料品种和分量，例如一道荠菜菌菇虾滑，标明了荠菜50克、菌菇100克、虾滑200克；上海1号的客群中以老年人居多，胃口有限，因此推出小份点心，后来演变为点心可以单只卖，冷菜、热菜也有小份。除了杜绝顾客浪费，餐饮企业也在减少加工环节的浪费，例如进货时控制数量等。

（七）"一新一老"创新，为城市注入新活力

老字号主动出击，创新谋变。2020年，上海老字号餐饮企业加速转型，通过新营销方式，不断增强品牌对顾客的新引力，探索品牌年轻化，助力老字号品牌的创新升级。一是线下老字号餐企转战线上，掀起直播带货热潮。南翔馒头店以新品预售、限时优惠促销、直播送福利等新型营销方式转危为机；上海绿波廊酒楼厨师长王时佳开通了个人抖音号，尝试手机拍摄、编辑素材，用镜头记录平常工作中的趣人趣事，教观众制作国宴级点心；杏花楼的"网红青团爸爸"章吉泉参与直播推销"蛋黄肉松青团"等杏花楼的热销产品；杏花楼、功德林、丁义兴、松鹤楼、湖心亭、绿波廊等多家有着悠

久历史的老字号品牌参与豫园商城举行的从室外逛到室内的全街区大直播"原地逛街"活动。二是餐饮跨界弘扬国潮新风尚。豫园南翔馒头店在120周年之际携手大孚飞跃发布的"东鞋西渡2.0"跨界潮鞋，正式上线大孚飞跃天猫旗舰店，以"走出去/Go outside"为主题，在"五五购物节"期间开展包括跨界潮鞋、线上优惠券、线下联名套餐等在内的多元化合作，全面促进市场消费，弘扬国潮新风尚。三是逆势开店。继光明邨酒家、新雅茶室、上海老饭店等代表的上海老字号，广州陶陶居、宁波缸鸭狗、兰州马子禄牛肉面等外地老字号近年来也纷纷在上海四处拓展。2020年三季度，"以上海小吃著称的沈大成在瑞虹月亮湾、南翔印象城MEGA连开两店；主打包子的白玉兰食品则抢滩五角场合生汇、打浦桥日月光；城隍庙春风松月楼上海第三店入驻久光；被豫园股份收购的苏州松鹤楼面馆更借势加快拓展，几乎签下了全上海的头部项目；百年本帮菜上海老饭店继2019年底首度走出豫园商城，2020年在南翔印象城MEGA开出第三店；上海老字号绿杨邨酒家也首次进驻商业广场，开进了徐家汇永新坊"①。

新式茶饮遍地开花。茶饮方面：2020年，喜茶在上海市区已基本完成全面布点，除了在新世纪大丸百货开出喜茶黑金店外，在郊区也展开全面拓展模式，陆续开出奉贤宝龙、南桥百联、嘉定宝龙广场、青浦吾悦广场、新田360广场浦江店；奈雪的茶开进龙湖宝山天街、南翔印象城MEGA、虹桥南丰城；乐乐茶9月开出LCM置汇旭辉新店。拓展势头最为迅猛的7分甜，全市门店已超过200家。雪夜访戴·精品茶、榴颜榴语、桃乐满山是2020年三季度首进上海的新品牌，分别进驻BFC与三林新达汇；椿风·养生茶饮、点叶、T9tea、汴京姬、ORITEA朴茶等小众品牌进驻了静安大悦城、iapm、晶品、BFC等一批指标购物中心。咖啡方面：根据上海交大中国城市治理研究院公布的《2020国际文化大都市评价报告》，在全球50个国际文化大都市中，上海的咖啡馆、茶馆总数排名第一。2020年来福士引入的LITTLE BEAN旗下SHORTBLACK小特黑、高岛屋的青山上品咖啡、金虹桥

---

① 《沪上实体店嗨玩跨年各出奇招》，《青年报》2020年12月24日。

的 Wkate 威克特咖啡、新天地 Peet's Coffee 黑金店均为全新首店，Tim Hortons 两个月开进 10 家指标商场，星巴克推出升级版的臻选店及各种主题店，贝瑞咖啡、Peet's Coffee、namedcup 小杯子、KARASU COFFEE、LAVAZZA、Wagas 沃歌斯也各有多家新店迎客。万物皆可配的咖啡与奶茶寻找"新伙伴"。早在 2019 年，上海知名黄酒品牌金枫酒业，就与奈雪的茶联合推出一款石库门黄酒奶茶；星巴克在外滩"海派风情第一店"全新首发限定款——上海黄酒玛奇朵；乐乐茶携手国货老字号光明乳业，选用光明乳业旗下鲜牛奶和光明白雪冰砖作为原料，推出了具有"上海怀旧味道"的光明冰砖系列冰冰茶。

参考文献

［1］上海市人民代表大会常务委员会公告第 50 号《上海市公共卫生应急管理条例》，上海市卫生健康委员会，2020 年 10 月。
［2］2021 上海商务情况通报会，2021 年 2 月。
［3］第三届中国国际进口博览会新闻发布会，2020 年 10 月。
［4］邢颖、黎素梅主编《中国餐饮产业发展报告（2020）》，社会科学文献出版社，2020。

B.5
2020年广东餐饮产业发展报告

程 钢*

摘 要: 受疫情影响,2020年广东餐饮业营收首次出现负增长,全年营收总额为4124.76亿元,同比下降182.47亿元,降幅仅为4.2%。在业存续企业较上年减少近7万家,降幅达7%。广东占全国餐饮份额再次回归至10%以上,达10.4%。广东餐饮占全省社零份额比重继续攀升至10.3%。即使在疫情肆虐之下,作为体验消费属性的餐饮业,依然扮演着线下商业消费的动力引擎,吸引了广大消费者到店消费,带动激活了更多关联消费,发挥了恢复消费信心、繁荣市场活跃度的重要作用。"粤菜师傅"工程高质量发展规划正式实施,从人才、产业、标准和文化等四大体系确立了49项具体措施。广东餐饮业在制止餐饮浪费和推进文明餐厅建设方面开展了大量卓有成效的工作,广东餐饮业社会组织在疫情防控期间积极维护行业权益,积极开展行业自扶自救,凝聚起行业力量,共克时艰,共渡难关。广东餐饮的美食内涵与产业外延已在疫情之后重新定义,广东餐饮的魅力、活力与业格在世人面前大放异彩!

关键词: "粤菜师傅"工程 餐饮业 文明餐厅 行业维权

---

* 程钢,MPA硕士,广东省餐饮服务行业协会秘书长,主要研究方向为餐饮产业大数据应用与商业模式设计。

2020是不平凡的一年，广大餐饮企业，有的被淘汰，有的断臂求生，有的向阳而生逆风翻盘……大多数餐饮企业在上半年，都比较艰难。尽管还处在行业不断洗牌、品牌更迭换代的过程中，但我们也看到了随着疫情防控效果显现、消费季重启，广东也迎来了餐饮业回暖契机。

一 2020年广东餐饮产业发展概况

广东餐饮业是充分实现市场自由竞争的行业，业界众多优秀品牌从未停止产业创新升级的持续探索和有益尝试，时刻展现着广东这个中国餐饮大省"排头兵"的活跃姿态，即使面对疫情种种不确定性的袭扰，也能够积极适应餐饮市场诚信自律、跨界合作、科技应用、品牌优化、模式创新、产业集聚的新常态。

（一）2020年广东餐饮业市场规模

受疫情影响，2020年广东餐饮业营收首次出现负增长，全年营收总额为4124.76亿元，广东省统计局月度数据显示，2019年广东餐饮业累计营收调整额达5071.74亿元，则2020年广东餐饮业营收总额下降18.7%；如对比2019年广东省统计公报餐饮业收入4307.23亿元，则2020年下降182.47亿元，降幅仅为4.2%（见图1）。

为匹配过往各年份收入，维持良好的数据延续性，以下相关分析按2019年4307.23亿元为基数。

2020年1~4月餐饮业营收下滑幅度惊人，平均降幅达到41.8%，3月份降幅更是达到55.2%的历史冰点。自4月份开始企稳回升，至9月份基本恢复到上年同期水平，12月份实现月度3%的正增长（见图2）。

2020年，全国餐饮业营收总额39527亿元，同比下降15.4%，营收较2019年减少7194亿元，跌破4万亿元关口，基本相当于2017年的营收水平。同期广东餐饮业营收总额4.2%的降幅，广东餐饮消费的韧性充分彰显。广东占全国餐饮份额再次回归至10%以上，达10.4%（见图3）。

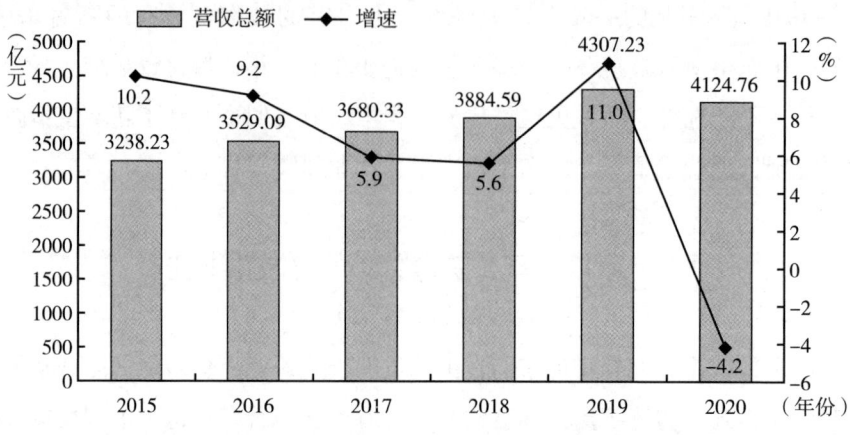

图 1　2015～2020 年广东餐饮市场规模与发展趋势

注：由于价格等因素的影响，部分年份增速与实际计算结果不一致，但为了保持数据的完整性，本文对引用的统计局数据不做处理。仅供参考，下同。

资料来源：广东省统计局。

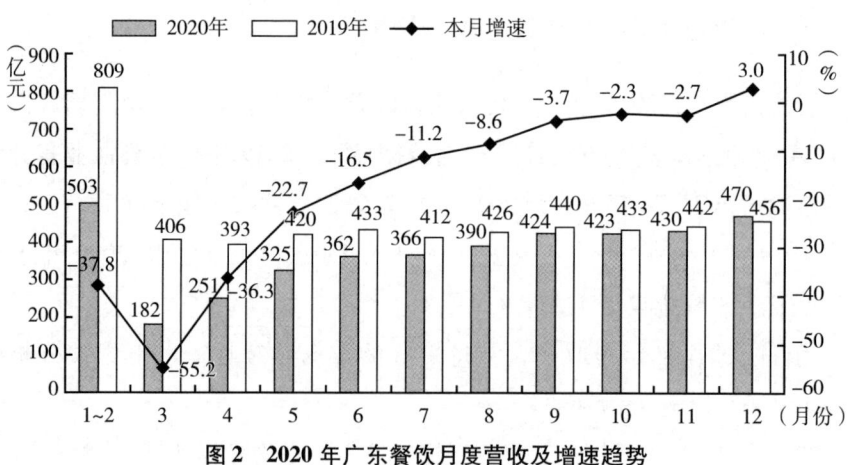

图 2　2020 年广东餐饮月度营收及增速趋势

资料来源：广东省统计局。

（二）广东餐饮业带动社会经济发展

2020 年，广东全省地区生产总值为 110760.94 亿元，同比增长 2.3%；广东省社会消费品零售总额为 40208 亿元，同比下降 5.8%，餐饮占社会消费品零售总额比重继续攀升，上升至 10.3%（见表1）

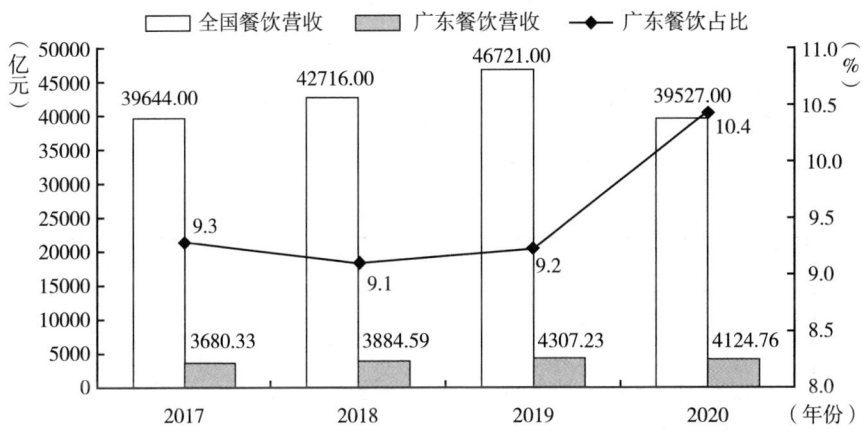

图3　2017～2020年广东餐饮业占全国市场份额变化趋势

资料来源：国家统计局、广东省统计局。

表1　2015～2020年广东餐饮业占社会消费品零售总额比重

年份	餐饮营收（亿元）	社会消费品零售总额（亿元）	餐饮占比（%）
2015	3238.23	31517	10.3
2016	3529.09	34739	10.2
2017	3680.33	38200	9.6
2018	3884.59	41561	9.3
2019	4307.23	42664	10.1
2020	4124.76	40208	10.3

资料来源：广东省统计局。

广东餐饮营收增速自2019年开始恢复超过社会消费品零售总额增速，即使在疫情肆虐之下，作为具有体验消费属性的餐饮业，依然发挥着线下商业消费动力引擎的作用，吸引了广大消费者到店消费，带动激活了更多关联消费，发挥了恢复消费信心、繁荣市场活跃度的重要作用（见图4）。

（三）广东各地市餐饮企业存量与发展分析

截至2020年底，广东餐饮业在业存续企业96.4844万家，较2019年末

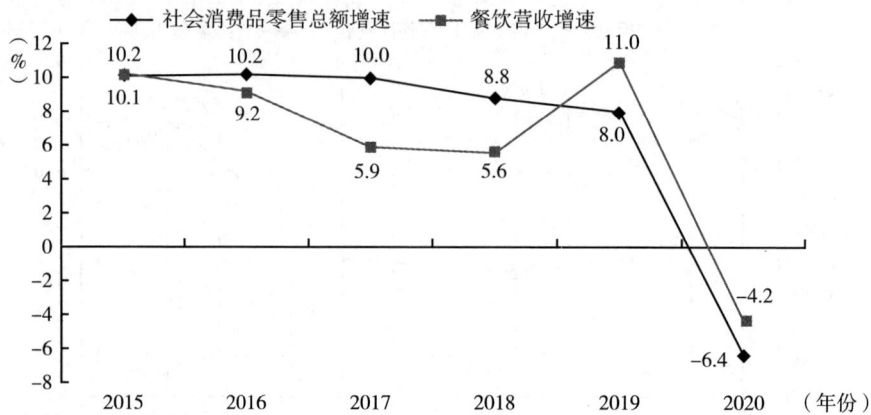

图 4　2015~2020 年广东餐饮营收增速与社会消费品零售总额增速对比

资料来源：广东省统计局。

减少近 7 万家，降幅近 7%，只有深圳、佛山、揭阳和潮州实现了不同程度的增长。深圳餐饮市场逆市发展成效显著，年度净增长门店数超 2 万家，增速近 8%；中山、东莞和江门则出现过万家企业的衰减，肇庆、中山年度降幅超过 30%（见表 2）。

全省 21 个地市门店分布依旧存在严重不平衡的现象，深圳、广州占全省份额继续提升，分别占 28.8% 和 16.0%；东莞、佛山和惠州位列第二阵营，但总和还不及深圳一个城市；其余 16 个城市单一占比都不超过 3.1%，其总和勉强与深圳持平。

揭阳、珠海、清远、汕尾和潮州排名上升 1~3 位，肇庆、茂名、韶关与云浮排名下降，其中，肇庆下降幅度最大。

表 2　2019~2020 年广东各市餐饮业在业存续企业数量对比

排名	城市	2019 年		2020 年		名次变动	数量变动	变动幅度（%）
		在业存续企业总数	全省份额（%）	在业存续企业总数	全省份额（%）			
1	深圳市	257551	24.90	277833	28.8	—	20282	8
2	广州市	164463	15.90	154508	16.0	—	-9955	-6
3	东莞市	107415	10.40	95947	9.9	—	-11468	-11

续表

排名	城市	2019年		2020年		名次变动	数量变动	变动幅度（%）
		在业存续企业总数	全省份额（%）	在业存续企业总数	全省份额（%）			
4	佛山市	86276	8.30	87908	9.1	—	1632	2
5	惠州市	65715	6.40	65712	6.8	—	-3	0
6	中山市	44633	4.30	30291	3.1	—	-14342	-32
7	江门市	35689	3.50	25189	2.6	—	-10500	-29
8	汕头市	28708	2.80	23401	2.4	—	-5307	-18
9	湛江市	26222	2.50	22160	2.3	—	-4062	-15
10	梅州市	24308	2.40	20243	2.1	—	-4065	-17
11	揭阳市	19470	1.90	19606	2.0	+3	136	1
12	清远市	22147	2.10	18141	1.9	+1	-4006	-18
13	珠海市	18840	1.80	17591	1.8	+2	-1249	-7
14	茂名市	22834	2.20	17455	1.8	-2	-5379	-24
15	肇庆市	23685	2.30	15890	1.6	-4	-7795	-33
16	河源市	18814	1.80	15794	1.6	—	-3020	-16
17	汕尾市	16724	1.60	14823	1.5	+1	-1901	-11
18	韶关市	17082	1.70	14075	1.5	-1	-3007	-18
19	阳江市	13958	1.40	10601	1.1	—	-3357	-24
20	潮州市	9326	0.90	9823	1.0	+1	497	5
21	云浮市	9715	0.90	7853	0.8	-1	-1862	-19
	合计	1033575		964844			-68731	-7

资料来源：天眼查。

广东餐饮业个体工商户占比逐年下降，2020年末，广东个体工商户占比为93.2%，但低于平均线的城市只有深圳和广州，大多数城市占比介于96%~99%（见表3）。广东餐饮业"个转企"依然具有巨大调整转型空间。

表3 2020年广东各市餐饮业个体工商户占比分析

排名	城市	企业总数	个体工商户数	个体占比（%）
1	深圳市	277833	245437	88.3
2	广州市	154508	139278	90.2
3	佛山市	87908	82488	93.8

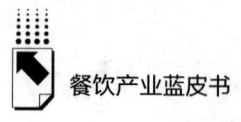

续表

排名	城市	企业总数	个体工商户数	个体占比(%)
4	珠海市	17591	16695	94.9
5	中山市	30291	28822	95.2
6	汕头市	23401	22491	96.1
7	东莞市	95947	92527	96.4
8	阳江市	10601	10268	96.9
9	江门市	25189	24422	97.0
10	湛江市	22160	21489	97.0
11	惠州市	65712	64157	97.6
12	汕尾市	14823	14530	98.0
13	茂名市	17455	17162	98.3
14	韶关市	14075	13840	98.3
15	云浮市	7853	7728	98.4
16	肇庆市	15890	15649	98.5
17	清远市	18141	17891	98.6
18	潮州市	9823	9690	98.6
19	揭阳市	19606	19378	98.8
20	梅州市	20243	20011	98.9
21	河源市	15794	15613	98.9
合计		964844	899566	93.2

资料来源：天眼查。

2020年，广东新注册餐饮企业221284家，注册当年存续率为87.7%，2年存续率仅为73.8%，下降幅度较大，3年存续率为68.5%（见表4）。

2020年，广东21地市新注册餐饮企业存续率相对平衡，基本稳定在81%~91%区间。深圳餐饮企业生存健康度最高，2020年新注册企业存续率达90.7%，2年存续率为84.8%，3年存续率更是高达88.7%。其他地市餐饮企业2年存续率出现较大波动，全部低于80%，甚至有半数左右的城市低于70%（见图5）。

除深圳、揭阳和惠州外，3年存续率则普遍低于70%，且有半数城市的3年存续率徘徊在50%左右。潮汕地区的四个城市存续率相对亮眼；惠州、梅州企业存续状态也相对稳定；清远的3类存续率大幅落后，全部排名垫底。

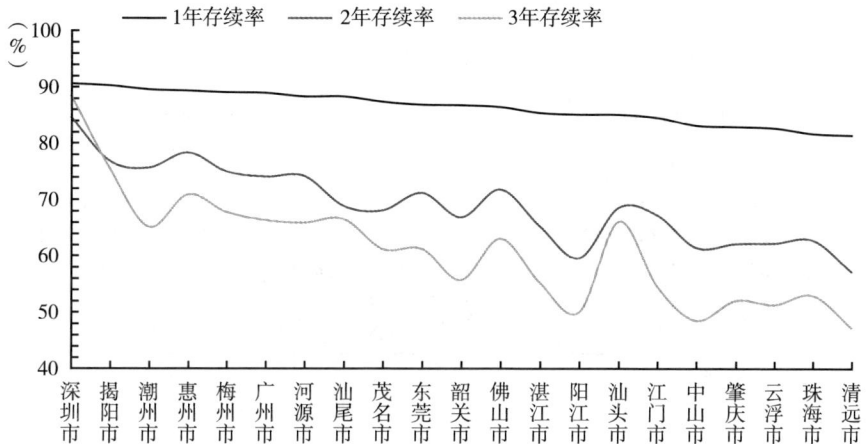

图5　2018～2020年广东各市餐饮业存续率变化趋势分析

资料来源：广东省统计局。

表4　2018～2020年广东各市餐饮业存续率分析

城市	2020年			2019年			2018年		
	当年注册	目前存续	1年存续率(%)	当年注册	目前存续	2年存续率(%)	当年注册	目前存续	3年存续率(%)
深圳市	49969	45308	90.7	53115	45016	84.8	51349	45552	88.7
揭阳市	5736	5181	90.3	5724	4401	76.9	6907	5219	75.6
潮州市	3030	2716	89.6	3329	2520	75.7	2515	1640	65.2
惠州市	14974	13389	89.4	14569	11417	78.4	15595	11064	70.9
梅州市	3623	3229	89.1	3772	2830	75.0	3774	2560	67.8
广州市	26916	23959	89.0	27791	20595	74.1	22303	14810	66.4
河源市	3719	3287	88.4	3572	2651	74.2	3655	2411	66.0
汕尾市	4397	3886	88.4	4634	3194	68.9	4528	3016	66.6
茂名市	5167	4518	87.4	5551	3782	68.1	5008	3069	61.3
东莞市	25597	22251	86.9	26406	18810	71.2	24731	15165	61.3
韶关市	3243	2816	86.8	3388	2267	66.9	3220	1795	55.7
佛山市	27623	23898	86.5	29584	21255	71.8	26154	16513	63.1
湛江市	6671	5702	85.5	6871	4486	65.3	5589	3088	55.3
阳江市	2438	2077	85.2	2641	1576	59.7	2889	1446	50.1
汕头市	6254	5326	85.2	6349	4357	68.6	7052	4665	66.2
江门市	5242	4435	84.6	5534	3722	67.3	6133	3348	54.6

续表

城市	2020年			2019年			2018年		
	当年注册	目前存续	1年存续率(%)	当年注册	目前存续	2年存续率(%)	当年注册	目前存续	3年存续率(%)
中山市	8969	7461	83.2	9452	5816	61.5	8181	3974	48.6
肇庆市	4126	3423	83.0	4136	2574	62.2	4204	2190	52.1
云浮市	2464	2038	82.7	1991	1241	62.3	2048	1052	51.4
珠海市	5704	4661	81.7	4066	2555	62.8	3583	1899	53.0
清远市	5422	4416	81.5	5229	2987	57.1	5055	2387	47.2
合计	221284	193977	87.7	227704	168052	73.8	214473	146863	68.5

资料来源：天眼查。

（四）广东餐饮百强分析

1. 广东餐饮百强集中度逐年稳步提升

2020年8月，广东省餐饮服务行业协会联合餐数大数据工作室（以下简称餐数）发布了《2019年度广东餐饮百强分析报告》[①]。2019年广东餐饮百强总营收增速为13%，较上年有所下降，但整体总营收已近800亿元，百强集中度逐年稳步提升，约占全省年营收的18.5%（见图6）。

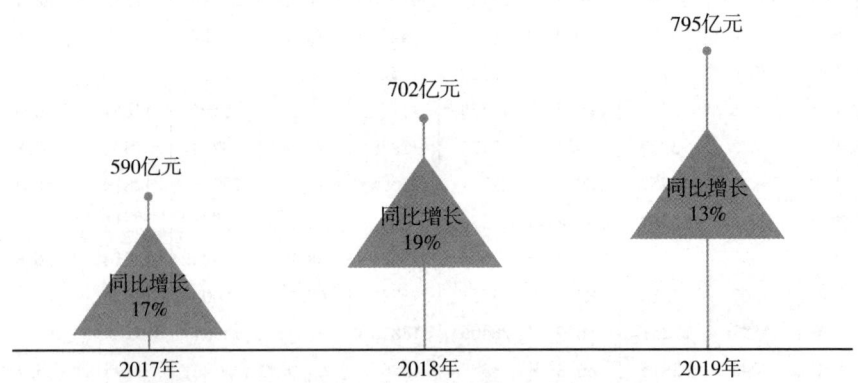

图6 2017~2019年广东餐饮百强总营收与增速分析

资料来源：广东省餐饮服务行业协会、餐数。

---

① 广东省餐饮服务行业协会：《2019年度广东餐饮百强分析报告》，2020。

2. 广东餐饮百强企业实力持续加强

广东餐饮百强入围门槛大幅提高，企业最低年度营收额较上年提高27%；榜单更迭率也略有上升，达到21%，反映出广东头部餐饮企业持续健康发展的良好态势（见图7）。

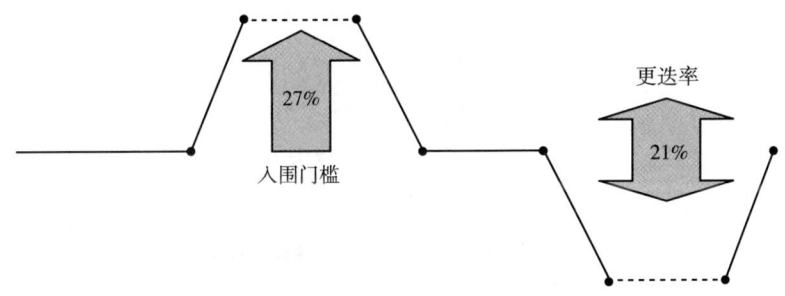

图7 2019年度广东餐饮百强入围门槛与更迭率分析

资料来源：广东省餐饮服务行业协会、餐数。

75%的百强餐饮企业实现年度营收增长，实现50%以上增速的企业达到18家，充分彰显出广东餐饮百强企业可持续发展的雄厚实力（见图8）。

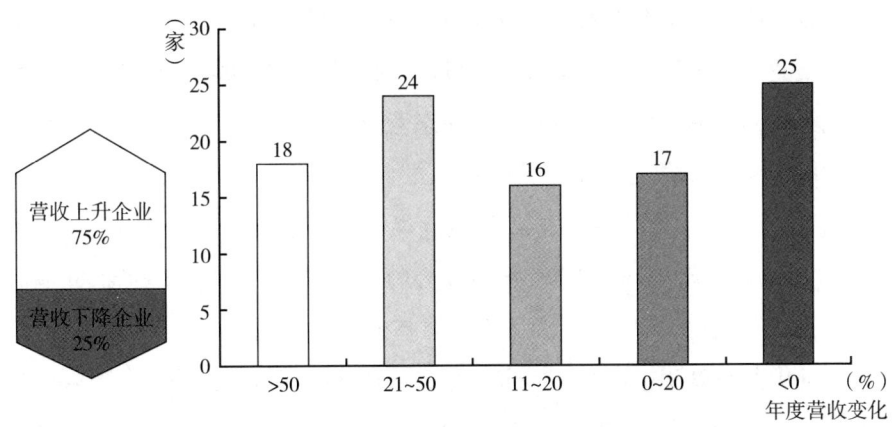

图8 2019年度广东餐饮百强年度营收分析

资料来源：广东省餐饮服务行业协会、餐数。

3. 广东餐饮百强积极探索多业态发展

对2019年度广东餐饮百强新设了业态分析维度，从中显现出广东头部餐饮企业正从单一业态逐步向多业态方向探索发展的趋势（见图9）。

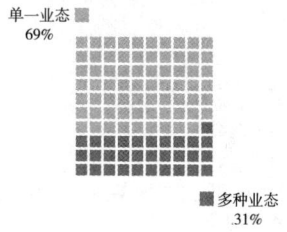

图9　2019年度广东餐饮百强业态发展趋势分析

资料来源：广东省餐饮服务行业协会、餐数。

越来越多的企业积极孵化主营业态之外的品牌连锁项目，企业活力、创新力进一步提升，与此同时，团队也面临着如何高效驾驭不同业态带来的管理挑战。

4. 广东餐饮百强各业态、品类赛道发展趋势

快餐、茶饮烘焙业态营收总额相对企业占比呈高增长、高收入趋势，主要是此类业态连锁标准化程度较高，发展及扩展速度较快；形成鲜明对比的是中式正餐、火锅、休闲餐饮和团餐业态营收相对较低（见图10）。

2019年度，中式正餐业态营收占比虽比上年降低3个百分点，但依旧是广东餐饮百强分布最多的业态赛道。粤菜中式正餐营收占比高达20%（见图11），体现出绝对的广东粤菜核心特征，粤菜中式正餐企业更是借"粤菜师傅"工程的东风，积极在传承的基础上创新发展，如陶陶居、点都德等一批优秀的粤菜企业立足广东，并成功在上海等地开设分号，一举成为当地的时代"网红"；其他地方菜系在广东的发展也蒸蒸日上，尤其是佬麻雀、湘阁里辣、回家湘等湘菜企业占据6个席位，充分彰显出"食在广东"的包容性。

休闲餐饮与正餐的区分没有明确的国家标准，广东餐饮百强区分两

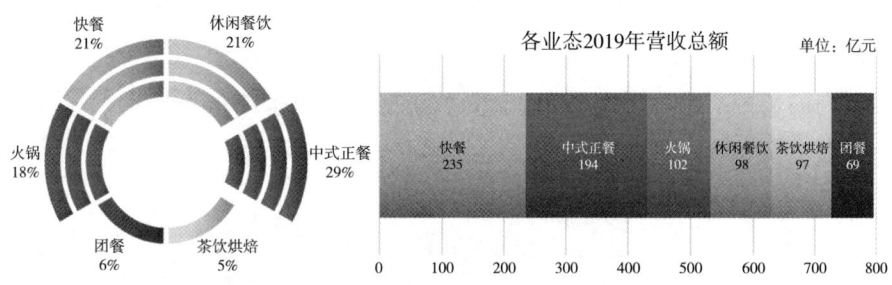

图 10 2019 年度广东餐饮百强各业态企业数占比与营收分析

资料来源：广东省餐饮服务行业协会、餐数。

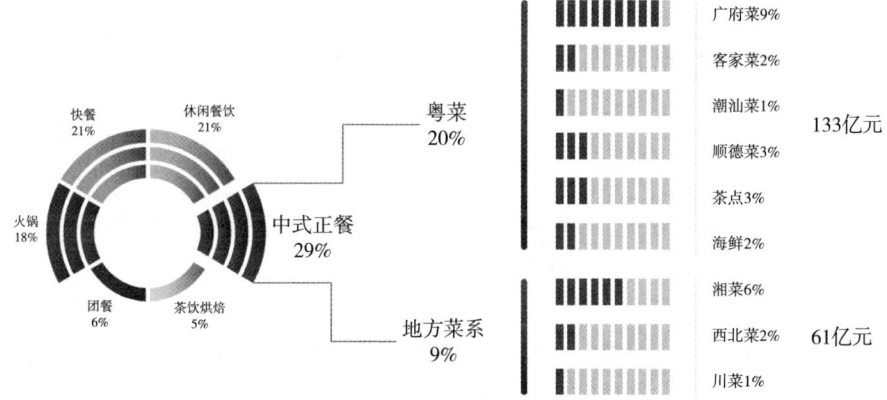

图 11 2019 年度广东餐饮百强正餐业态企业数占比与营收分析

资料来源：广东省餐饮服务行业协会、餐数。

种业态的主要依据是休闲餐饮相对于正餐有以下特征：菜单结构更加简约，消费时段不限于传统饭市，消费人数更加灵活，消费形式更加多样，因此将国际美食、主题餐饮和部分轻简粤菜系餐厅划归为休闲餐饮。根据日本驻广东领事馆提供的数据，日本料理在广东的门店量占全球的十分之一，在国内也是日料门店存量最多的省份，在广东百强榜单中拥有5席，除了万岁寿司、禾绿寿司等全国性大型连锁日料之外，还涌现出摩打食堂等新派创意日料；其他异域美食企业也有5个进入百强，凸显出"食在广东"的国际化。酸菜鱼虽起源于川菜，却在广东发扬光大，如太二、禄鼎记、江渔儿和姚姚酸菜鱼等优秀企业，创造了近些年酸菜鱼风靡全国的佳话。茶餐厅的全天候经营、粥点的连锁化经营凝聚了粤菜美食的精髓，实现了标准化运营，为粤菜风味连锁布局探索出了绝佳的赛道（见图12）。

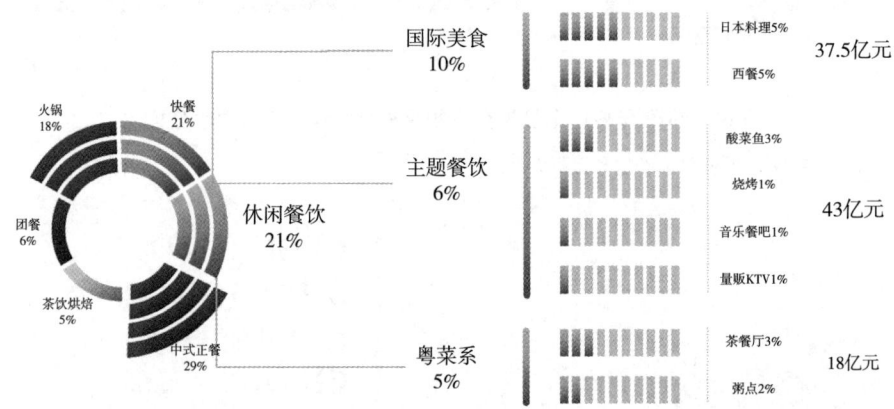

图12　2019年度广东餐饮百强休闲餐饮业态企业数占比与营收分析

资料来源：广东省餐饮服务行业协会、餐数。

除中式正餐外，快餐是广东餐饮百强营收规模最大的业态，营收总额达235亿元，较上年增长10%（见图13）。中式快餐上榜企业数量达17家，主要集中在米饭类和面类，真功夫、72街、都城和面点王等代表性企业稳中求进；其中具有粤菜美食元素快餐企业占据8个席位，也成为粤菜连锁化发展的重要赛道。

相比4家平均营收高达33亿元的西式快餐企业，中式快餐企业整体增速明显放缓，企业平均营收仅6亿元，可见，中式快餐的发展之路任重道远。

广东火锅市场呈现百花齐放、百锅齐滚的繁荣景象，广东火锅百强企业占比达18%，较2018年又增加了4个席位（见图14）。广东火锅不仅限于全国普遍分布的川渝风味火锅，粤菜风味和其他地域的火锅品类也枝繁叶茂，尤其是近几年风靡全国的牛肉火锅更是发展迅猛，如八合里海记、陈记顺和与海银海记等品牌都已在百店规模左右。

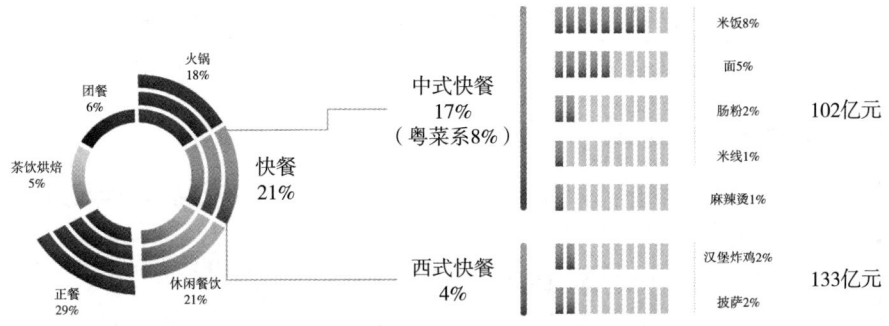

图13　2019年度广东餐饮百强快餐业态企业数占比与营收分析

资料来源：广东省餐饮服务行业协会、餐数。

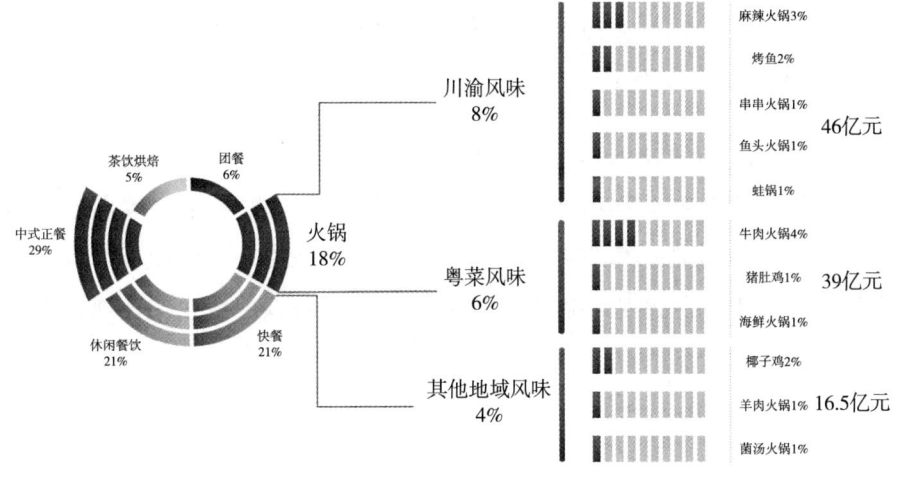

图14　2019年度广东餐饮百强火锅业态企业数占比与营收分析

资料来源：广东省餐饮服务行业协会、餐数。

不止于传统的粤菜正餐，粤菜正朝着业态多样化、品类多元化的方向蓬勃发展，粤式菜系餐饮阵营逐年壮大，入围2019年广东餐饮百强的相关企业达39家，营收总额也高达249亿元，占比31.3%（见图15）。粤菜以其丰富的原料选择半径、多样的特色工艺、包容创新的融合理念、颜值与美味并举的匠心精神，特别契合当今的消费市场，很多优秀企业正积极尝试在传承基础上，以单品主打菜、单品食材一料多吃、单一工艺多料争锋等标准化方式开设主题品牌连锁，可以预判，未来将持续有更多的粤式菜系企业飞速成长，代表粤菜走向全国、开遍世界。

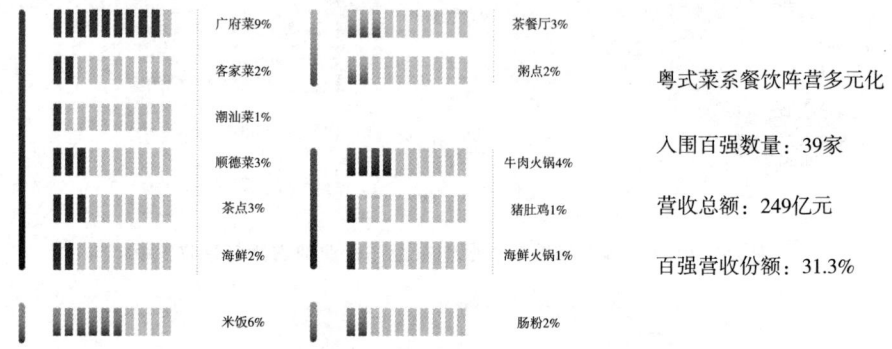

图15 2019年度广东餐饮百强粤式菜系发展分析

资料来源：广东省餐饮服务行业协会、餐数。

5. 广东餐饮地域分布与发展趋势

广东餐饮百强总部有45%分布在广州，深圳与东莞分布率分别为23%和12%，其他广东省内企业仅有6家分布在佛山、中山和珠海，总部在广东省外的企业占比缩减至14%，尤其以香港地区为主，独占7席（见图16）。

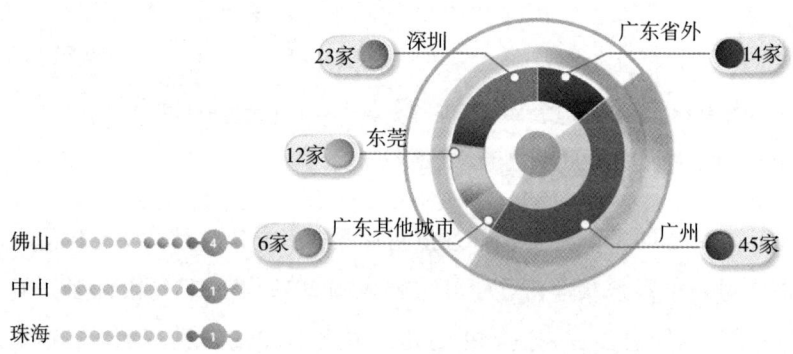

图16 2019年度广东餐饮百强总部所在地分析

资料来源：广东省餐饮服务行业协会、餐数。

广东餐饮百强跨城市发展指数略有上升,仅为73%,意味着有27家企业仅在单一城市布局,其中,正餐有近一半的企业独守"孤城",1/3强的快餐企业也只有一块"根据地"(见图17)。

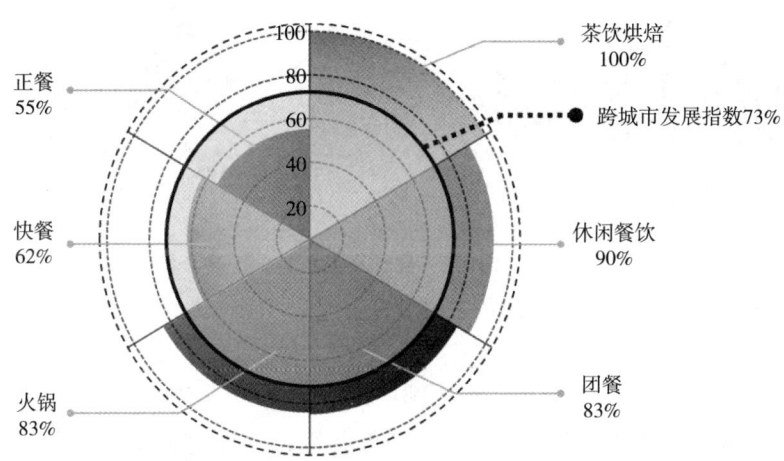

图17 2019年度广东餐饮百强跨城市发展分析

资料来源:广东省餐饮服务行业协会、餐数。

就连如此众多的百强企业都面临单一城市布局的困境,可想而知,其他非百强餐饮企业的发展更加受制于供应链等连锁要素的配套缺失。

86家总部在广东的百强餐饮企业,能够实现跨省经营的企业仅为53%,其中,跨省发展能力较弱的业态集中在正餐和快餐。广东籍餐饮百强企业向外省扩张的能力依旧薄弱,逆差进一步拉大,达110亿元,更何况非百强企业的餐饮逆差(见图18)。因此,广东虽为全国餐饮大省,却必须清醒面对品牌连锁能力薄弱的现实窘境。

二 广东粤菜产业发展情况

(一)"粤菜师傅"工程高质量发展进程

为了更好地服务构建国内国际双循环相互促进的发展格局,助力粤港澳

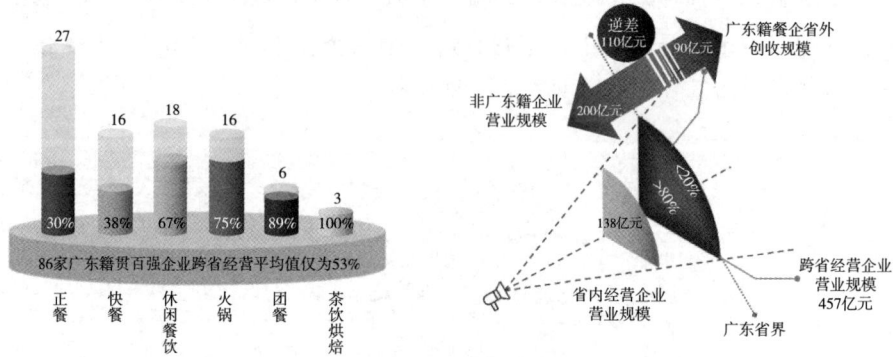

图18 2019年度广东餐饮百强跨省份发展分析

资料来源：广东省餐饮服务行业协会、餐数。

大湾区建设，结合乡村振新战略实施，进一步推动"粤菜师傅"工程高质量发展，拓宽城乡就业渠道，传承弘扬粤菜文化，带动粤菜产业全面发展，2020年7月27日，广东省委、省政府印发了《关于推动"粤菜师傅"工程高质量发展的意见》，确定了坚持系统谋划与务实推进相结合、坚持全链条贯通与各要素协同相结合、坚持传承弘扬与创新发展相结合、坚持注重质量与塑造品牌相结合的工作原则。

文件从"粤菜师傅"人才体系、产业体系、标准体系和文化体系建设等方面提出总体要求和指导思想，分列了17项主要任务；提出了建设"粤菜师傅"培养示范基地、建立"粤菜师傅"产业促进平台、建立"粤菜师傅"工程交流合作平台与建立"粤菜师傅"工程综合服务平台等四个重点项目，一共分立了49项具体措施。

"粤菜师傅"工程高质量发展明确了五年期的主要目标，到2022年，开展10万人次以上"粤菜师傅"培训，带动30万人就业创业，打造上中下游粤菜产业链联动发展，建立人才评价、菜式菜品、餐饮服务、营养健康等标准体系。到2025年，培训20万人次，带动60万人就业创业，将"粤菜师傅"工程建成具有广东特色、优势独特的重大就业工程、产业工程与民生工程，将"粤菜师傅"工程打造成面向世界展示岭南文化的亮丽名片。

（二）粤菜标准体系建设进程与展望

1. 编制发布《"粤菜师傅"工程标准体系规划与路线图（2020～2024）》

为贯彻落实广东省委、省政府推动"粤菜师傅"工程高质量发展的重要部署，广东省市场监管局、人社厅、商务厅、教育厅和卫健委联合制定发布了《"粤菜师傅"工程标准体系规划与路线图（2020～2024）》。

"粤菜师傅"工程标准体系框架和标准化路线图是运用系统论指导标准化工作的重要体现，旨在为推动粤菜传统行业走向规模化、品牌化、国际化夯实基础，为"粤菜师傅"工程高质量发展规划"一盘棋"、画好"一张图"，为粤菜领域的标准制修订计划和标准化工作部署提供指引。该标准的发布将进一步促进粤菜烹饪工艺传承与创新，稳定和提高粤菜出品质量，提升粤菜餐厅服务，打造"粤菜师傅"形象，提升粤菜餐饮产业的科学管理水平，全面塑造粤菜品牌。

"粤菜师傅"工程标准体系框架是一定范围内的标准按其内在联系形成的科学有机整体（见图19）。标准明细表是按照标准体系结构图的层次关系，形成的标准集合。

"粤菜师傅"工程标准化路线图是开展标准化工作的全方位蓝图，分为总体路线图和子体系路线图，其中总体路线图围绕"粤菜师傅"工程标准化重要内容，按时间和标准化内容两个维度进行设计（见图20）。

根据"粤菜师傅"工程发展实际需要，围绕"人""菜""店"三个方面，重点针对标准化对象、标准化研究项目、标准化试点推广、标准实施四个方面进行规划，分别按"粤菜师傅"培训与评价、粤菜菜品和粤菜餐厅服务三部分制定标准化路线图。

"粤菜师傅"工程标准化路线图分别从"标准化研究、关键标准制修订、平台建设、示范推广、品牌打造与维护、政策措施、专家队伍与专业人才建设"等七个方面确定"粤菜师傅"工程的战略推进进程和目标。

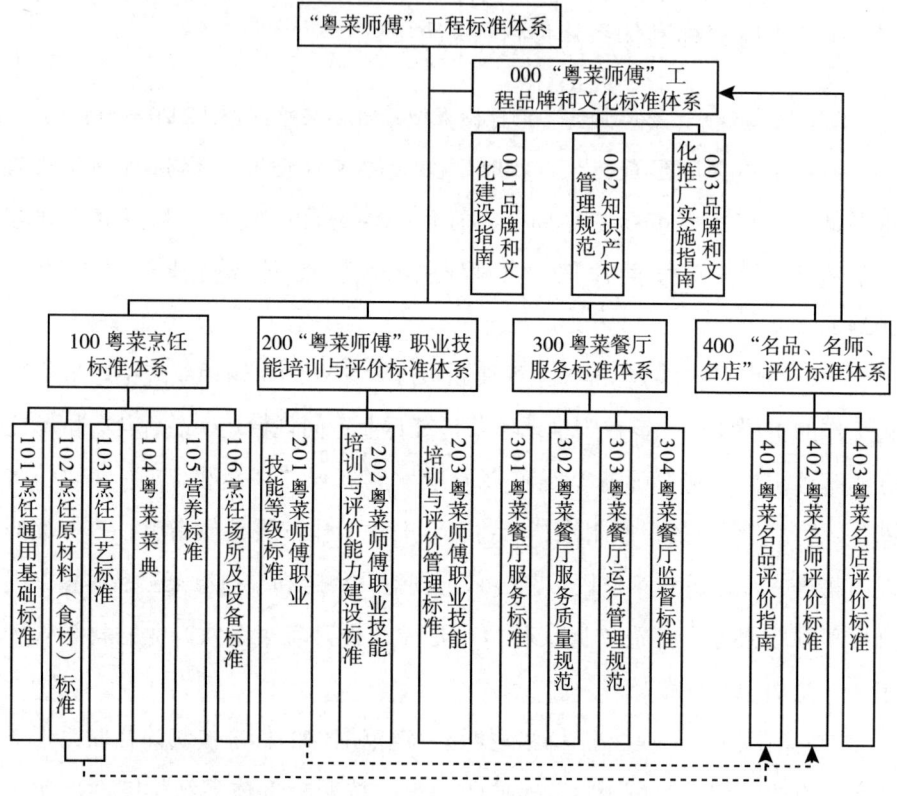

图19 "粤菜师傅"工程标准体系框架

2. 发布《节约型粤菜点菜服务规范》

为坚决制止餐饮浪费行为,大力宣传节约光荣、浪费可耻的思想观念,营造"文明就餐,杜绝浪费"新风尚,规范和指导粤菜餐厅提供节约型点菜服务,由顺德职业技术学院和广东省标准化研究院提出、起草,由广东烹饪协会、广东省餐饮服务行业协会、广东省餐饮技师协会、汕头市餐饮业协会于2020年10月14日发布《节约型粤菜点菜服务规范》团体标准。

服务规范以"按需点菜,健康搭配;因群而异,因龄配量;科学设计,践行节约;文明引导,拒绝浪费"为原则,引导广大消费者践行文明餐桌规范,达到减少餐饮浪费的目的。服务规范规定了节约型粤菜点菜服务的服务原则、基本要求、服务流程、服务要求、服务评价等内容。

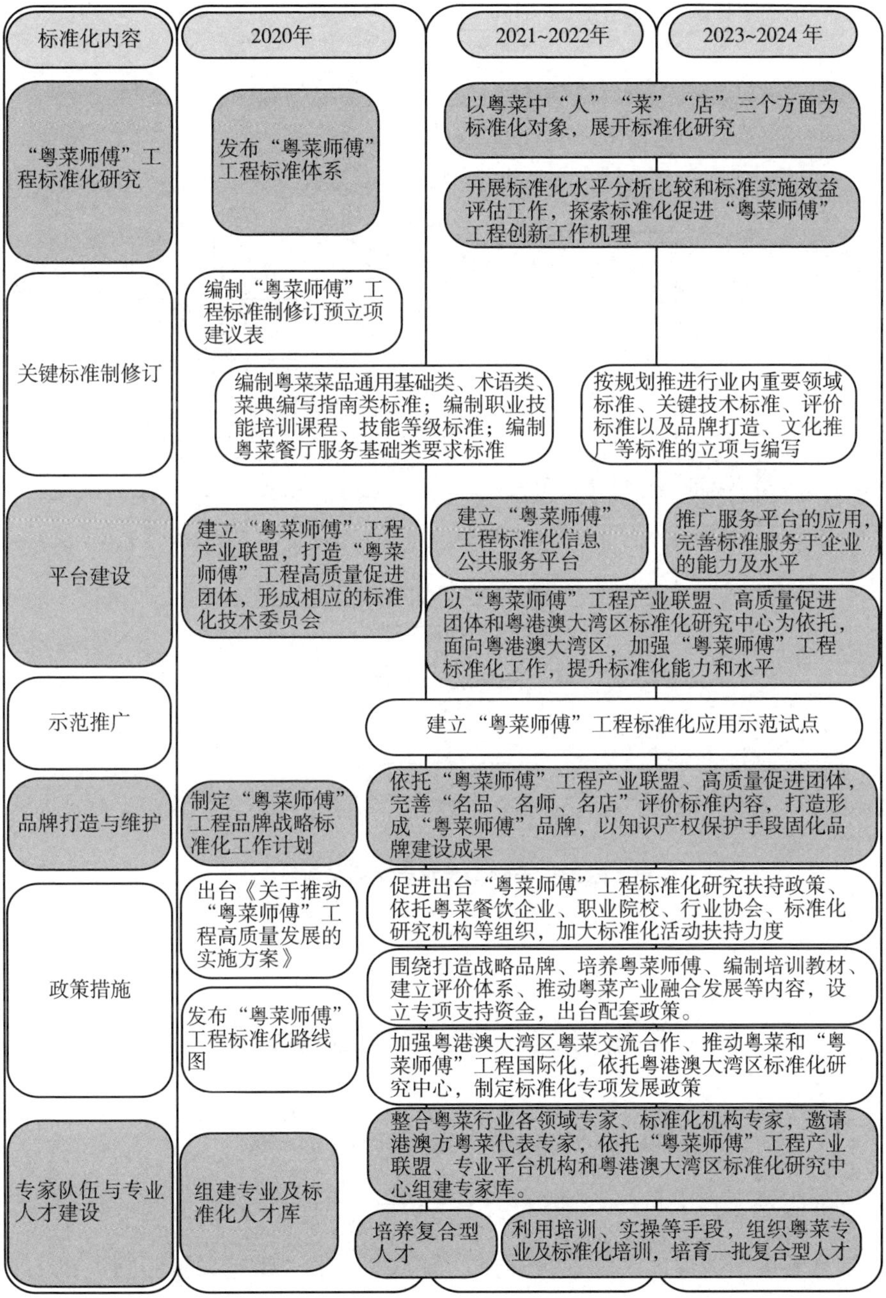

2020年广东餐饮产业发展报告

标准化内容	2020年	2021~2022年	2023~2024年
"粤菜师傅"工程标准化研究	发布"粤菜师傅"工程标准体系	以粤菜中"人""菜""店"三个方面为标准化对象，展开标准化研究	开展标准化水平分析比较和标准实施效益评估工作，探索标准化促进"粤菜师傅"工程创新工作机理
关键标准制修订	编制"粤菜师傅"工程标准制修订预立项建议表	编制粤菜菜品通用基础类、术语类、菜典编写指南类标准；编制职业技能培训课程、技能等级标准；编制粤菜餐厅服务基础类要求标准	按规划推进行业内重要领域标准、关键技术标准、评价标准以及品牌打造、文化推广等标准的立项与编写
平台建设	建立"粤菜师傅"工程产业联盟，打造"粤菜师傅"工程高质量促进团体，形成相应的标准化技术委员会	建立"粤菜师傅"工程标准化信息公共服务平台；以"粤菜师傅"工程产业联盟、高质量促进团体和粤港澳大湾区标准化研究中心为依托，面向粤港澳大湾区，加强"粤菜师傅"工程标准化工作，提升标准化能力和水平	推广服务平台的应用，完善标准服务于企业的能力及水平
示范推广		建立"粤菜师傅"工程标准化应用示范试点	
品牌打造与维护	制定"粤菜师傅"工程品牌战略标准化工作计划	依托"粤菜师傅"工程产业联盟、高质量促进团体，完善"名品、名师、名店"评价标准内容，打造形成"粤菜师傅"品牌，以知识产权保护手段固化品牌建设成果	
政策措施	出台《关于推动"粤菜师傅"工程高质量发展的实施方案》；发布"粤菜师傅"工程标准化路线图	促进出台"粤菜师傅"工程标准化研究扶持政策、依托粤菜餐饮企业、职业院校、行业协会、标准化研究机构等组织，加大标准化活动扶持力度；围绕打造战略品牌、培养粤菜师傅、编制训练教材、建立评价体系、推动粤菜产业融合发展等内容，设立专项支持资金，出台配套政策。	加强粤港澳大湾区粤菜交流合作、推动粤菜和"粤菜师傅"工程国际化，依托粤港澳大湾区标准化研究中心，制定标准化专项发展政策
专家队伍与专业人才建设	组建专业及标准化人才库	整合粤菜行业各领域专家、标准化机构专家，邀请港澳方粤菜代表专家，依托"粤菜师傅"工程产业联盟、专业平台机构和粤港澳大湾区标准化研究中心组建专家库。培养复合型人才	利用培训、实操等手段，组织粤菜专业及标准化培训，培育一批复合型人才

图20 "粤菜师傅"工程标准化路线图

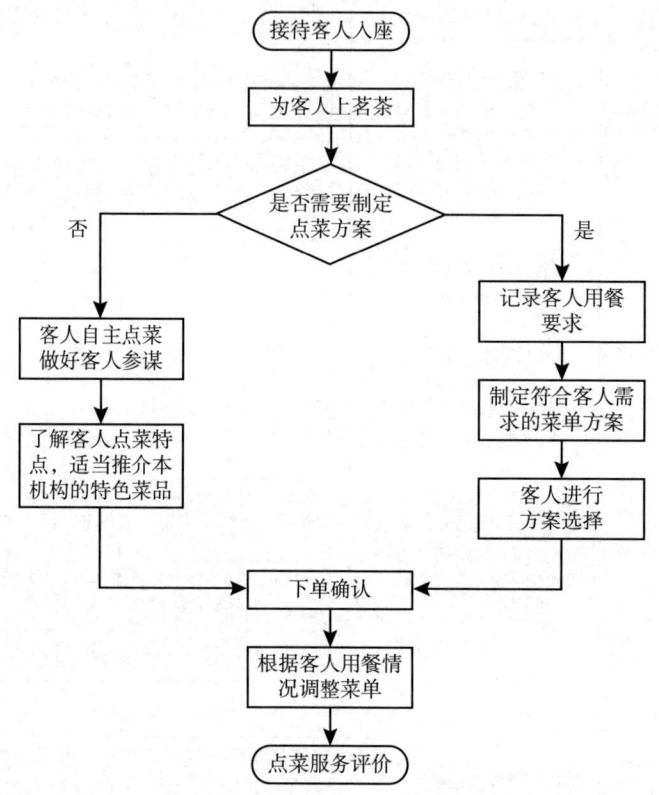

图 21 节约型粤菜点菜服务流程

三 广东餐饮业文明诚信建设成效显著

(一)广东餐饮业制止餐饮浪费的举措与成绩

2020年8月12日,为贯彻落实习近平总书记"坚决制止餐饮浪费行为"重要指示精神,广东餐饮协会发布了《关于"拒绝餐饮浪费"的行业倡议与实施指引》,号召广大餐饮企业积极开展企业自律、自查、自纠,率先在全社会开展"拒绝餐饮浪费"的实际行动,做好"厉行节约"的先行者、示范者与引导者。

此份倡议和指引首次提出"剩菜指数"评估、数据化管控和七大业态分类实施措施。务实性地指引广东餐饮企业打造新时代节约型、数据型与标准型餐饮，科学设计菜单结构，精准量化食材搭配分量与比重，合理设计、持续优化菜品加工工艺流程，建立菜品主配料量化标准，尽可能做到各类食材"料尽其用"，充分运用历史经营数据，探索建立、验证销售预测模型，将制止餐饮浪费纳入餐饮生产、加工、服务的全过程，落实垃圾分类与量化监控管理。针对团餐配餐、快餐、火锅、宴会、自助餐、休闲餐饮和商务宴请等七大业态所存在的不同浪费现象，广东餐饮协会给出了具体的实施指引，以期让餐饮业意识到践行节约不仅是企业义不容辞的社会责任，也能够为企业长效经营带来丰厚回报，拒绝浪费和餐饮业健康发展并不矛盾，有利于餐饮行业可持续、高质量发展。

《关于"拒绝餐饮浪费"的行业倡议与实施指引》得到了广东省各级政府的高度认可，也得到了新华社等众多媒体的关注。

（二）广东餐饮业文明餐厅建设稳步推进

为深化文明餐桌行动，培育健康生活理念，养成文明用餐好习惯，助推广东饮食文明建设，助力打赢新冠肺炎疫情防控阻击战，2020年2月25日，广州市文明办、广州日报社、广东省餐饮服务行业协会联合发布《使用公筷公勺，推进广州文明餐桌建设的倡议》，并在疫情期间及时发布了《公筷公勺实施指引》，《广州日报》做了多期主题系列活动报道。2月26日，广州市人民政府新闻办公室在从化召开健康生活和生态保护新闻通气会，广东省餐饮服务行业协会发布了《关于革除滥食野生动物陋习的倡议书》。

根据广东省委书记李希在省文明委第三次全体会议的部署，按照"广东省精神文明创建九大行动"方案起草协调会的工作要求，广东省商务厅于2020年5月发布了《餐饮行业文明诚信服务行动方案》，成立了餐饮行业文明诚信服务行动工作领导小组，制定了以公筷公勺行动、文明餐桌行

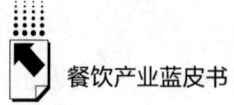

动、深化"光盘"行动、拒食野味行动、诚信经营行动、餐饮安全提升行动、环保餐厨行动和文明诚信示范行动等为主的八大工作内容。

广东省商务厅、省文明办、省市场监管局于2020年5月18日发布了《广东省餐饮服务业公筷公勺实施指引》，规定了公筷公勺的制作、配置、消毒、宣传引导等要求，以此推动公筷公勺使用成为社会共识，形成广东餐桌文明新风尚。10月15日，广东省餐饮服务行业协会在省商务厅的支持指导下，开展"食在广东·文明餐厅"评选活动，将守法经营、诚信服务、制止餐饮浪费等内容纳入文明餐厅评选标准，评出首批191家文明餐厅和50家文明诚信示范餐厅。

（三）广东餐饮业社会组织在疫情期间积极维护行业权益

2020年新冠肺炎疫情对餐饮业造成重大冲击，在生死边缘挣扎的广大餐饮企业始终努力承担着保障民生、稳岗就业的神圣职责。但有一些平台却一味追求独占市场份额，利用其市场支配地位，迫使餐饮企业做"独家经营"。另外，个别平台单方面任意订立并持续调高佣金、配送费等收费标准，利用服务协议、交易规则和技术等手段，对平台内交易进行不合理限制，收取不合理费用，以获取高额利润。

疫情期间，广东餐饮协会陆续收到数以百计的相关投诉，因单个餐饮企业苦于没有与平台讨价还价的能力，协会特代表广大餐饮企业多次呼吁并与相关平台方进行严正交涉。在与平台协商无果的情况下，2020年4月10日，为维护会员企业合法权益，反映行业诉求，全力营造公平竞争的市场环境，保障企业复工复产，全面恢复生产生活秩序，保持经济平稳运行，广东餐饮协会联合广东省内33个省市区级协会共同向社会公开发布了《广东餐饮行业联名交涉函》（以下简称《交涉函》），《交涉函》强调了个别外卖平台疫情期间依旧坚持采取排除公平竞争的独家条款，收取高额外卖佣金已超过餐饮企业承受极限，强烈呼吁其尽快取消独家合作限制等其他垄断条款，减免整个疫情期间外卖服务佣金，给予广东餐饮业实质性帮扶。

广东餐饮协会发出《交涉函》之后的短短两天，包括央视、央广、新华社、《人民日报》、凤凰网在内的各主流媒体竞相采访报道，单单微博一篇文章的阅读量就超过8300万，得到了来自社会各界的广泛关注与支持。平台方在多家媒体发布了对《交涉函》的不恰当"反击"回应，对此，广东餐饮协会再次公开发布《致平台交涉函的再次说明》，进一步向平台强调打破高佣金，充分开放广东外卖市场，让餐饮企业"一选多"。

广东餐饮协会经过与平台方三天一夜的谈判，于2020年4月18日就餐饮外卖问题达成阶段性共识并发表联合声明，相关平台首次公开承诺"尊重商家自主选择权"。6月份，广东餐饮协会代表广东餐饮业连线参加全国政协主席汪洋亲自主持的全国政协双周论坛，探讨外卖相关政策制定；10月份，全国人大副委员会长曹建明亲临广东调研《反不正当竞争法》在广东的落实情况，广东餐饮协会领导出席并汇报了广东餐饮行业维护行业合法权益、反对平台不正当竞争的相关工作情况。

（四）广东餐饮社会组织积极开展行业自扶自救，引领行业共克时艰

疫情期间面对广东餐饮业的重重困难，广东餐饮协会争取政府政策扶持与帮助，引导企业积极开展自扶自救行动，组织开展了全方位、多层次的各类工作，取得了颇有成效的工作成果。成立了法律服务中心、财税服务中心、人力资源服务中心、政策咨询工作小组、防护品咨询服务工作小组、集体订餐工作小组等多个服务团队，很多会员企业也积极参与上述工作，真正凝聚起行业力量，共克时艰，共渡难关。

2020年疫情初始，广东餐饮协会第一时间发布了《致全省餐饮行业的倡议书》，引导行业企业重视疫情、严格防控、加强预案、稳定员工、变革自救。为争取政府和社会的关注与扶持，同日，广东餐饮协会又发出了《广东餐饮行业社会呼吁书》，恳请政府相关部门、物业主、消费平台、合作伙伴与媒体等社会各界，帮助扶持广东餐饮企业共克时艰，共同维护社会稳定、保障民生与促进消费。

为了解疫情对广东省餐饮行业的影响，收集企业困难和诉求，广东餐

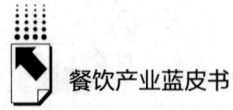

协会于2020年2月7日，开展了首次行业问卷调查，仅在6小时内就收集了550份有效问卷，全面客观地反映出了广东餐饮业所面临的严峻形势；2月25日、3月30日分别开展了第二轮和三轮行业调查；2月9日，针对消费者开展了《广东餐饮消费受新型肺炎疫情影响情况调查》。广东餐饮协会及时将每次调研结果反馈给相关政府部门，得到了各级政府领导的高度重视，为政府制定相关政策提供了有效数据依据。

广东餐饮协会于2020年2月15日发出《保障企业复工复产餐饮供应，开展预约式外卖用餐配送服务》的倡议，倡导企业积极调整经营策略，承担社会责任，更好保障复工员工基本用餐需求，降低分散式外卖点餐、配餐的交叉风险，提倡复工企业集体预约，商家提前做好安全备餐，第三方平台集中送餐，复工企业组织员工分散式用餐。先后公布了两批数百家预约式网络订餐企业名单。同时，广东餐饮协会还发布了《广东省保障企业复工复产餐饮供应外卖供餐服务单位工作指引》，《指引》以《餐饮服务食品安全操作规范》及国家有关防控疫情要求为准则，解决可能存在的大量订餐制作能力不足的食品安全风险、上门打包可能导致的人群聚集等问题，为广大企事业单位复工复产供餐提供技术保障，降低疫情在团体订餐配送过程中蔓延和扩散的风险。

2020年2月19日，广东省商务厅领导与广东餐饮协会代表赴省卫健委研讨以分区分级方式复工复业与开放堂食，连夜组织编写了《广东省餐饮服务业新冠肺炎疫情防控工作指引》，2月20日，广东餐饮协会代表行业在广东省人民政府新闻发布会上重点介绍了全省餐饮行业受疫情影响的情况及行业复工复业的计划和措施。次日，各地餐饮堂食相继开放，广东成为疫情期间全国最早堂食复业的省份。

2020年3月9日，广东餐饮协会联合27家地市行业组织共同发起《同舟共济 共克时艰 广东省市餐饮协会减免租金联合倡议书》，提请餐企的房东和业主们给予减免优惠，帮助行业加快复工复业，共渡难关，并呼吁政府、金融机构向给予餐饮优惠租金的业主方提供利率、税收等方面的配套政策。

四 推动广东省餐饮行业高质量发展的思路与对策

(一)餐饮行业肩负着促进"内循环"良性发展的重要使命

近年来,随着互联网经济的日益繁荣,线下实体商业受到不同程度的影响,而餐饮业却始终作为必须到门店体验消费的"引流"行业,持续扮演着线下商业消费核心引擎的领衔角色。此外,餐饮一日多餐的高频消费属性,在很大程度上高效推动了关联商业消费的快进升温。

疫情背景下,影响商业消费复苏的最大症结点在消费信心回暖,餐饮业虽然受疫情冲击严重,但广大餐饮经营商家通过不懈努力,采取各种营销方式,通过品质美食体验"诱惑"消费者走出家门、摘下口罩,约三五好友尽情品尝美食,从根本上快速恢复了消费信心。因此,提振线下商业消费信心,餐饮行业绝对功不可没。

(二)促进广东餐饮行业高质量发展的政策建议

疫情危机给广东餐饮行业带来的是挑战也是机遇。疫情使消费者对食品安全、营养健康的饮食消费越来越关注。越来越多的广东餐饮企业在主动调整着力点,适应行业发展新形势,努力满足消费需求从产品、服务、供应方式、饮食文化等多方面不断提升,推动广东餐饮业的整体水平得到进一步提高。

可喜的是,广东餐饮业在行业自律的自我觉醒之中,呈现出了从未有过的创新朝气与蓬勃生机,但仍然面临着前所未有的巨大挑战。广东餐饮业发展增速首次出现负增长,区域发展不平衡现象极为显著,行业门店超饱和且无序竞争严重,创新意识依然薄弱,企业生命周期普遍过短。

期待广东相关政府部门能够围绕"借助两大时代机遇""推动打造两个大省""拓展四类维度",配套强有力的引导政策,快速激活行业发展潜能,大幅度拉升行业发展增速,全面实现广东餐饮业高质量发展的宏伟目标。

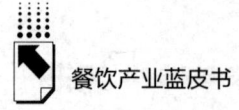

1. 借助"粤菜师傅"工程全面推进粤菜美食文化与产业经济发展

广东省委、省政府于 2018 年 8 月 30 日和 2020 年 7 月 27 日分别印发了《广东省"粤菜师傅"工程实施方案》和《关于推动"粤菜师傅"工程高质量发展的意见》,这是广东首次举全社会之力将粤菜发展提升至最高的战略工程层次。

广东餐饮业可以也必须高效借助"粤菜师傅"工程的历史性发展机遇,全面推进实施粤菜美食文化引导战略,支持民间传统工艺美食企业化发展;建立粤菜创业创意园区,辅导、孵化、培育粤菜美食创业企业;大力鼓励、扶持粤菜龙头品牌企业规模化发展,积极推动粤菜发展相关联的各类产业经济平台创新发展。

2. 借助大湾区美食文化融合发展的时代机遇提升餐饮产业协同效益

随着国家"粤港澳大湾区战略"的提出与实施,为将粤港澳大湾区建设成更具活力的经济区、更能宜居宜业宜游的优质生活圈,广东餐饮业构建大湾区餐饮服务业发展长效合作机制势在必行,要利用现有条件促进区域产业合作多元化发展,以市场为导向来推进大湾区餐饮融合发展,粤港澳大湾区不仅仅是一个经济上的概念,更是一个文化上的概念。

文化是经济崛起的必然产物,也是促进经济融合发展的必要引擎,广东餐饮业应充分发挥文化引领功能,将提升广东美食文化软实力上升为区域发展战略决策,确立广东省在大湾区的美食定位,提升美食在大湾区的文化影响力,充分发挥餐饮产业协同效益。

3. 推动打造餐饮连锁品牌、粤菜美食文化输出大省

广东本籍餐饮连锁企业相对华东地区、西南地区仍然数量较少,规模较小,实现跨市、跨省经营的企业占比更加微小,连锁经营能力显著不足,餐饮营收逆差呈逐年放大趋势。广东餐饮业迫切需要政府建立行业连锁品牌孵化与发展配套政策,扶持品牌餐饮企业快速向品牌化、连锁化、产业化、集团化、资本化方向发展,推动广东由餐饮消费大省向餐饮连锁品牌、粤菜美食文化输出大省转变。

4. 推动打造餐饮供应链产业大省

餐饮业已成为微利行业，不仅有传统的租金、人工、食材、能耗等四座成本大山压制，各类团购、外卖、营销平台还在不断挤压餐饮业已微不足道的利润空间，成本利润问题的挑战成为了广东餐饮业无法逾越的高山。

餐饮行业互联百业，产业包罗万象，餐饮食材供应链还可向上游延伸至食品制造业与农林牧副渔业，餐饮服务供应链涵盖了各类网络平台、信息技术、智能烹饪等各类新型科技领域。广东地区与餐饮业相关的供应链产业资源异常丰富。蔬果、水产、调味品、酒店用品等各类关联专业市场琳琅满目，与餐饮投资建设相关的工业产品类别丰富多彩，如瓷砖、照明、陶瓷、家具与不锈钢制品等都具有极强的区域性、产地性优势，全国各地餐饮企业常年慕名来广东批量采购。广东餐饮服务行业协会与广东团餐配送行业协会也连续举办了十多届 CRE 中国酒店餐饮业博览会，业已成为广东乃至华南地区规模最大、最专业的产业采购盛会。

因此，政府有必要加快广东餐饮产业集约化发展进程，通过推进产业资源整合、智能科技赋能、文化创意孵化、股权资本助力、供应链平台串联等产业扶持，推动广东由餐饮消费大省向餐饮供应链产业大省转变。

5. 拓展时间维度以促进全时段美食消费市场繁荣

多措并举有效延长餐饮营业时长，有利于繁荣更多关联商业消费。夜间经济的繁荣发展首先要依赖夜间美食经济的带动，目前存在着餐饮延长营业时长所带来的收益未必能完全消化其灯光工程、人工等营运成本，广东全省尚未有相关引导扶持政策，建议政府能够出台相关政策，如对晚上十点至凌晨两点营业的餐饮商户，补贴能耗开支、员工加班津贴，同时，建议相关政府部门放宽灵活用工政策和 8 小时以外弹性工作限制。

6. 拓展空间维度以切实营造良好的美食消费氛围

政府应大力营造良好的营商环境，因地制宜打造更多繁华商圈，最大限度放开餐饮业外摆限制，发挥广东气候的优势条件，打造具有真正"烟火气"的消费氛围，充分激发消费意愿，扩增餐饮餐位供应，让更多餐饮门

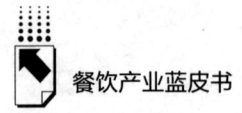

店在大街小巷旌旗招展。

餐饮消费需要为消费者提供充足的、便利的停车位，建议相关政府部门最大限度放开非高峰期占道停车，最大限度降低消费者停车收费负担（很多转嫁到餐饮成本）。

7. 拓展渠道维度以助力餐饮多领域业务增收盈利

目前，依旧存在部分平台限制餐饮独家经营、侵蚀餐饮微薄利润空间的现象，建议政府部门应积极加大反垄断、反不正当竞争的监管处罚力度，给餐饮业提供优良的、公平的营商环境，让广大餐饮企业能够自由充分开放100%平台推广渠道。

餐饮业拥有巨大的私域流量，却没有意识和能力有效搭建私域流量池，建议政府部门能够委托行业协会开展私域流量应用性、普及性培训，补贴技术提供方为餐饮企业提供免费技术支持。这样有利于餐饮企业充分将私域流量通过自有外卖体系、IP产品新零售等方式变现，有机会取得营收业绩翻番的效果。

8. 拓展共享维度以发挥餐饮集约化成本竞争优势

繁荣餐饮行业生态，需要以共享的方式全方位降低企业成本负担，提升广东餐饮业竞争实力，建议政府部门出台相关政策，大力扶持相关餐饮产业具有共享式、集约化、第三方、第四方、创新性的平台型、科技型、金融型企业培育平台，切实降低餐饮行业企业的运营成本、供应链成本等硬性支出，以期让更多餐饮企业有更多资金投入产品研发、品牌升级、市场推广、人才福利等软实力领域。

结　语

疫情重创使广东餐饮业没有消沉、没有退缩、没有抱怨，反而激发了广东餐饮业的求变心、创造力与自豪感。广东餐饮的美食内涵与产业外延已重新定义，广东餐饮的魅力、活力与业格在世人面前大放异彩！广东餐饮业具备极强的反脆弱能力，广东餐饮人有自信、有底蕴、有魄力、有激情在不确定性的时代中，同心勠力，砥砺前行，广东餐饮产业必将继续屹立于世界美食文化与产业之巅！

参考文献

［1］广东省餐饮服务行业协会联合餐数大数据工作室：《2019年度广东餐饮百强分析报告》，2020。
［2］广东餐饮协会：《关于"拒绝餐饮浪费"的行业倡议与实施指引》，2020。
［3］广东省商务厅：《餐饮行业文明诚信服务行动方案》，2020年5月。

B.6
2020年江苏餐饮产业发展报告

于学荣*

摘　要： 2020年江苏餐饮业经历了前所未有的重创，餐饮企业在度过洗牌、生存、发展阶段后，扭转经营思路，调整市场布局，提振重塑信心，将疫情损失降到最低点，并利用各自优势，拓展经营业态，推动餐饮质量提高，降本提效取得一定的效果。在常态防疫情况下，坚持走品牌之路，打造绿色餐饮，提升行业整体素质等，亟待向纵深发展。本文从四个方面，对全省消费市场运行、发展特点、存在的问题以及对策建议等进行客观分析，提出解决方法，保证全省餐饮业健康有序地推进发展。

关键词： 江苏餐饮产业　餐饮品牌　绿色餐饮

　　2020年，是全面建成小康社会和"十三五"规划收官之年，也是谋划"十四五"规划的关键之年。江苏餐饮业坚持党的领导，贯彻学习党的十九大和十九届五中全会精神，大力推动"六稳""六保"工作，以充分体现时代新变化、贴近符合实践新要求、反映人民新期待为方向，以深化供给侧结构性改革为主线，高质量发展为主题，克服了疫情复杂多变的不利影响，有力推动生产、生活秩序恢复，产业结构持续优化，创新能力和社会贡献稳步提升，为挽回经济损失、推动高质量发展做出了积极贡献。

---

* 于学荣，江苏省餐饮行业协会会长。

一 餐饮市场运行情况

(一)餐饮业受疫情影响巨大

2020年1~3月份,全省餐饮业受疫情影响,改变了原来的发展轨迹。商家经营面临困难,餐饮门店关闭,鲜活食材销路受阻,员工薪酬发放困难,资金链断裂等给餐饮业带来逆境支撑、涅槃重生,线上外卖成餐饮商家主要营销手段,线下卤菜、面点设摊经营成主要自救方式。

表1 2016~2020年江苏住宿和餐饮业收入与社会消费品零售总额情况

单位:亿元,%

年份	社会消费品		住宿和餐饮业		占社会消费品零售总额的比重	对社会消费品增长贡献率
	零售总额	年递增	零售总额	年递增		
2016	28707.12	10.9	2807.98	14.0	9.78	12.21
2017	31737.41	10.4	3127.17	11.4	9.85	10.53
2018	34339.88	8.2	3430.51	9.7	9.99	12.10
2019	35291.19	6.2	3727.24	8.7	10.56	11.36
2020	37086.10	1.6	3403.87	-9.5	9.18	—

注:由于价格等因素的影响,部分年份增速与实际计算结果不一致,但为了保持数据的完整性,本文对引用的统计局数据不做处理。仅供参考,下同。

资料来源:江苏省统计局。

2020年,全省住宿和餐饮业实现零售总额3403.87亿元,同比下降9.5%,其中,餐饮业零售额下降8.0%,住宿业零售额下降13.54%。全省住宿和餐饮业收入占社会消费品零售总额的9.18%,较上年下降1.38个百分点(见表1、图1)。

2020年全国餐饮业零售额39527亿元,同比下降16.6%,限额以上单位餐饮收入8232亿元,同比下降14%。江苏住宿和餐饮业零售额占全国餐饮业零售总额的比重为8.61%,在全国位居前三。

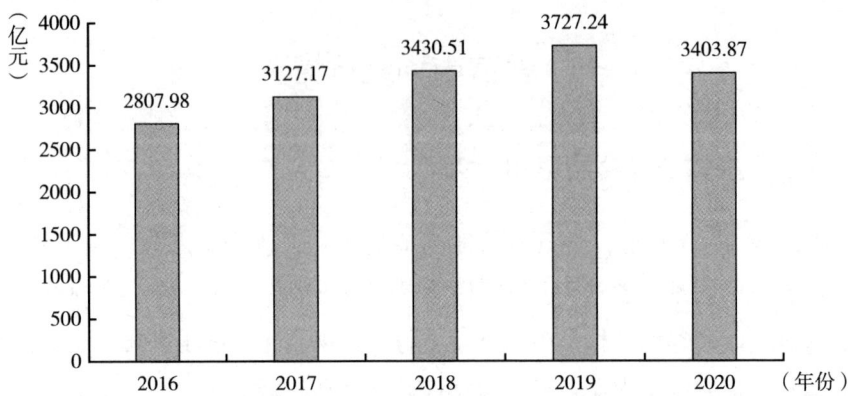

图 1　2016~2020 年江苏省住宿和餐饮业零售总额情况

资料来源：江苏省统计局。

（二）线下餐饮缩水助撑外卖增长

疫情大幅减少了百姓外出堂食的概率，地方政府为拉动内需消费，发放消费券刺激带动餐饮市场，但人们仍顾虑堂食会带来风险，对餐饮企业线下客流影响较大，几乎所有经营的企业，及时调整自身业务结构，利用高效的供应链制定外卖配送紧急预案，实现无接触取餐。单点、家庭套餐、组合套餐，价格从几十元到几百元都有，销量与往年同期相比增长幅度在12%以上。

（三）国庆餐饮市场报复性增长

2020年中秋、国庆长假期间，上半年被耽搁的婚宴、寿宴、满月酒等在"双节"期间有效释放，宴会市场表现尤为突出。南京花嫁丽舍婚礼中心10多个宴会厅全部爆满，国庆期间承接40多场婚礼。常州名都酒店集团30多家连锁酒店，婚庆多达200场以上。金陵饭店、金帆酒店管理公司等婚宴预定已排至2021年，婚庆、家宴餐标均比上年有一定提高。据统计，"十一"黄金周，无锡市26家餐饮企业共实现销售收入1.5亿元，同比增长19.7%。盐城市、江阴市餐饮企业就餐率超过80%，个别声誉较好的知名企业，甚至赶超上年同期水平。省内游也带动周边城市民宿客满，农家乐、乡土菜让消费者又回归到品尝食物的滋味上，激发了大饱口福的欲望，也带动了价格的飙升。

（四）尽力挽回餐饮业损失

新冠肺炎疫情刚刚暴发初期，根据省政府支援湖北疫情防控工作领导小组和省商务厅工作部署，省餐饮行业协会协助梅花餐饮集团公司承担江苏支援武汉医疗队餐饮服务保障任务，积极调遣食材、优化菜品结构、调配厨师驰援，强化产品质量，顺利完成援汉任务。协会在省疫情防控领导小组和省商务厅统一指挥下，及时转发疫情防控通知要求，发布行业倡议，深入苏南、苏中、苏北地区，及时调研餐饮企业受损情况，掌握企业生产自救、诉求、税费、房租、社保等实际困难，第一时间向上级主管部门反映。

2020年5月份以来，省餐饮行业协会积极响应国家号召，发布《2020年上半年餐饮行业复工复产》通知。在各地政府的支持下，先让餐饮龙头企业、连锁品牌企业发挥引领作用，群策群力，拉动消费，努力挽回疫情影响，使餐饮市场降幅持续收窄，并指导餐饮企业在有序复工复产的同时，坚持将各项防疫工作落实到位，做好疫情防控工作常态化，积极探索餐饮业复苏新举措，增强企业转型发展内生动力，将疫情损失下降到最低点。

二 餐饮业发展特点

（一）餐饮产业结构重组

1. 疫情推动中小餐饮企业洗牌

疫情对餐饮企业的线下业务和正常销售经营造成一定的不利影响。中型餐饮门店人烟稀少，有的城市小型餐饮整条美食街全部关闭，招租无人问津，餐饮企业难以生存，正常经营难以维持，自然就被市场淘汰掉。

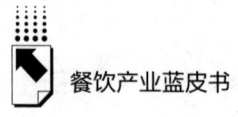

2. 疫情导致餐饮业态布局调整

2020年全省餐饮服务网点达32.4万户，从业人员约370万人，同比下降7.2%和4.3%。分析不同业态，中式正餐主要集中在星级酒店、餐饮连锁企业和特色餐厅、主题餐厅、庭院式餐饮、民宿餐饮，市场占有率最大。3月份，按照中央会议精神，要把复工复产与扩大内需结合起来，把在疫情防控中催生的新型消费、升级消费培育壮大起来，使实物消费和服务消费得到回补。为了落实回补性消费，很多餐饮企业调整经营思路，应对疫情找到新的业务突破口，更新危机管理制度，重塑品牌形象。南京梅花餐饮在疫情期间看到"宅配到家"即食餐品需求增长，开始抢占居家餐饮市场，加大成品菜线上线下双渠道供应。古南都饭店、常州江南名都国际酒店等多家星级酒店平时与外卖黏合度不高的老字号和一些知名的正餐企业，都开始试水转型。

（二）"龙头"餐饮品牌鼎撑明显

1. 引领发展态势持续向好

餐饮品牌以消费需求为导向，更加注重体验式消费，不断将文化与餐食、饮食方式与饮食风俗相融合，彰显产品亮点，增强消费记忆和辨识度，成为消费者信任度高的标签。以星级酒店餐饮品牌为代表，如金陵饭店、南京国际青年会议酒店、无锡弘历皇朝酒店、常州中吴宾馆、东台国贸集团、高邮波司登国际大酒店、海安中洋酒店；以地方风味为代表，如小厨娘淮扬菜、新梅华苏州菜、南京正晴和、溧阳天目湖宾馆、常州金坛园林大酒店、昆山皇冠国际会展酒店、靖江南园宾馆、镇江锦尚花；以早茶小吃为代表，如扬州富春、冶春、泰州古月楼、泰兴仁和楼、江苏包子哥；以休闲主题为代表，如南京云几文化产业发展有限公司、榕树下、品魏随园、泰州会宾楼、泰来了泰国餐厅、常州荔粥记；以乡村特色为代表，如南京村理食堂、云水涧休闲文化有限公司、常州一号农场明都庄园酒店、江苏梦升缘、东台黄海森林酒店；以经营团餐为代表，如南京梅花餐饮、亚惠餐饮、常州扬子餐饮、李耿餐饮、南通百润餐饮、连云港松霖餐饮、其利餐饮、盐城阳光餐饮、泰州天一楼餐饮；以经营快餐为代表，如南京苏客、小菜一碟、金元宝、常州丽华、扬州东园、苏州朱鸿兴、南通杰旺快餐、镇江锅盖面、陶大面馆；以经营火锅为代表，如徐州川锅一号，常州五星桥肥牛，江苏品尚，南京德天，无锡捞神，大渝；以商务消费为代表，如南京乐和餐饮、好记餐饮、珍宝舫餐饮、江宴餐饮，常州听松楼；以小龙虾为代表，如金湖太明渔村、无锡欣旺、盱眙於氏龙虾、红胖胖餐饮、朱小乐龙虾、小胖子功夫龙虾等。

2. 构筑金茉莉升级品牌版

为发挥餐饮业在促消费、扩内需、稳增长、惠民生、增就业中的作用，省餐饮行业协会依据《餐饮业金茉莉品牌评价》及细则，发布金茉莉餐厅、金茉莉人物、金茉莉餐饮服务商、金茉莉行业组织以及金茉莉餐饮活动。活动中以品牌发布、经验分享、行业及产业融合为主线，以平台、交流、共享为主题展开，搭建餐饮业与消费者互动平台，满足江苏餐饮消费升级新需求，用品牌的力量去挽回疫情遭受的损失。

（三）标准化体系高效务实

1. 企业规范有章可循

省餐饮行业协会通过组建"江苏省餐饮服务标准化技术委员会"，拟定全省餐饮业标准化框架体系，积极争取国家、省级地方标准立项。发布《餐饮业安全厨房通用规范》《食安封签》《绿色餐饮评价通则》《秦淮小吃评价》《餐饮业金茉莉品牌评价》《位上菜制作规范》等团体标准。全省餐饮企业单位，依据标准化内容对照自查自纠，并投入软硬件、资金，较之前有很大改观，取得了一定成效。

2. 绿色餐饮延伸链加长

根据商务部九部委《关于推动绿色餐饮发展的若干意见》、省商务厅发布的《关于贯彻落实推动绿色餐饮发展若干意见的通知》精神，2019 年江苏省餐饮行业协会就已制定发布了《绿色餐饮评价通则》团体标准。2020年全省绿色餐饮落地行动掷地有声，省餐饮行业协会先后派出专家指导组，深入高邮、泰兴、昆山、江都、江阴、灌南等十几个城市进行宣贯，指引企业构建大众化绿色餐饮服务体系，培育更多绿色餐饮企业，促进绿色餐饮逐步渗透城乡角角落落。

2020年8月份，省餐饮行业协会为推进餐饮节约常态化，开展"光盘"新行动，及时发布《餐饮业厉行节约、反对浪费倡议书》《江苏餐饮业坚决制止餐饮浪费行为倡议书》，倡导餐饮企业使用公勺公筷、厉行勤俭节约，无偿提供剩余食品打包服务，并组织省内同行去绿色餐厅示范单位学习，现场交流经验，发挥绿色餐饮示范标杆先进作用。

3. 强化安全生产防范措施

2020年5月，江苏省人大新修订的《江苏省燃气管理条例》正式实施，省餐饮行业协会发布《全省餐饮业安全生产专项行动方案》《切实加强全省餐饮业安全生产工作倡议书》，印发餐饮业安全生产宣传手册，举办线上线下一体化餐饮业燃气安全、消防安全专题培训，并配合绿色餐饮宣贯，组织专家深入餐饮企业，检查指导落实情况，提出整改意见，制定安全生产预案，实施餐饮业安全生产小程序自查自检动态管理，落实安全生产责任制。

4. 食品安全法律意识提升

在省市场监督管理局领导下，省餐饮行业协会为贯彻落实《食品安全法》《餐饮服务食品安全操作规范》等法律法规，举办线上线下一体化的餐饮业食品安全管理人员培训班，如江阴、大丰。特别是疫情后，更多消费者关注食品安全和卫生安全，疫情缓和后存续的餐饮企业和市场新加盟者更注重食品安全保障和企业声誉。餐饮企业主动配合政府监管，明厨亮灶工作由城市向城郊、乡镇餐饮企业推进，扩大了覆盖范围，提升了食品安全运营管理水平，涌现出许多6S、五常法管理食品安全示范单位。

（四）铸造行业品牌影响力

1. 做强做精展会品牌

省餐饮行业协会成功举办十届江苏国际餐饮博览会，展会品牌影响力持续增强，交易额逐年提高，已成为集餐饮供应链融合、品牌推广、美食展销特色于一体的会展。通过不断打造江苏餐博会服务平台，形成了"3+365"

全天候服务模式，从展会经济向平台经济方向发展。协会承办大运河文化旅游博览会、中国（淮安）国际食品博览会美食板块，创建"水韵江苏美食天堂"新形象。

2. 梳理地标美食品牌

省餐饮行业协会参加向世界发布中国菜——全国地域经典名菜主题名宴交流会，整理发布江苏地标美食特色名宴和经典名菜，联合各市协会发布中国地标美食——江苏十三城市十大名菜、十大名点。

在省农业农村厅、省文旅厅、省商务厅指导下，省餐饮行业协会发布江苏省百道乡土地标菜，开展乡村休闲旅游促消费行动，启动乡土地标美食原产地推广计划，打造一村一品特色。为深入挖掘老字号非遗美食，举办11期非遗美食课堂，以及老字号非遗美食大赏、发布江苏十大面条等活动。

3. 注重做大活动品牌

省餐饮行业协会已成功召开第十六届、第十七届中国江苏餐饮产业发展大会，第十三届中国淮扬菜集聚区年会，第二届长三角一体化餐饮产业发展峰会，全球中餐业领袖峰会，第四届江苏餐饮业学术年会，第五届中国青年名厨大赛，第二届中国泰州早茶论坛等品牌活动。打造中国好食材、中国好味道全省行，举办宁夏、伊犁农产品对接招商会，参与和支持南京"健康溧水"国际高峰论坛等。活动举办形式多样，内容丰富多彩，搭建行业交流、产业共赢发展平台，促进餐饮消费和行业持续前行。

4. 培养新一代匠人标兵

（1）技能竞赛体现匠厨风貌

省餐饮行业协会举办第四届中国淮扬菜大师赛、第二届江苏省餐饮行业职业技能竞赛、第九届江苏省创新菜烹饪技能竞赛、第十一届江苏乡土风味烹饪技能竞赛、第五届中国青年名厨大赛、第三届团膳快餐大赛、第二届机关膳食大赛、2020健康溧水乡土风味烹饪技能大赛、连云港"蜗牛杯"烹饪技能大赛、江阴顾山蒸菜技能大赛、句容市首届美食节技能大赛、"味稻芳草渡、家乡八大碗"2020南京龙潭农民稻香美食节等各类大赛几十场。

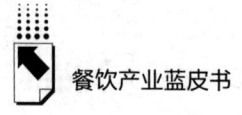

（2）选树行业工匠人物

省餐饮行业协会和省财贸轻纺工会联合举办"江苏省餐饮业十大工匠"宣传活动，选出中式烹调、综合类各10名一线从业人员，组织整理工匠人物先进事迹，特别是在疫情中做出突出贡献的杰出代表，努力在全省餐饮业营造劳动光荣、人才宝贵、创造伟大的正能量氛围。

（3）教科研深度结合成果

省餐饮行业协会在省教育厅领导下，发挥省餐饮职教集团作用，深化产教融合、校企合作，建立"现代学徒制"，实施名师高徒计划。如连云港松霖餐饮管理公司和连云港中专学校校企共建"松霖烹饪班"。行业协会与南京商业学校合作创建"番茄学院"，培育创新创业型人才。组织全省职教学院、大专院校骨干教师，进行饮食文化、餐饮发展、产教融合、美食传承、人才培养、餐饮教育类课题研究申报。

省餐饮行业协会在省职业技能鉴定中心领导下，完成中式烹调初级工、中级工、高级工、技师级工、高级技师理论和技能培训、鉴定题库工作，并安排专业教师协助做好中式面点、西式烹调、西式面点工种不同级别的培训鉴定题型入库工作。

在省地方志办公室直接领导下，协会组织编纂《中国淮扬菜志》，七卷约70万字1200张图片已完成终审，正进入修志程序，力争尽快出版。

5. 拓展海内外餐饮文化交流

（1）立足国内交流

省餐饮行业协会搭建全省、全国性行业交流平台，积极参与省际、全国性行业峰会、展会活动。2020年共组织80多批次赴省外考察特色餐饮和食材生产基地，接待50多批次外省市餐饮供应链合作交流团和山东、广西、海南等餐饮协会考察交流团来苏，与全国多个省市餐饮行业协会建立友好关系，广泛开展合作和相互学习。

（2）扩大国际交流

省餐饮行业协会仍然实施全球中餐繁荣计划，承办第五届中餐业领袖峰会、经典淮扬菜海外推广研习班，派餐饮业精英和厨师赴海外举办淮扬菜美食节、美食周活动,受到外国友人和华侨的欢迎,并接待全球20多个国家和地区的商会、同乡会来苏考察交流。

疫情期间,受省统战部(省侨办)委托,省餐饮行业协会为定居海外的华人和留学生提供"药食同源"营养健康食谱。协会组织老中医、营养专家、烹饪大师共同设计制作,用很短的时间拍摄营养菜肴视频,向海外发布,并举办全球华侨华人网络厨艺大赛,来自美国、法国、比利时、土耳其等40多个国家的百余名海外华人、华侨以及外国友人积极参与,再次展示了中国饮食文化的魅力。

三 存在的问题

(一)区域发展不平衡突出

从全省餐饮企业规模、数量、消费水平、综合实力等客观上来看,苏南餐饮经济发展水平高于苏中、苏北,区域间民营经济发展差异仍然比较明显,依然呈现出"南强北弱"的态势。苏南区域仍以苏州、常州、南京位列前三名,制定出台苏北餐饮业在人才、技术、管理等方面的扶持政策,是政府、行业、企业共同的责任,已迫在眉睫,不容耽误。

(二)餐饮多元化经营亟待加强

疫情前,传统知名品牌餐饮多以线下门店经营为主,忽略线上经营,很多企业甚至都没有做过,即使做过也只是在线上搞搞宣传而已。2020年疫情启发传统知名餐饮品牌思考线上外卖渠道的重要性,线上线下共同打造自身品牌和口碑,加速推出外卖套餐,多条腿走路才是企业盈收发展硬道理。

(三)外卖收费加大企业负担

外卖是餐饮业一种经营方式,可以节省企业开支和人工成本,但外卖风

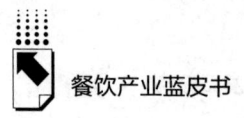

头过度膨胀，必然导致外卖平台入驻商家收费逐年递增，高额的佣金费用占比平均在18%～21%。不做外卖死路一条，做了外卖盈利空间越来越小，餐饮企业对此苦不堪言。

（四）智能化点餐困扰弱势群体

江苏餐饮业智能化体系运营已走在全国前列，大量的无纸化先进系统体现出便捷、高效率的特性，更为企业开辟了自主化、智能化时代，节省了大量的人力和时间。但发展中也出现老年人、残疾人对智能化点餐系统不会操作的情况，智能化点餐给约20%的人群带来不愉快的就餐体验。

（五）"位上菜"推广应确保持之以恒

新冠肺炎疫情后，人们的自我保护意识有所加强。省餐饮协会及时颁布《位上菜制作规范》，许多餐饮企业积极响应，并落实到经营菜单中。由于位上菜制作较复杂，餐厅服务配套必须跟上，人手不足有可能使菜品又回到大盆、大碗、大盘的原始状态。从预防疾病、防止交叉污染的角度，位上菜、分食制将是食品安全中的一项重要工作，必须要求餐饮企业全员具备风险意识，百姓要有防范意识，主管部门要有监管意识，长期工作必须坚持做。

（六）公勺、公筷餐桌达标有弊端

公勺、公筷是安全、健康、卫生的用餐方式，是防范"病从口入"的一项有效措施。江苏省80%以上的大中型餐饮企业都能贯彻执行公勺、公筷文明健康的用餐礼仪标准。但在一些城乡、农村婚庆嫁娶餐桌上，公勺、公筷并未得到有效推广，有部分餐桌形同虚设。"口水菜"极有可能造成疾病传播，成为舌尖上的"隐患"。加强食育教育、改变饮食习惯、普及科学进餐方式势在必行，小餐桌关乎大健康。

（七）重服务轻质量束缚发展

在全省不同的经营业态中，消费者满意服务质量是企业赢得回头客的关键，一些网红店、连锁火锅店、餐饮品牌店把服务质量放在第一位，并免费赠送一些菜品，而产品质量则被放在第二位，这样短期内可以赢得口碑和人气，但从长远的角度看，产品创新和质量才是企业的生存法则，千万不要顾此失彼。

四 对策建议

（一）长三角餐饮业联动力度要加大

随着长三角区域一体化发展国家战略的全面贯彻实施，长三角区域深度合作进一步呈现高质量、大格局、强合力的发展特征，紧扣"一体化"和"高质量"两个关键，不但带动"三省一市"形成高质量发展的区域集群，更要实现建成全国餐饮业新发展理念的引领示范区。省餐饮协会要从长三角区域一体化的高度，不断拓展与上海、浙江、安徽联动的思路，构建长三角共同体。譬如举办长三角餐饮业高峰论坛、长三角地区烹饪技能大赛、长三角地区食材展示供货会，评选长三角餐饮业杰出企业家、工匠人物，举行绿色餐饮标杆企业经验介绍会等，这些举措完全可以带动经济发展，使餐饮业建设不断提速、产业链串点成线、厨艺交流广泛，加速长三角地区餐饮业一体化步伐大跨越。

（二）中小餐饮企业智能改造提速

2021年，省餐饮协会把转型赋能专项行动作为全年重点工作，发挥中小企业市场主导作用，特别是社会餐饮、休闲餐饮、度假餐饮、农家乐餐饮、民宿餐饮等，加速推进企业数字化、网络化、智能化转型，发展壮大企业核心竞争力。本着"企业出一点，服务商优惠一点，政府补一点"的思路，鼓励各地将智能化列入中小餐饮企业发展专项资金的重点支持范围。有条件的政府主管部门，可以在本区域内解决餐饮企业安装水循环油烟排放油水分离器、油烟在线监控系统、推广普及明厨亮灶等实际困难，实现智能化运营和管理。

（三）营养健康餐厅行动落户

近几年来，健康饮食愈发受到关注，这次疫情更是加快了大众生活方式优化升级的脚步，在未来还将衍生出更多的需求和商业机会。实施营养健康餐厅落地计划，全力打造不同业态的营养餐厅，满足百姓对营养的物质需求和对美味的精神需求，必须培养具备营养知识和烹饪技能的专业人才，前提是开展有针对性的培训，如：中小学营养餐、老年人营养餐、特殊人群营养餐、商务人士营养餐、健身营养餐、孕妇营养餐等。有条件或者已具备营养健康餐厅的大型国资企业可以先落地，在不同经营业态中以点带面式地推广。通过人工智能布局大健康，精确数据告诉消费者一日三餐营养、食物的需求量等保健知识，而烹饪者把控食材首先要好吃，然后在搭配、品质、烹饪方式等方面做健康升级。

（四）餐饮市场新的拐点到来

2020年餐饮业受到疫情影响，正进入剧烈的变革期，传统餐饮模式面临生存的严峻挑战。但从长远来看，餐饮行业保持增长趋势不会改变，如传统小吃伴随着年代的记忆，执着于产品的味道和工艺，贴上现代化、年轻化、时尚化的包装，更适应现代社会日常生活需求。所以，改革思路不是摒弃传统，而是更好地继承传统；转型不是转行，而是转变思维理念。品牌餐饮企业通过互联网转向品牌孵化与营销的一站式服务模式，建立美食制作培训机构、餐饮商学院、企业餐饮网推、积厨、共享厨房项目。一旦餐饮企业有了自己的品牌，便可以建立企业"粉丝群"，企业也可通过节假日活动来保持群内活跃度，增强"粉丝黏性"，提升餐厅人气和回头率。

（五）提振乡村餐饮业发展

乡村振兴战略是党的十九大提出的一项重大战略，是关系全面建设社会主义现代化国家的全局性、历史性任务。乡村振兴的关键是产业振兴，产业振兴根本在于餐饮业振兴，江苏乡村建设取得成效，一些乡村民宿、农家乐、旅游景点遍地开花，接待游客的数量位居全国榜首。但多网点、小规模餐饮多、消费价位高低不一、乡厨文化水平和烹饪技艺有差别，大部分以当地农转非为主，要扭转这种现象，全员提高整体素质，必须依托地方协会，遵循乡村自身发展规律，量身打造具有独特风格和地方特色的餐饮企业，研究开发地方食材产品，保证产品有个性、口味有特性，形成各网点的拳头产品。另外，深入乡村集中区域，进行食品安全、安全生产、互联网营销、餐厅服务等实际培训和指导，提高乡村餐饮在市场消费中的占比。

（六）推进餐厨垃圾细化分类

为深入贯彻落实习近平总书记关于垃圾分类工作的重要指示精神，推动全省餐饮企业做好餐厨垃圾分类工作，很多厨房餐厨垃圾得到有效处置，发挥了率先示范作用。但对于餐饮企业垃圾细化分类处理尚有不足，大型宴会结束后，大量的纸巾、酒瓶、软饮料瓶等混在一起，起不到可回收物、有害垃圾、其他垃圾的二次分类实质作用，给资源回收利用带来一定损失。把垃圾细化分类纳入绿色餐饮企业考核指标中，包括限塑、可降解一次性打包盒等，让绿色环保真正落实到位。

2021年是"十四五"开局之年，也是我国迈向社会主义现代化国家新征程的开局之年。《中共中央关于制定国民经济和社会发展第十四个五年规划和2035年远景目标的建议》中相关的战略、政策、措施的实施，将为消费购买力增长提供有力的新动力和良好的新环境。全省餐饮业将率先走出低谷，回归拉动市场消费的引擎地位，实施规范化、精细化管理，全面激发餐饮企业主动提升品质、规范管理、改善环境、优化服务、诚信自律的内在动力，使餐饮业成为彰显和谐文明社会、人民安定富裕生活真实反映。

参考文献

［1］《中华人民共和国国民经济和社会发展第十四个五年规划和 2035 年远景目标纲要》，http：//www.gov.cn/xinwen/2021－03/13/content_5592681.htm。

［2］邢颖、黎素梅主编《中国餐饮产业发展报告（2020）》，社会科学文献出版社，2020。

B.7
2020年浙江餐饮产业发展报告

浙江省餐饮行业协会*

摘　要： 浙江餐饮业在总量扩张的同时，市场细分不断深化。在后疫情时代，餐饮行业稳步复苏，呈现零售化特性凸显、线上化加速、地域文化融合性加强、消费升级与降级趋势并存等特点，在此过程中，浙江省餐饮行业协会发挥了显著作用。

关键词： 浙江餐饮　市场细分　商圈餐饮　零售化

一　浙江餐饮概况

2020年，浙江省年末人口5069万人，占全国人口的3.6%。浙江省餐饮行业拥有企业50万余家，从业人员160万余人①，为发展地方经济、解决就业、维护社会稳定做出了重要贡献。

2020年全省生产总值为64613亿元，按可比价格计算，比上年增长3.6%。分产业看，第一产业增加值2169亿元，增长1.3%；第二产业增加值26413亿元，增长3.1%；第三产业增加值36031亿元，增长4.1%。三次产业增加值结构为3.3∶40.9∶55.8。按照我国地区生产总值统一核算和数

---

* 浙江省餐饮行业协会前身是浙江省烹饪协会，于1988年2月成立，是浙江省目前唯一的餐饮行业省级协会，担负着全省餐饮行业"提供服务、反映诉求、行业自律"的职责。协会认真贯彻"继承、发扬、开拓、创新"的餐饮烹饪事业方针，积极开展餐饮名店、名师、名菜的"三名"建设，组织省、市、全国和世界中国烹饪大赛，开展浙菜技艺培训和省内外考察交流等活动。协会在推动品牌建设，带动餐饮行业发展，弘扬中华饮食文化方面成绩显著，多次获得全国先进社团荣誉称号。

① 浙江省市场监督管理局。

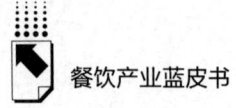

据发布制度规定,地区生产总值核算包括初步核算和最终核实两个步骤。经最终核实,2019年,浙江省生产总值现价总量为62462亿元,按可比价格计算,比上年增长6.8%,三次产业增加值结构为3.3∶42.1∶54.6。[1]

全年社会消费品零售总额26630亿元,比上年下降2.6%。按经营地统计,城镇消费品零售额22336亿元,下降2.8%;乡村消费品零售额4293亿元,下降1.8%。按消费类型统计,商品零售额23843亿元,下降1.9%;餐饮收入2787亿元,下降8.4%。[2]

二 行业分析和市场展望

2020年极不平凡。面对深刻复杂的国内外形势,特别是突如其来的新冠肺炎疫情,浙江坚持以习近平新时代中国特色社会主义思想为指导,全面贯彻党的十九大和十九届二中、三中、四中、五中全会精神,深入贯彻习近平总书记视察浙江重要讲话精神,践行"八八战略",奋力打造"重要窗口",坚持"两手硬、两战赢",扎实做好"六稳"工作,全面落实"六保"任务,为发展聚力、为企业赋能、为小康增色、为治理提效,三大攻坚战取得决定性成就,经济社会发展取得新成绩。

(一)浙江餐饮业在总量扩张的同时,市场细分不断深化

浙江省餐饮业态快速发展,餐饮品牌企业的影响力和美誉度也在不断提升,譬如浙江老字号的餐饮名店。

创立于1848年的杭帮菜肴行业知名品牌"楼外楼",地理环境优越,素以"佳肴与美景共餐"而享誉世界,西湖醋鱼、宋嫂鱼羹、蜜汁火方等菜肴颇受消费者青睐。

"咸亨酒店"则是创建于清光绪甲午年(1894),是酒乡绍兴最负盛名的百年老店,鲁迅先生的小说《孔乙己》使"咸亨酒店"闻名中外,坐落

---

[1] 《2020年浙江省国民经济和社会发展统计公报》,浙江省统计局。
[2] 同①。

在"鲁迅的故家"所在的绍兴城内东昌坊口东头,在这里可以品尝到油炸臭豆腐、小鱼干花生米、梅干菜扣肉等。

山外山菜馆始创于1903年,源自南宋诗人林升"山外青山楼外楼"之名句,至今已有一百多年历史,坐落在西湖杭州植物园内,人均消费150元左右,与楼外楼齐名,2006年被国家商务部认定为第一批"中华老字号",也是浙江杭州闻名遐迩的百年中华老字号餐馆。山外山菜馆供应的菜肴,皆是杭帮菜中的传统名菜,当家菜是"八宝鱼头王",除制作叫化童鸡、龙井虾仁、西湖醋鱼、宋嫂鱼羹、东坡肉等一大批具有传统风味的杭州名菜外,还独创了葱扒海参、辣子羊腿、山外神仙鸡等特色美味佳肴。

宁波状元楼创建于乾隆五十年(1785),现位于宁波市海曙区和义路66号和义大道购物中心一楼,人均消费151元,以正宗甬帮菜扬名,是宁波必去打卡的酒楼式餐厅,1995年国家内贸部授予"中华老字号",还被浙江省商务厅认定为"第二批浙江老字号",是浙江宁波著名的百年中华老字号饭店。

温州大酒家起源于1956年开业的温州酒家,坐落于温州市区蝉街,具有深厚的"瓯味"底蕴、浓郁的"瓯文化"元素和地方民俗特色,在这里可以品尝到爆目鱼花、芙蓉蟛蜞、三丝敲鱼等瓯菜菜品。

此外,天外天(始建于1910年)、奎元馆(始建于1867年)、状元馆(始建于1867年)、知味观(始建于1913年)等均属于浙江省的老字号。

随着浙江经济的飞速发展,更多的餐饮品牌选择在浙江扎根,外婆家、玉玲珑、绿茶餐厅、澳门豆捞等分店更是遍地开花,深受浙江本地人和浙江游客的推崇。近年来粤菜、北京菜、新疆菜等几大菜系,还有东南亚菜、日式料理、韩式菜等都在攻略浙江这块宝地。浙江餐饮业呈现百花齐放的态势。

餐饮业是人们日常饮食消费、休闲消费、社交消费、喜庆消费和旅游消费、商务消费的重要场所。餐饮消费社会化对拉动内需、促进经济增长作用明显。

(二)浙江餐饮业在发展中呈现的特点

1. 浙江餐饮稳步复苏,日常餐饮消费存在上升空间

通过对浙江省和全国餐饮复苏情况的对比,我们观察到,2020年2月

底浙江省餐饮行业迎来复苏高潮，促使餐饮行业在3月中旬迎来复苏加速的拐点，"五一"迎来复苏小高峰，之后浙江省餐饮行业复苏率一直保持高于全国平均水平。

进一步分析我们发现，浙江省用户的线上搜索和线上消费行为，顺应节假日迎来高峰节点，同时"造节"现象日渐凸显，日常餐饮消费存在上升空间（见图1）。

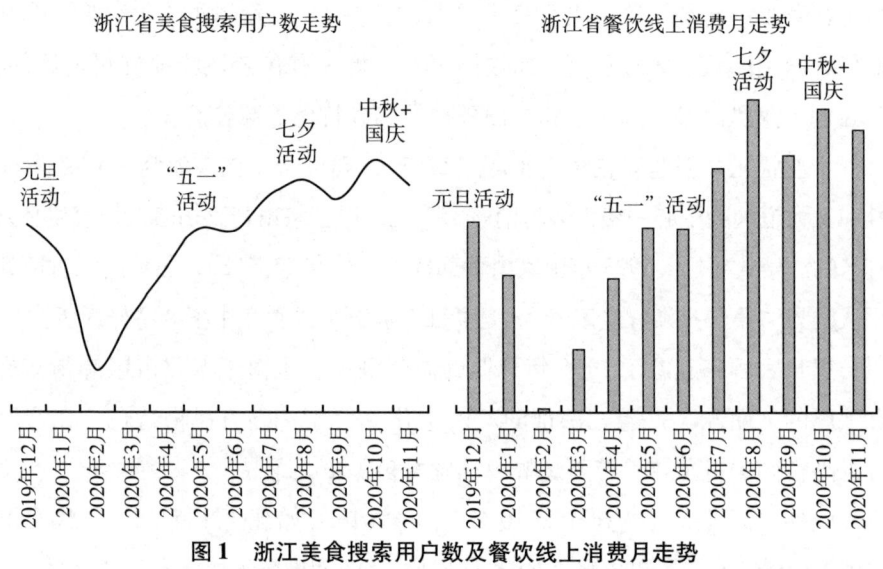

图1　浙江美食搜索用户数及餐饮线上消费月走势

资料来源：美团大学餐饮学院。

2. 线上化加速，零售化属性凸显

从餐饮门店品类分布上来看，位居浙江省品类前三的是小吃快餐、水果生鲜、饮品店，其中小吃快餐门店数最多。在各品类门店中，小吃快餐门店数连续两年稳居第一（见图2）。浙江小吃种类丰富繁多，形成咸、甜、鲜、香、酥、脆、软、糯、松、滑各具特色的糕团点心、面食、豆品的小吃系列，比如宁波汤圆、绍兴臭豆腐、杭州片儿川等，其中杭州片儿川被评为中国十大面条，而宁波汤圆、嘉兴粽子、缙云烧饼、金华汤包等被评为浙江榜"中国地域十大小吃"。

受疫情影响，浙江餐饮线上门店数呈现下降趋势，西餐降幅最为显著，

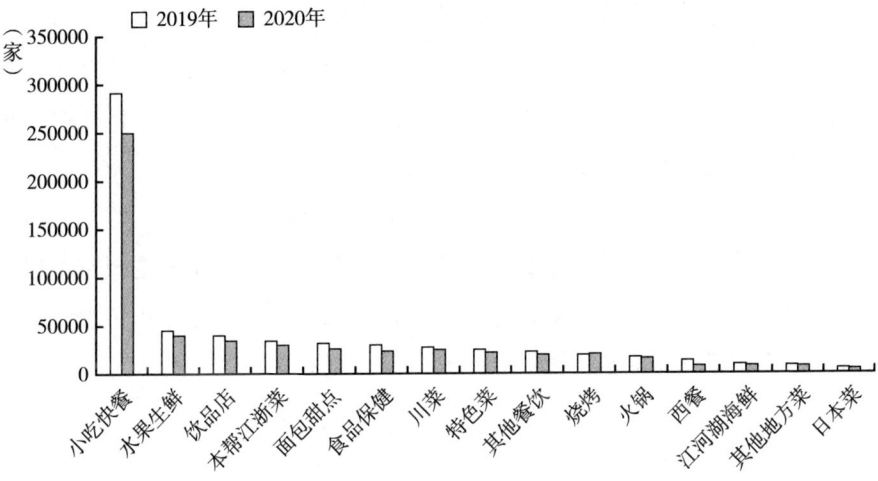

图 2　2020 年浙江餐饮 Top15 品类门店数

资料来源：美团大学餐饮学院。

达42.0%。值得关注的是，烧烤是唯一门店数不减反增的品类，除了烧烤品类外，火锅也体现出较强的抗风险能力，线上门店数发展相对稳定（见图3）。

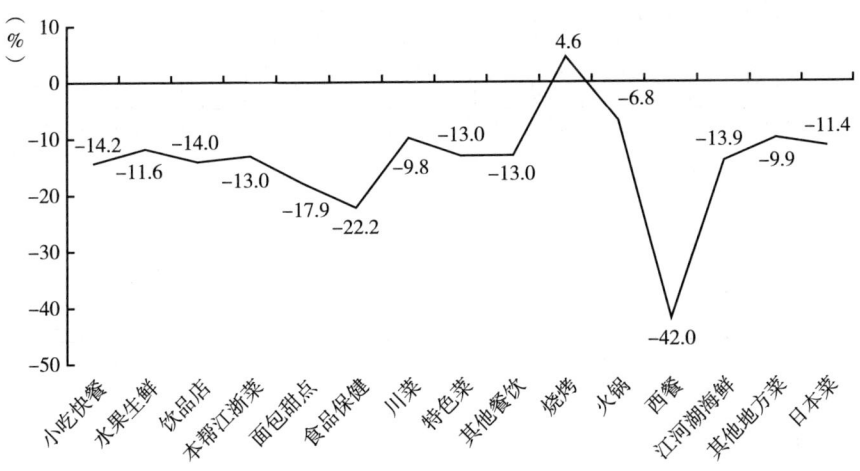

图 3　2020 年浙江餐饮 Top15 品类门店数同比涨幅

资料来源：美团大学餐饮学院。

3."网红打卡地"成为浙江用户美食消费的重要打开方式

在搜索上，消费者开始出现搜索"网红打卡点"的习惯，嘉里中心、来福士等集"吃喝玩乐购"于一体的网红商业中心,成为浙江人民出门消费的必"搜"之处,"网红打卡地"成为用户美食消费的重要打开方式。在门店分布上,浙江省97.1%的餐饮门店分布在各大商圈中,与非商圈店相比,商圈店占据绝对优势。

4. 杭州一枝独秀,宁波紧随其后,台州值得期待

从浙江省各市门店分布占比情况来看,杭州市、宁波市、温州市位居前三,其中,杭州市不仅门店数居于首位且同比增速最高,宁波市位居第二且增速也较为明显。绍兴市、湖州市增势明显,值得关注(见图4)。

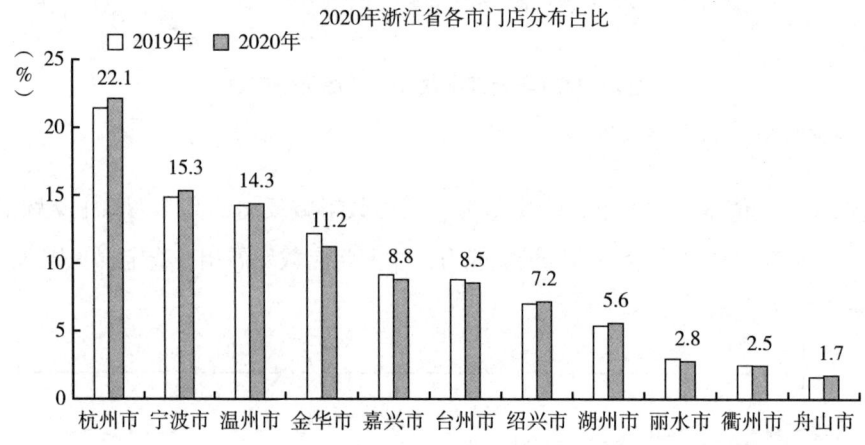

图4 2020年浙江省各市门店分布及增长情况

资料来源:美团大学餐饮学院。

线下门店收缩，浙江餐饮线上化却在持续加速。在品类线上订单分布上，"火锅""小吃快餐"连续两年位居前两名，"饮品店"反超"本帮江浙菜"荣获浙江餐饮品类线上订单量榜的季军。

而在品类线上订单增速上，各品类线上订单量增幅明显，"饮品店"、"烧烤"和"小吃快餐"三个品类线上化订单增速最快，除烧烤品类的增长趋势与全国保持一致外，线上化加速或与这些品类的零售化体制有关（见图5）。

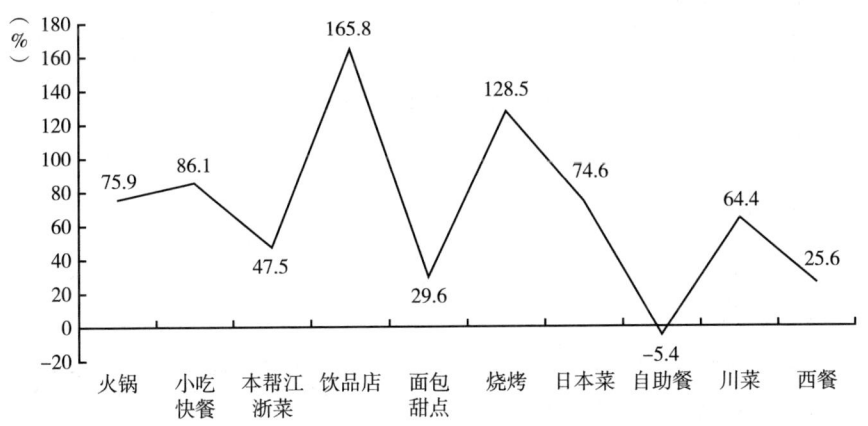

图5　2020年浙江餐饮Top10餐饮品类线上订单量增长趋势

资料来源：美团大学餐饮学院。

从浙江省各市来看，线上订单量及其增速与门店数及其增速保持一致的均为杭州。宁波线上订单量虽仍为第二名，但增速垫底，台州市线上订单量增速显著，成为浙江省内除杭州外，线上订单量唯一正增长的城市，线上餐饮市场值得期待（见图6）。

5. 本地菜系有较强地域文化属性，跨地域融合趋势显著

从各地方菜系在浙江省的订单情况来看，本地菜系更加符合本地消费者口味偏好，保持绝对优势，川菜紧随其后，表现出本地消费者对"辣"味的追求。

从订单增速来看，各菜系均呈现高速增长态势。其中，本地菜代表

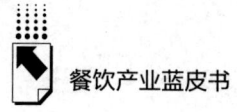

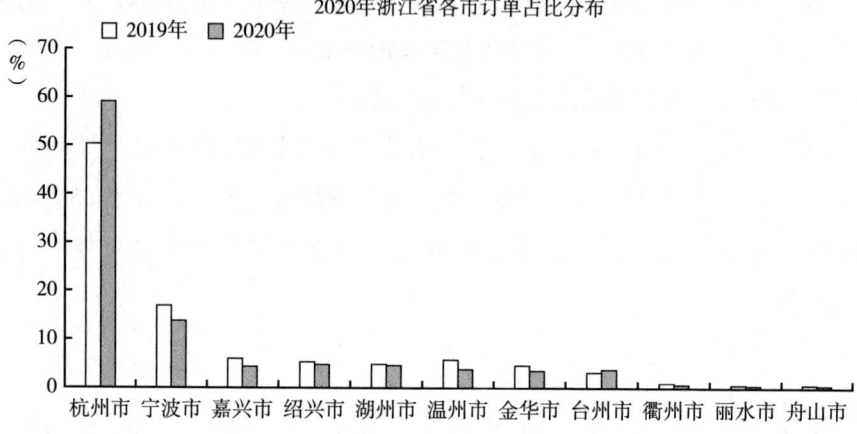

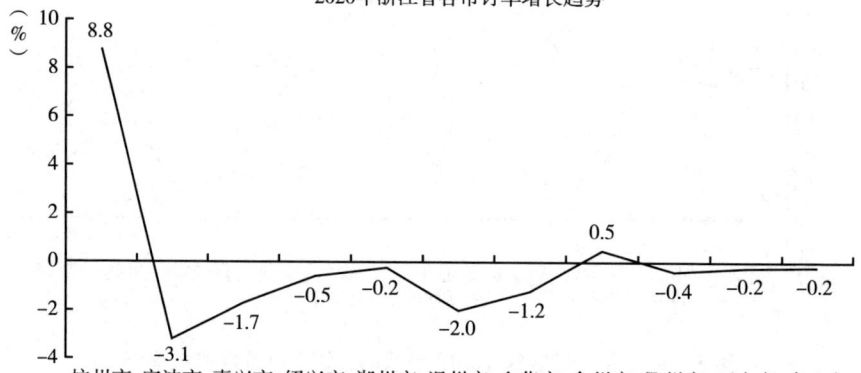

图6　2020年浙江省各市订单占比分布及其增长趋势

资料来源：美团大学餐饮学院。

"本帮江浙菜"或因市场较为成熟，增速不太突出，而粤菜与北京菜在浙江的增长势头强劲，体现了较强的跨区域融合性，存在较大增长潜力（见图7）。

6. 本帮江浙菜消费市场趋于成熟

在消费层面，2020年30~90元人均消费为本帮江浙菜的主流消费区间，其中60~90元区间占比较大，且保持高速增长，30~60元区间占比相对缩水较大。人均消费增速变化以60元为分界线，除60~90元区间外，60

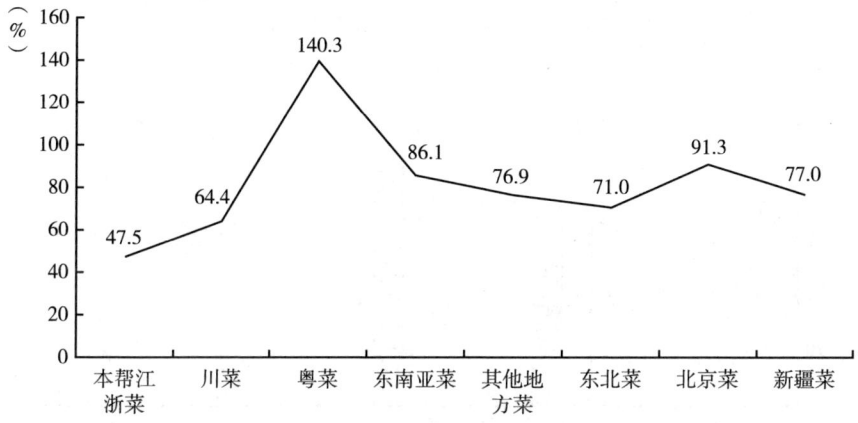

图 7　2020 年浙江省地方菜系订单增长趋势

资料来源：美团大学餐饮学院。

元以上区间降幅较小，60 元以下降幅较大。由此可见，随着居民可支配收入的提升，线上餐饮消费水平也在逐步提升（见图 8）。

7. 少年经济逐步崛起

浙江省的少年经济正在逐步崛起。根据平台数据，尽管 25～35 岁餐饮线上消费者占比过半，为消费主力军，但以 25 岁为分水岭，在浙江餐饮线上消费者分布上，25 岁以下群体用户占比呈上升趋势，25～40 岁及以上群体用户比例呈下降趋势，而增速最快的是 20 岁以下群体。可以说少年经济正给浙江餐饮市场发展带来强劲的复苏活力（见图 9）。

8. 分化加剧，消费升级与降级趋势并存

浙江餐饮的线上人均消费为 57.4 元，远超全国 47.9 元的平均水平。

从价格带分布来看，"30～90 元"是主流价格带，其中 60～90 元区间占比最高。从增速来看，浙江省餐饮消费呈现 W 形变化趋势，30 元及以下和 60～90 元区间的人均消费占比均呈现明显上涨趋势，120 元以上区间保持不变，由此可见，浙江省餐饮消费市场分化加速，升级与降级趋势并存（见图 10）。

浙江省 97.1% 的餐饮门店分布在各大商圈中，与非商圈店相比，商圈

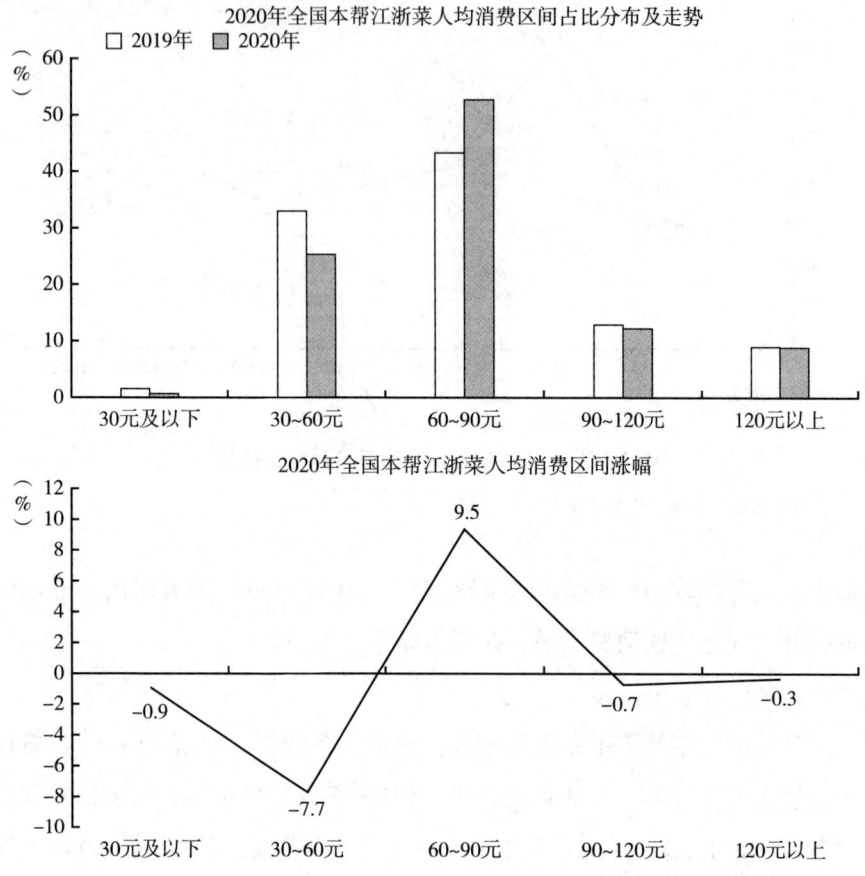

图 8　2020 年本帮江浙菜消费分布走势及人均消费区间涨幅

资料来源：美团大学餐饮学院。

店占据绝对优势（见图 11）。

位居浙江省热门商圈 Top10 首位的是湖滨商圈，湖滨商圈坐拥西湖这个顶级"IP"，一年四季，游客不断。2020 年国庆节期间，西湖人流指数大涨，达 228.99%，跃居全国热门景点前列。这里有湖滨银泰 in77 等多家商场，高端餐饮、老字号、游客食街齐聚，商圈内还有 4 家外婆家、3 家绿茶、2 家新白鹿、2 家弄堂里、2 家老头油爆虾，分布密集。

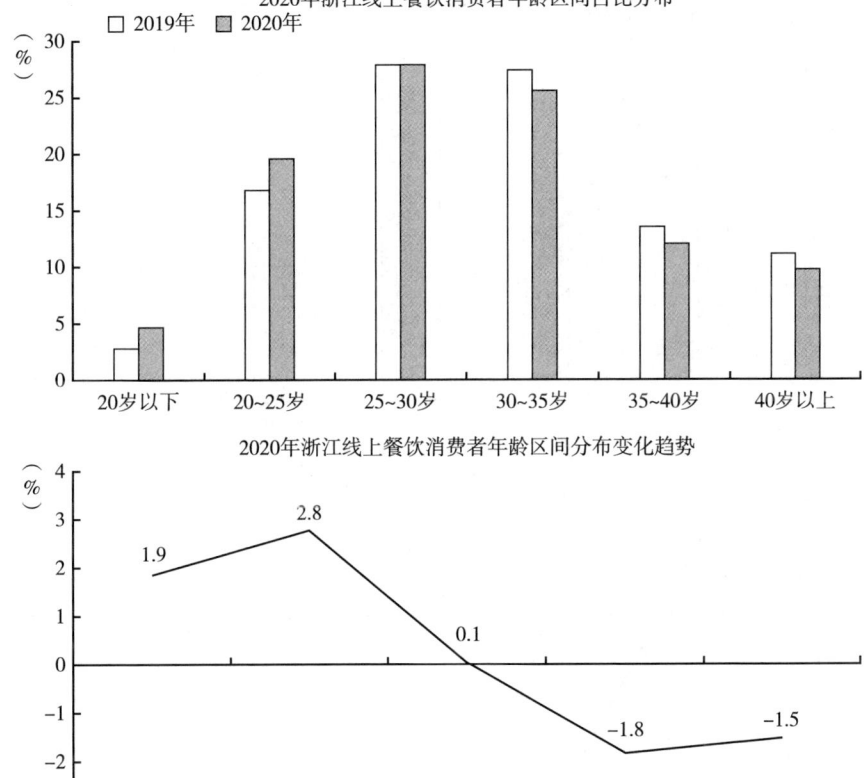

图 9　2020 年浙江线上餐饮消费者年龄区间占比分布及其变化趋势

资料来源：美团大学餐饮学院。

高新文教区及开发区高教园区是典型的大学高校汇聚点，各种美食一应俱全，是当之无愧的热门商圈，钱江新城四季青街道聚集着以高端奢侈品消费为主的购物商圈，高端消费值得期待。

9. 推荐菜偏爱酸甜鲜香口味

从整体本帮江浙菜的用户推荐中我们可以看到，最受欢迎的两个菜品，即龙井虾仁、东坡肉均属于本帮江浙菜系代表菜品，由此可见，菜品知名度、地域特色代表性是消费者选择的重要依据。

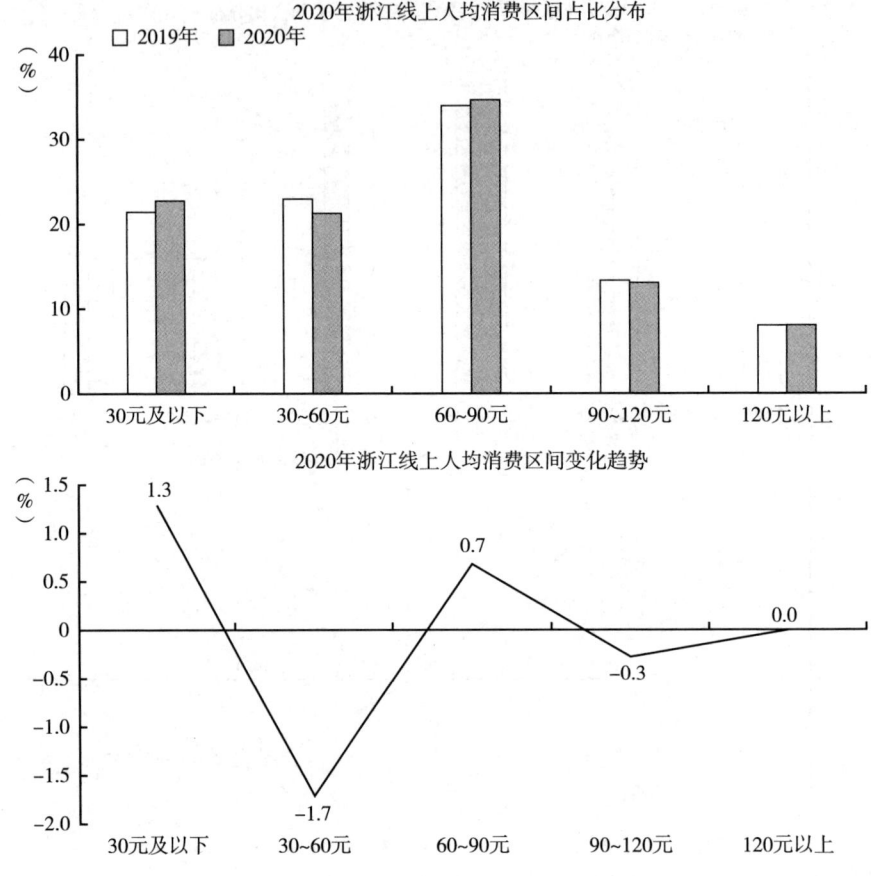

图10 2020年浙江线上人均消费区间占比及增长情况

资料来源：美团大学餐饮学院。

在人杰地灵的山水之都，鲜虾嫩鱼是浙江本土特色之一，所以在前二十名的推荐菜中，鱼虾共占推荐菜榜单的20%。

此外，浙江人也偏爱鸡肉，以鸡肉为原料的菜品在全国本帮菜2020年推荐菜Top20榜单上与"鲜虾嫩鱼"平分秋色，其中，蛋黄鸡翅、叫花鸡、茶香鸡均入榜且名列前茅。

酸甜口的糖醋里脊、糖醋排骨也非常受欢迎，显示出浙江人对酸甜鲜香味道的喜好。

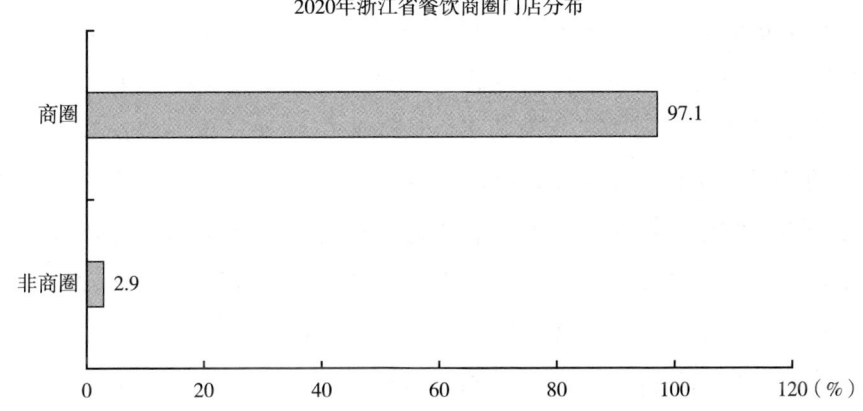

图11 浙江省热门商圈 Top10

资料来源：美团大学餐饮学院。

三 行业协会在推动餐饮发展中发挥的作用

（一）履行协会职能，落实各项工作

1. 关注行业动态，积极建言献策

疫情发生后，浙江省餐饮行业协会（以下简称协会）迅速展开疫情防控的各项工作，及时发布加强餐饮业疫情防控的工作通知和打赢疫情防控战的倡议书。从鼠年大年初一开始，通过线上办公收集汇总了全省

100余家各类型餐饮企业受疫情影响的情况，并于2月3日政府机关单位节后上班的第一天，向政府主管部门及时反映餐饮企业面临的困难和问题，助力政府出台了全国首个在省级层面专项帮扶餐饮企业的具体措施——《关于在新型冠状病毒肺炎疫情期间积极支持我省餐饮企业渡过难关的若干意见》（浙流通消费办〔2020〕1号）。同时，协会全力配合省委政策研究室、国家市场监督管理总局较好地完成了浙江餐饮行业受疫情影响的专题调研工作。3月5日，浙江省委政策研究室向省委、省政府递交了《疫情对我省餐饮业的影响及对策建议》专报，受到省委、省政府主要领导的高度关注，并相继做出了重要批示，极大地提振了全省餐饮行业发展的信心。

2. 助力解困转型，帮扶渡过难关

协会与阿里本地生活服务公司首度携手，快速为13000多家餐饮企业开通线上外卖服务，销售春节期间因受疫情影响囤积的食材，精准帮扶企业渡过难关。在省商务厅、省市场监督管理局、省侨办的指导下，协会先后成功举办了三期"助力浙江餐饮行业安全复工、积极抗疫"系列线上公益课程培训（收看总人数累计达20万人次），助力海外（西班牙、比利时）中餐业疫情防控和复工复产"云会议"。同时，协会还及时整理发布国家各部委、省级相关部门关于餐饮行业疫情防控和复工复产的政策汇编，联合律师事务所出台"浙江餐饮涉疫公益法律服务"项目，联手多个厂家推出针对会员单位购买防护用品的优惠服务、空调清洗公益活动等帮扶举措，受到了广大会员单位、餐饮企业和海外中餐业从业者的肯定与称赞。

（二）聚焦行业服务，助推复工复产

1. 深入走访调研，提供精准服务

协会始终密切关注疫情的发展态势以及对行业产生的影响，先后实地走访调研了杭州市、宁波市、绍兴市、舟山市、义乌市、建德市、开化县、临安区等全省多家餐饮行业协会及知味观味庄、楼外楼、跨湖楼、兆丰藏鲜工坊、肯德基、速派餐饮、绍兴咸亨酒店、西溪宾馆等不同规模、不同类型的

会员单位和餐饮企业百余家，并召开相应区域调研座谈会。还陪同省商务厅、省市监局等政府相关部门领导深入走访企业，了解企业疫情防控、复工进度、惠企政策落实等情况，对企业一手抓疫情防控、一手抓复工复产，提供精准指导和服务，并带头进店餐饮消费，着力稳企业保就业，推进全省餐饮企业在疫情常态化防控中加快复工复产。

2. 营造安心环境，提振消费信心

在中共中央总书记、国家主席、中央军委主席习近平对制止餐饮浪费行为作出重要指示后，协会第一时间要求全行业认真学习习近平总书记重要讲话精神，及时发布关于"厉行节约、反对浪费"的倡议书。9月28日，浙江省集中启动坚决制止餐饮浪费行为行动，协会再次发出倡议，号召餐饮企业要引领厉行节约新风尚，持之以恒践行"厉行节约、反对浪费"，坚决制止餐饮浪费行为，并全力配合省级主流媒体持续进行"厉行节约、反对浪费"的宣传采访和深入报道。

协会与省文明办等十家单位联合发布推广使用"公筷公勺"倡议和《浙江省餐饮服务业"公筷公勺"实施指引》，与媒体共同推出"在一起，筷行动""文明用餐，公筷行动"爱国卫生特别行动策划。在浙江省推广网络订餐食品使用"外卖封签"云发布会上，发布了《浙江网络订餐食品使用"外卖封签"的倡议》。协会积极引领全省餐饮企业做"厉行节约、反对浪费""公筷公勺 文明餐桌"行动的先行者、示范者与引导者，指导督促餐饮行业落实好常态化疫情防控措施，营造浪费可耻、节约为荣的浓厚氛围和安心用餐环境，不断提振消费者信心，推动餐饮行业加快复苏。

（三）拓展行业活动，促进餐饮消费

1. 办好品牌活动，激发消费潜力

协会认真贯彻落实《浙江省人民政府办公厅关于提振消费促进经济稳定增长的实施意见》和浙江省商务厅等六部门联合出台的《关于组织实施"浙里来消费·万企联动促万亿消费"工程的通知》精神，组织开展了浙江厨师节、2020餐饮产业发展大会、各类美食节、餐饮展示、技能竞赛、食

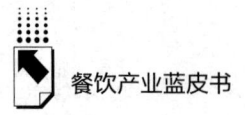

材对接等促消费活动,对加强餐饮技艺交流、促进浙菜研发创新、开拓繁荣餐饮市场和推动浙江经济发展等具有重要作用。

2020年,协会成功举办了浙江金秋购物节暨首届中国浙菜美食节暨第十届浙江厨师节、"浙里来消费·寻味好食材"2020浙江餐饮产业发展大会暨浙江省第三届名点名小吃选拔赛首届"磐安小吃"美食节、诗画新昌·天姥文化季——2020浙江餐饮产业发展大会(新昌站)浙江省第三届名点(名小吃)总决赛、第二届中国地方菜发展高峰论坛、健康浙江·合理膳食行动启动仪式暨浙江省第二届名茶点名茶肴大赛、第八届兰溪美食购物节、浙江省第五届地方特色菜肴技能竞赛、浙江省第十期海外中餐烹饪技能培训、千岛湖·安阳"一村一碗"烹饪大赛,参与指导了浙江电视台钱江频道《中华美食群英榜》杭州站等活动。协会始终本着为行业、为企业、为会员服务的宗旨,指导企业创新经营模式,推进线上线下融合,培育乡村消费热点,促进农产品、农家乐、民宿等乡村餐饮旅游全产业链复苏回暖,以新服务带动新消费,推动餐饮消费成为浙江经济高质量发展的新动能。

2. 加强沟通协作,凝聚发展合力

一年来,协会积极协助和参与全省各地开展的餐饮行业活动,先后参加了由世界中餐业联合会举办的首届中华节气菜大会、由中国烹饪协会和绩溪县人民政府主办的2020年全国美食地标城市高峰论坛、浙江旅游职业学院中意厨艺学院云揭牌仪式、2020首届大运河嘉兴文化旅游美食节暨长三角美食文化(嘉兴)峰会等活动,不断加强国家、省、市行业协会的交流与合作,共同促进行业的高质量发展。

(四)抓好品牌建设,推动行业发展

1. 2018年8月,"诗画浙江·百县千碗"工程自启动以来,受到浙江省委、省政府高度重视,连续两年被写入《政府工作报告》,省委十四届八次全会通过的《关于制定浙江省国民经济和社会发展第十四个五年规划和2035年远景目标的建议》将其列入其中。协会认真按照省文化和旅游厅、省商务厅等相关部门出台的文件精神,带领各市协会认真做好"诗画浙

江·百县千碗"工程项目的推进工作。其中，参与了《浙江省文化和旅游厅、浙江省商务厅关于做实打响"诗画浙江·百县千碗"的通知》（浙文旅产〔2020〕5号）的起草，协助制定了文件附件《浙江省"诗画浙江·百县千碗"特色美食体验（示范）店、旗舰店、美食街区、美食小镇认定办法（试行）》。其间，还随同省文旅厅相关领导和专家组成员分别前往杭州、嘉兴、绍兴、金华、衢州、丽水、义乌、余杭、临安、安阳、新昌等地考察指导，进一步把"诗画浙江·百县千碗"工程做实做好，使之成为全国知名旅游美食品牌和全省各地旅游美食的一张闪亮"金名片"。

2. 2020年全省已评定"诗画浙江·百县千碗"特色美食体验店263家，启动培育特色美食街区22条、特色美食小镇6个，共培训各类厨师和经营管理人员8000多人次，为推动"诗画浙江·百县千碗"工程打下坚实基础。

（五）加强组织建设，提升服务能力

1. 认真按照省民政厅、省商务厅行业党委等相关部门的要求，协会建立了党组织，进一步夯实协会组织架构，充分发挥协会党建引领作用，按照要求做好协会年检和5A复评等工作。

2. 为提高工作效率，增强服务能力，协会先后建立了会长办公会议机制和省市协会会长联席会议机制，并以此为平台，更好地融合资源优势及辐射能力，上下协同发展，增强全行业凝聚力。

3. 协会专委会是协会的重要组成部分，也是协会为全省餐饮企业提供专业指导和精准帮扶的重要途径。2020年，面对新形势，协会还专门成立了数字化餐饮服务专委会。一年来，各专委会在协会的领导下，紧紧围绕协会宗旨，积极开展各项活动，发挥了各自优势和作用。尤其是名厨专委会在疫情时持续推出"同心抗疫·浙菜大师教你居家做浙菜"公益活动，点心专委会深入全省各地开展小吃美食节和技能大赛，大力培育提升小吃产业，努力做大做强小吃经济，加快浙江小吃"走出去"步伐，得到了社会各界的高度评价。

4. 按照社团组织要求，认真履行职责，当好行业的"宣传员"和"服务员"。协会通过官方网站和微信平台，认真做好疫情防控和复工复产政策

措施及防控知识的宣传解读工作；及时发布《浙江省冷链食品闭环管理系统用户操作手册》《关于餐饮服务新冠肺炎疫情常态化防控工作的指导意见》《关于共同做好塑料污染治理的倡议书》等国家政策法规、协会动态、行业热点新闻等，为会员和行业相关人员提供及时丰富的资讯信息。还联合省级多家媒体线上线下同步推出"特殊时期守望相助，浙江餐饮人在行动"系列报道百余篇，持续宣传在抗击疫情中涌现出来的先进典型和感人事迹。在2020年举办的首届中国浙菜美食节暨第十届浙江厨师节活动上，协会表彰了30个单位为"浙江餐饮业抗疫先进集体"，表彰了20个先进个人为"浙江餐饮业抗疫先进个人"。同时，还有不少协会和会员企业先后获得了政府相关部门颁发的荣誉证书。

展望2021年，乘打造数字化浙江的东风，在省商务厅统一部署下，浙江省餐饮行业协会在全国首先组建数字化服务专委会的基础上，努力彰显数字化赋能，融入数字化改革，贯彻落实2月18日全省数字化改革大会精神，全省餐饮行业齐聚一个工作重心，学懂弄通数字化改革内涵，切实把思想和行动统一到全省统一战略部署上，为全国树立一个数字化赋能餐饮业发展的典范。

参考文献

[1]《中华人民共和国国民经济和社会发展第十四个五年规划和2035年远景目标纲要》，http：//www.gov.cn/xinwen/2021 – 03/13/content_ 559268 1.htm。

[2]《关于制定浙江省国民经济和社会发展第十四个五年规划和2035年远景目标的建议》，http：//www.zj.gov.cn/art/2020/11/23/art_ 1229396854_ 59046909.html? type = 2。

[3] 邢颖、黎素梅主编《中国餐饮产业发展报告（2020）》，社会科学文献出版社，2020。

B.8
2020年海南省餐饮产业发展报告

陈恒 杨哲昆[*]

摘　要：2020年是全球经济遭受重创、世界发展格局大变动之年，也是海南自贸港建设的开局之年，海南餐饮行业面临巨大的挑战，也获得了空前的发展机遇，进行了多方面的新探索，包括市场运营灵活多样、用餐模式改进升级、民俗与特色化发展、打造主题康养餐饮、规范化和品牌化运作、多种类型经营组合等。展望未来，海南餐饮行业将按照"十四五"规划，进行海南自贸港发展战略的策略调整；针对海南国际旅游消费中心建设需要，推进"大住宿业"和"养生餐饮业"发展；以规范化、智能化为基础，大力拓展乡村住宿和餐饮业高质量发展；积极鼓励和推动各类标准建设工作，形成示范效应；加快海南酒店餐饮业立法，为行业发展奠基；激励行业品牌化发展，打造核心竞争力；从行业各个层面领域，鼓励酒店餐饮业高质量创新。

关键词：　自贸港　养生餐饮　标准化　品牌化

---

[*] 陈恒，海南省酒店与餐饮行业协会执行会长，全国饮食服务业标准化技术委员会委员、绿色饭店国家级注册高级评审员、国家开放大学（海南）国际旅游学院客座教授；杨哲昆，海南资深旅游学者，海南省酒店与餐饮行业协会高级顾问，曾任国家开放大学（海南）国际旅游学院执行院长，主要研究方向为旅游发展战略和旅游策划。

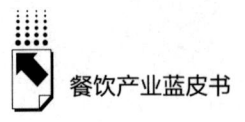

一　综述

（一）海南省餐饮行业发展背景

1. 冲击史无前例

2020年，新冠肺炎疫情带来史无前例的冲击，不仅使全球与中国经济受到严重影响，也给海南餐饮行业沉重打击，同时也给海南餐饮行业带来空前挑战。

全球经济全面萎缩。数据显示：2020年全球经济收缩4.4%，中国是世界十大经济体中唯一正增长的经济体，经济增长率为2.3%，远低于预计的6%的正常发展速度，从世界前十大经济体发展状况可见一斑（见表1）。

表1　世界前十大经济体经济状况及预测

国家	2019年GDP增长速度(%)	2020年GDP增长速度(%)	2021年GDP增长速度预测(%)
美国	2.2	-3.5	3.1
德国	0.6	-5.0	4.2
法国	1.5	-8.3	6.0
意大利	0.3	-8.9	5.2
西班牙	2.0	-10.8	7.2
日本	0.7	-4.8	2.3
英国	1.5	-9.9	5.9
加拿大	1.7	-5.4	5.2
中国	6.1	2.3	8.2
印度	4.2	-7.0	8.8

资料来源：国际货币基金组织IMF，海南省酒店与餐饮行业协会整理。

（1）世界旅游业遭受重创。旅游业受冲击尤为严重，联合国世界旅游组织发布的数据显示，新冠肺炎疫情导致全球旅游人数大幅减少，2020年全球入境游客总人次较上一年减少10亿人次，降幅达74%，全球旅游业收入损失1.3万亿美元，成为"旅游业历史上最糟糕年份"。牛津经济研究院估计，到2023年，全球旅游业才有望恢复正常。

（2）中国旅游经济数据下滑。中国旅游研究院数据显示，2020年全年国内旅游人数为28.8亿人次，同比下降52.1%；国内旅游收入为2.2万亿元，同比下降61.1%。全年入境旅游人数2720万人次，同比减少81.3%；国际旅游收入为170亿美元，同比减少87.1%；出境旅游人数2023万人次，同比减少86.9%。

海南旅游恢复情况好于全国平均水平，但是仍处于亏损状态。海南省统计局数据显示，2020年海南省接待游客总人数6455.09万人次，同比减少22.3%，旅游总收入872.86亿元，同比减少17.5%。

（3）中国酒店餐饮业受冲击严重。国家统计局发布的数据显示，2020年全年，住宿和餐饮业限额以上增加值15971亿元，同比下降13.1%，餐饮总收入39527亿元，下降16.6%。

2. 迎来空前机遇

2020年是全球经济遭受重创、世界发展格局大变动之年，也是海南自贸港建设的开局之年，海南餐饮行业获得了空前的发展机遇。

第一，全球经济遭受重创，带来了全球产业大调整的机遇。疫情带来的影响导致全球经济几近停滞，世界范围内的"停工""停产"，使生产和生活受到了严重影响，国际旅游业几乎瘫痪。但是从另外一方面看，疫情又是一次世界性的大洗牌，行业之间、行业内部、企业之间、企业内部等，都在疫情的残酷考验中进行调整、更新甚至遭受淘汰。此外，世界性的经济发展减缓和停顿，使刚刚起步的海南自贸港建设获得了更充分的准备时间。

第二，世界发展新格局，凸显海南自贸港建设的独特价值。我国"十四五"发展规划中明确提出"要加快构建以国内大循环为主体、国内国际双循环相互促进的新发展格局"。可以预见，作为世界规模最大的海南自贸港，在双循环发展战略实施过程中，必将发挥出更为独特的作用。这是海南自贸港建设的新机遇，同时也赋予了海南自贸港建设独特的价值。

第三，海南自贸港建设，为海南酒店与餐饮业发展带来巨大契机。2020

年是海南自贸港开局之年，在党中央国务院直接指导和推动下，海南采取了系统的全新的发展措施，力度空前。围绕海南自贸港"三区一中心"的基本定位，海南酒店与餐饮业将成为重要的基础产业。海南省以自由贸易港建设深入推进为纽带，加快建立"旅游＋航空""旅游＋演艺""旅游＋海洋"等"旅游＋产业"融合发展模式，加速产业转型升级，形成低空游、海岛游、婚庆游、蜜月游等以海洋文化为主的多元化海岛主题度假地。"潮平两岸阔，风正一帆悬"，海南自贸港建设的大潮，揭开了呼之欲出的广阔发展前景，海南酒店与餐饮业必将扬帆远航。

（二）海南省酒店与餐饮行业发展概况

1. 行业遭受重创

处于海南自贸港建设的调整期，又受到新冠肺炎疫情的冲击，海南酒店与餐饮行业受到严重冲击。2020年上半年市场大幅度萎缩，绝大多数酒店与餐饮企业处于停业和半停业状态；下半年处于恢复调整状态，虽然情况迅速好转，但是由于大部分企业承压严重，市场和供需都处于严重缩水状态。此外，疫情始终没有彻底解除，而餐饮和住宿行业又始终是防疫的第一线，所以，经营效益仍然出现较大亏损。2020年，海南省酒店业年收入183.8亿元，同比减少36%；餐饮业年收入202.75亿元，同比减少47%。从近几年的发展情况看，几近断崖式下跌。海南省酒店和餐饮业收入占旅游业总收入的44.28%，相比上年大幅下降（见图1）。这一方面表明处于防疫第一线的餐饮住宿行业受到的冲击更大，另一方面，在恢复过程中，低价竞争使得经济效益大幅下降。

2. 奋力修复调整

面对新冠肺炎疫情带来的空前冲击，海南省针对自贸港建设采取了积极的修复和调整措施，酒店与餐饮行业发展从2月份跌入谷底后逐月向好，较快恢复到了正常状态。

（1）政府出台扶持政策。海南省政府在2020年2月及时发布了《海南省人民政府办公厅关于印发海南省应对新型冠状病毒肺炎疫情支持海南旅游

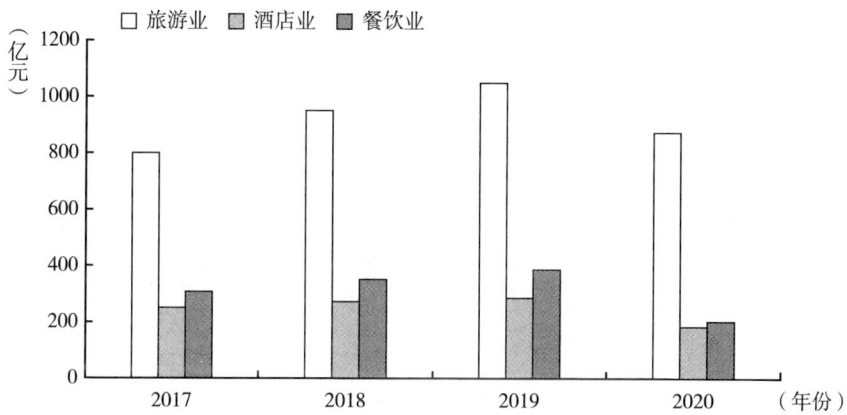

图 1　2017～2020 年海南省旅游业、酒店业及餐饮业收入

资料来源：海南省酒店与餐饮行业协会。

企业共渡难关六条措施的通知》，通过减免、延长税费以及强化财政金融支持等一系列措施援企稳岗，大大增强了海南旅游业的抵御能力。此外，各级管理部门积极采取各种具体措施，为行业、企业保驾护航，这是海南旅游业能在巨大的冲击中得以快速恢复的重要基础。

（2）旅游业凸显产业韧性。旅游业是海南的主导产业，2020 年 2 月海南旅游收入同比下降 87.7%，整个行业受到重创。但是经过积极修复，6 月旅游收入同比下降缩小为 22.7%，8 月旅游收入同比增长 6.5%，已经恢复并超过了上年的水平。2020 年 12 月旅游收入同比增长 19.7%，进入预期的快速发展状态（见图 2）。进入 2021 年，1 月旅游收入同比增长 83.0%，2 月旅游收入同比增长 959.7%，3 月旅游收入同比增长 451.0%，4 月旅游收入同比增长 363.2%（见图 3）。可以说，海南旅游业不仅快速恢复了正常发展状态，而且开始与海南自贸港建设高速发展同频共振。

（3）酒店与餐饮行业协会全程助力。2020 年 1 月 28 日，海南省酒店与餐饮行业协会发布《关于勇担社会责任，助力打赢疫情防控阻击战的倡议书》，鼓舞行业抗疫士气。2020 年 2 月 6 日，海南省酒店与餐饮行业协会和海口市餐饮烹饪行业协会发布《首批疫情防控期间面向社会供餐外送服务

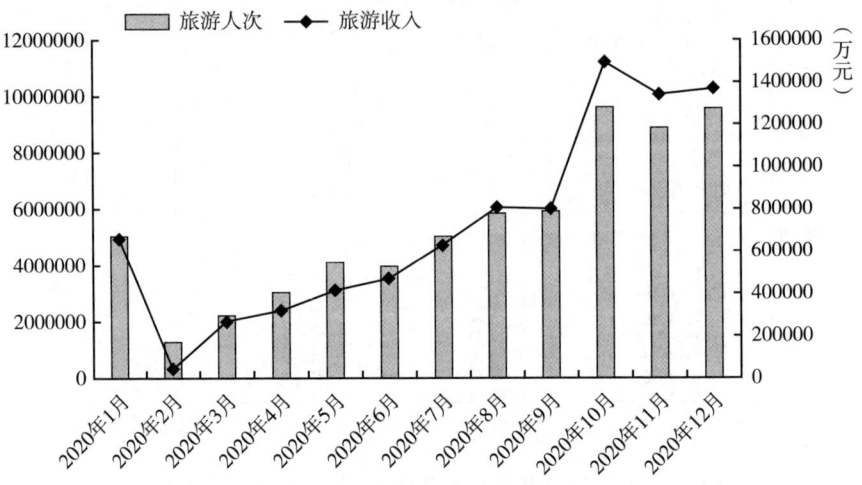

图 2　2020 年海南省旅游人次与收入情况

资料来源：海南省酒店与餐饮行业协会。

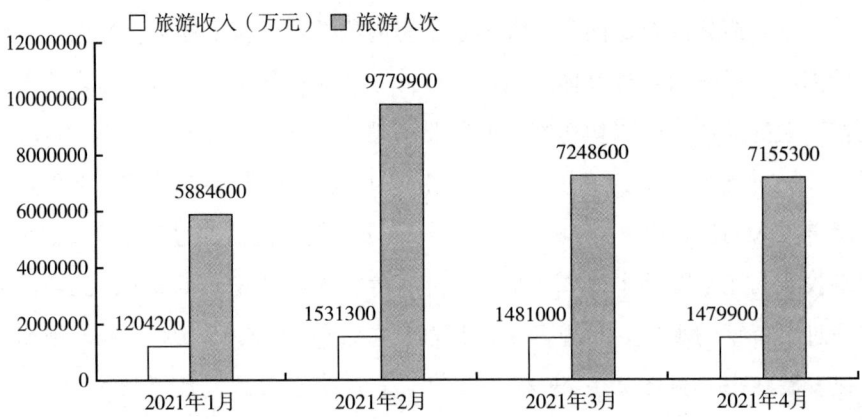

图 3　2021 年 1~4 月份海南省旅游人次与收入情况

资料来源：海南省酒店与餐饮行业协会。

企业名录》，为企业新运行方式开路助力。2020 年 2 月 13 日，发布由海南省酒店与餐饮行业协会和海南省商务厅、海南省市场监督管理局联合制定的《海南省餐饮酒店企业在新冠肺炎疫情防控期间复工经营服务防控指南》。2020 年 3 月 9 日，海南省酒店与餐饮行业协会发布《餐饮酒店企业复工经营新冠肺炎疫情防控工作指引》团体标准的公告（琼酒餐协标〔2020〕01号），为企业高质量复工提供标准化依据。

（4）酒店与餐饮业企业积极自救。海南省大多数酒店与餐饮业企业在抗击疫情中表现出了活力和斗志。一方面在严重亏损中顽强守住阵地，另一方面积极想办法，开拓走出困境的新路子。至2020年3月底，疫情刚刚开始放缓，海南省酒店业企业恢复营业率约达50%，餐饮业企业恢复营业3.6万余家，行业复工率近90%。在企业的顽强拼搏下，海南省酒店与餐饮业在2020年下半年开始走出困境，到2021年第一季度，终于迎来酒店与餐饮市场的复兴。

3. 发展探索升级

在抗疫求生存的总体状态下，海南省酒店与餐饮业积极探索行业升级发展的新方向，并取得明显的成效。

第一，探索经营、销售的新模式。海南省酒店与餐饮业几乎所有的企业都做了经营、销售新模式的探索。

第二，探索行业、企业运营规范化。海南省酒店与餐饮行业协会开展了酒店与餐饮业的各类标准的研发制定工作，正式颁布了一批有实践意义的团体标准。

第三，围绕文化、特色、品牌等问题，进行了从理论到实践的进一步探索。

4. 成绩问题总结

在成绩方面：

第一，酒店与餐饮业成功度过危机，行业迅速复元。上半年跌至谷底，下半年快速恢复。在行业受到空前重创的情况下，积极恢复，完成了重新走上正轨的任务。作为海南省受疫情冲击的重灾区酒店与餐饮业，取得了较好的恢复效果。

第二，行业发展与企业运营得以更新升级。在与新冠肺炎疫情残酷的斗争中，酒店与餐饮业优胜劣汰，得到历练调整，整个行业的素质、企业素质以及运营模式、销售模式等得到了全面的更新升级。

第三，行业协会收获良好的社会效应和广泛的行业声望。为服务企业，海南省酒店与餐饮行业协会举办了多项国内外会议交流活动、各层次类型的市场推广活动，收获较好的社会效应和广泛的行业声望，为行业良性发展奠定良好基础。

第四，酒店与餐饮业迈出了行业规范化发展的步伐。由海南省酒店与餐饮行业协会牵头，批量制定了酒店与餐饮业"团体标准"，迈出了行业标准化发展的第一步。

第五，酒店与餐饮业应对危机的管理能力大幅度提升。在2020年特殊的危机中，积累了各级行政管理、行业管理、企业管理、舆情管理以及网络管理经验，整个行业管理能力都得到大幅度提升。

第六，各种创新探索取得一定成效。从客房管理、用餐模式、销售模式、经营模式、服务方式、服务特色、网络应用、智能化服务、特色挖掘以及文化融入等多个方面，酒店与餐饮业进行全面创新探索，并在实际应用中取得了一定成效。

在存在的问题方面：

第一，酒店与餐饮业面对后疫情时代新变化缺少系统的思考。主要表现在对国际国内格局的变化，我国政策体系的变化，新市场新特点的研究，系统的产品和运营准备不足等方面。

第二，酒店与餐饮业对海南自贸港建设前瞻性准备不足。在海南自贸港建设过程中，应该深度思考与之相匹配的经营质量和经营模式、主要面对的市场，以及在新发展过程中，主要的竞争对手将会发生哪些变化等，众多前瞻性问题还有待思考。

第三，酒店与餐饮业定位尚未明晰。面对海南国际旅游消费者，酒店与餐饮行业如何定位尚未清晰。

第四，各类新技术应用不足。在各类新技术的行业应用方面，大多是对已有应用的借用和模仿，自主性创新开发不足。

第五，行业人才培养体系尚未建立。人才的使用和培养，多根据即时需要来确定，缺乏长远规划和统一标准。此外，行业人才培养的机制，还没有建立起来。

第六，行业特色特性挖掘不足。海南的生态环境和生态食材为酒店与餐饮业奠定了基础优势，在一定程度上使其对资源产生了依赖性，新产品创新开发停滞，特色挖掘不够鲜明。

第七，高端化、艺术化创新不足。高层次的住宿和餐饮产品，从文化的角度看也是艺术品，因此，艺术化提升是酒店与餐饮业不可忽视的问题。

二 2020年海南省餐饮业发展概况与新探索

（一）海南省餐饮业规模与结构概况

海南省有各种类型经营主体4万余家，主要分为城市餐馆、乡村餐馆、酒店餐厅三大类。其中，城市餐馆约15000家，乡村餐馆约25000家，酒店餐厅约3000家。海南餐饮企业以小、微型企业为主，规模化（年销售额在500万元以上）法人企业仅71家，占比不足0.2%。

（二）海南省餐饮业整体经营状况

1. 总体收入

2020年，海南省餐饮业总收入202.75亿元，同比下降33.8%，经营规模约等于2015年的水平，是近五年来营业收入最低的一年（见图4）。

2. 各类餐饮企业经营情况

在三大类餐饮企业中，受新冠肺炎疫情冲击的严重程度依次为酒店餐厅、城市餐馆、乡村餐馆。第一，酒店餐厅。由于旅游酒店游客人数处于大幅下滑状态，依托于旅游酒店的餐饮类企业营收也随之大幅下降，但随着下半年酒店业的迅速恢复，酒店餐厅的恢复也呈现良性态势。第二，城市餐馆。城市餐馆的传统堂食经营模式，受2020年新冠肺炎疫情影响整体受损严重，疫情封闭期间，绝大多数企业停业，部分企业倒闭。但是，随着疫情缓解，大部分企业开始加快引入美团、网络销售、送餐、外带、外卖、零售等新的运行模式，开始逐渐恢复，下半年全省城市餐馆恢复达到90%以上。

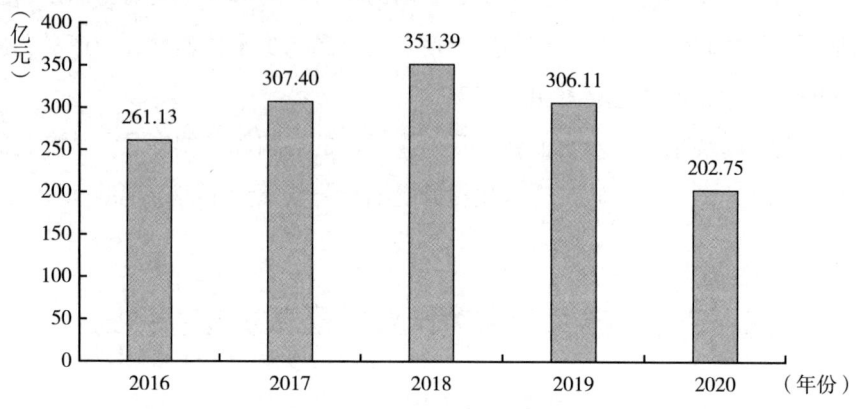

图4 2016～2020年餐饮业收入

资料来源：海南省酒店与餐饮行业协会。

第三，乡村餐馆。乡村餐馆受新冠肺炎疫情冲击程度较之于酒店餐厅和城市餐馆相对较轻，但也受到较大程度的打击。

3. 餐饮业调整提升

2020年，处于防疫第一线的餐饮业受到了史无前例的巨大冲击。虽然上半年大多数企业处于维持经营状态，但是下半年全面进入了恢复调整状态，至年末已经开始进入平稳增长状态，2021年1～4月，海南省餐饮业总收入757081万元，同比增长100.2%，餐饮业出现了快速增长的态势。特色餐饮企业、乡村餐饮企业、采用与网络相结合的多种运行模式的餐饮企业在疫情影响中展现出了更强的生命力。海南自贸港建设对餐饮业高质量发展的要求和新冠肺炎疫情的冲击影响，都倒逼海南传统餐饮业的产品和经营模式全面调整和提升。

（三）海南省餐饮业新探索

1. 市场运营灵活多样

新冠肺炎疫情凸显了餐饮业市场运营模式的问题，依靠传统堂食模式存在较大运营风险。疫情期间，大多数企业开始通过各种途径和方法主动寻找市场需求，尝试新的市场运营模式。比较典型的是开设订餐送餐服务和团餐服务，加入"美团""饿了么"等网络营销系统，通过"抖音""快手"等平台进行网络营销等。从2020年餐饮业整体情况看，绝大多数企业都根据自身情况建立了灵活多样的市场运营体系。

2. 用餐模式改进升级

新冠肺炎疫情凸显了传统堂食用餐安全及卫生问题，探索健康、卫生、安全、放心的用餐模式成为餐饮业重要的改进工作之一。2020年，海南省餐饮业在公筷公勺、分餐、自助、露餐、宽松座位等方面做了系统的理论和实践探索，出台了用餐标准，进行了多样化的实践尝试，全面升级了传统用餐模式。

3. 民俗与特色化发展

抗击疫情的过程，也是餐饮企业展开激烈竞争的过程。为了提升竞争力，餐饮企业格外重视民俗化、地方化、特色化建设。2020年，大批餐饮企业参与制定了关于琼菜、地标美食名店评定方面的标准，企业在民俗化、地方化、特色化建设方面做出了积极的实践探索。

4. 打造主题康养餐饮

海南生态食材和南药食材的优势，为海南发展养生餐饮奠定了良好的基础。新冠肺炎疫情肆虐，使人们更加重视康养餐饮。生态食材直接助益身体康健，而药膳则针对不同的病理问题。消暑解毒、滋阴壮阳、清神明目、健脾养胃等各类药膳需求不断产生，主题性康养餐饮呼之欲出。

5. 规范化和品牌化运作

规范化和品牌化是海南餐饮业国际化发展的必备要素，2020年海南省餐饮业在这方面做了积极的努力。首先，海南省酒店与餐饮行业协会制定并颁布了一批团体标准，涉及餐饮业的人、店、产品等方面，为行业全面品牌化发展提供了依据；其次，对餐饮业的名人、名店、名菜等进行了前期梳理；最后，行业、企业开展了参观、研讨、竞赛等广泛的推广工作，取得了一定的成效。

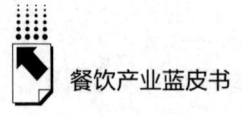

6. 多种类型经营组合

餐饮企业连锁化发展和组合式经营是未来海南省餐饮业发展的一个必然趋势。2020年,面对疫情,企业之间抱团取暖,促进了组合式经营模式的出现,加快了餐饮企业连锁化发展的趋势。

三 2021年海南省酒店与餐饮业发展趋势

(一)海南省酒店与餐饮业发展情况

2021年第一个季度已经过去,海南酒店与餐饮业开启了全新的发展阶段。目前的发展态势可总结如下:

1. 度过危机元气大伤

2020年海南酒店与餐饮业已经完成抗击疫情、恢复行业运转的阶段任务,整个行业保持了昂扬状态。整个疫情期间,海南省酒店与餐饮业上下团结一心,响应关门歇业等政策号召,各企业付出巨大牺牲,在史无前例的冲击面前,保证了海南省社会发展的大局稳定,冲击过后,又能够快速恢复运转,值得嘉奖点赞。

但是也必须看到,第一,元气大伤之后,整个行业伤痕累累,修复完善还需一段时间;第二,新冠肺炎疫情的警报还没有彻底解除,在世界疫情此起彼伏的情况下,抗疫工作任重道远;第三,恢复仅仅是面向新发展的基础,是万里长征的第一步。海南自贸港建设亟须酒店与餐饮业树立全新的发展理念,确立新型发展思路。

2. 快速发展势头强劲

2021年,海南旅游业呈现快速发展态势,1~4月海南旅游总收入为569.64亿元,同比增长309.5%。2021年1~4月,海南酒店业接待游客2059.36万人次,同比增长97.9%。2021年1~4月,海南餐饮业总收入快速提升,1~4月餐饮业总收入累计达757081万元,同比增长100.2%,虽然呈现快速恢复状态,但与2019年同期相比,还没有恢复到疫情前水平。

对比 2019 年，海南旅游业、酒店业及餐饮业发展均在快速恢复，呈现良好的发展势头。但是必须看到，国内内部大循环的推进、免税购物的吸引力和博鳌亚洲论坛等因素在这一阶段中起到了外部刺激作用，海南旅游尚未进入海南自贸港建设所需的成熟发展状态，大住宿业和养生餐饮业的立体发展格局还未形成。

3. 积极转型百废待兴

海南酒店与餐饮业已经开始针对面向海南自贸港建设的新格局，进行积极转型调整。海南省旅游业确定了在"十四五"期间，打造"一中心、三天堂、一高地"，即立足海南自由贸易港建设，打造国际知名度假天堂、康养天堂、购物天堂和会展高地，初步建成国际旅游消费中心的发展目标。围绕"度假天堂""康养天堂"的建设，海南酒店与餐饮业已经开始了积极的准备和行动。

面向新发展，海南酒店与餐饮业的产品杂乱，运营缺少章法，行业缺少标准，转型升级的具体目标还有待于清晰化。积极转型大多是行业和企业的自发行为，还没有进入全行业自觉行为的状态。在此次疫情的冲击下，酒店产品创新营销和产品创新进程亟须加快。如三亚亚特兰蒂斯酒店多元业态综合一体的酒店将更能满足客群需求，为客户带来其他许多附加值，更好满足客户心理需求的同时，也为自身创造更多盈利点。

4. 团结共进形成氛围

在全行业共同抗击新冠肺炎疫情的过程中，海南酒店与餐饮行业形成了良好的内求团结共进、外求开放发展的氛围，这种状态将有助于行业质量的快速提升。

但是必须看到，第一，行业团结的氛围形成不易，行业涣散却不难。行业协会是行业自发形成的自我管理和交流协调平台，建立行业协会主管机制才能更充分地发挥行业协会的作用，同时为酒店餐饮行业同国际接轨奠定基础。但是，目前这项工作海南没有明确。第二，行业法规如《海南住宿法》和《海南餐饮法》等还有待于研发制定，行业企业的行为还没有明确规定，没有清晰的行为规范，行业团结共进的生态就会很脆弱。第三，有了明确的

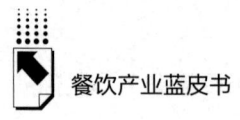
餐饮产业蓝皮书

目标,企业就更容易围绕着共同认定的目标,更强有力的团结在一起。但是目前海南酒店与餐饮业缺少系统的发展规划,发展目标还不够清晰具体。

(二)海南省酒店与餐饮行业发展趋势及对策

1. 趋势分析

第一,按照"国内国际双循环"创新调整行业发展模式。

建立"以国内大循环为主体、国内国际双循环相互促进的主要发展格局"是我国面对新冠肺炎疫情以来,国际政治、经济、文化的新变化,做出的重大策略调整和战略部署,也是我国第十四个五年发展规划的主要发展战略。这个重大的变化,使海南自贸港建设有了更加特殊的意义,海南必须要把握这个机遇,在"扩大内需迫不及待,国际化发展当务之急"的格局下,做出创新性的战略布局。海南酒店与餐饮行业也必须要系统调整,更加细致、具体地依据新的发展态势,做出创新性的战略调整。

第二,从"购物消费"向"旅游综合消费"快速提升。

海南旅游业确立了打造"一中心、三天堂、一高地"的"十四五"发展目标。根据这个发展目标,可以看到,必须建成度假天堂、康养天堂、购物天堂、建成国际知名的会展高地,才能初步建成海南国际旅游消费中心。由于免税政策,海南具备形成购物天堂的基础,但是海南的发展目标远远不止于此,度假天堂、康养天堂更能发挥海南生态资源的优势,祖国南大门的特色地理位置,使海南有成为国际会展中心的优越条件。因此,从"购物消费"向"旅游综合消费"快速提升是下一步发展的一个必然趋势。在这个发展趋势中,住宿和餐饮得到突出,酒店业向生态化的大住宿业转化,餐饮业向养生化发展,为度假、康养、会展等活动提供基础。

第三,全行业加速推进"标准化"管理。

在海南自贸港建设中,标准化工作是重要的发展基础。标准化是组织现代化生产的重要手段;是合理发展产品品种、组织专业化生产的前提;是提高产品质量的技术保证;是推进技术进步、产业升级的重要因素;是消除贸易障碍、促进国际贸易发展的通行证。由于欠缺标准化管理,海南自贸港建设必然要快速进入"标准化"发展阶段;海南酒店与餐饮业作为重要的基础行业,也必然要快速进入"标准化"发展阶段。面对快速发展变化的国内外新的发展格局,海南酒店与餐饮业的行业标准化、企业标准化、生产标准化、产品标准化、运营标准化等一系列问题都亟待解决。

第四,提升品牌化核心竞争力,加快品牌建设。

在海南自贸港建设中,酒店与餐饮业要想快速崛起,品牌化是一个基础的、前提性的必要条件。海南酒店与餐饮业基础薄弱,缺少国内品牌和国际品牌。在国内国际双循环相互促进中,品牌可谓第一竞争力。海南自贸港建设客观上要求海南酒店与餐饮业短期内在国内外行业竞争中崭露头角,因此,品牌化必然成为一个重要的发展趋势。

根据迈点研究院监测:三亚中高端酒店市场中,单体酒店MCI值为38.30,品牌酒店MCI值为45.84;海口中高端酒店市场中,单体酒店MCI值为30.80,品牌酒店MCI值为51.97,迈点研究院发布的酒店舆情指数MCI反映酒店的市场竞争力程度,三亚和海口品牌酒店的平均MCI都大于单体酒店的平均MCI(见图5),由此可见,品牌酒店更具有市场竞争力,

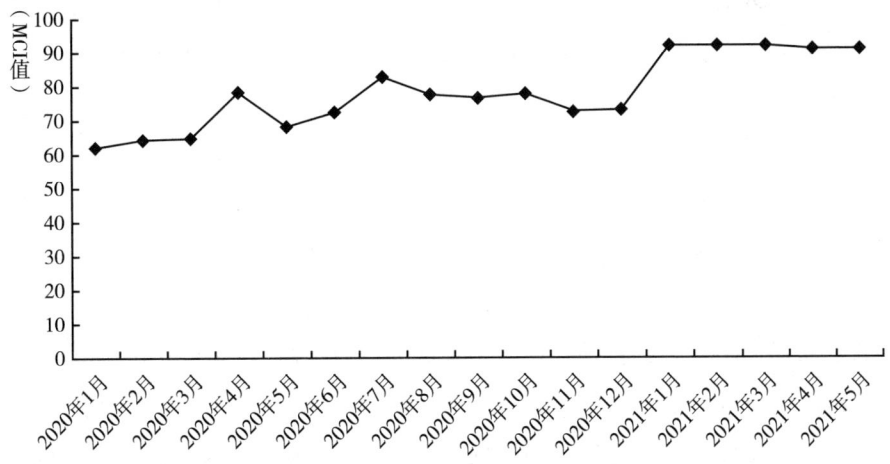

图5 2020年至2021年5月三亚亚特兰蒂斯酒店竞争力指数

资料来源:迈点研究院。

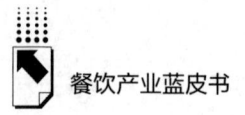

海南酒店业应更加注重酒店品牌打造升级、构造酒店更强竞争力。在未来酒店市场中，唯有加快酒店自身品牌建设优化，方能构造持久竞争力。

第五，存量物业升级改造，产品优化提升商业价值。

根据海南省往年旅游饭店体量，海南旅游饭店客房数虽然在不断上升，但综合出租率不够理想，酒店供需发展已不平衡，总体呈现供过于求，但在部分核心区域存在供不应求的局面，此次疫情促使许多面临设施老旧、风格过时、竞争力低下等现状的酒店升级。今后应加快促进酒店市场重新定位和产品优化以提升收入能力并更好地匹配其地段价值。

2. 对策建议

第一，按照"十四五"规划，进行海南自贸港发展战略调整。应快速围绕"构建以国内大循环为主体、国内国际双循环相互促进的新发展格局"的"十四五"基本发展战略，形成海南酒店与餐饮行业近五年的发展战略。建议：由政府主管部门牵头，委托行业协会组织制定与我国"十四五"战略调整相呼应的、接地气的、切实可行的海南酒店与餐饮业五年发展规划。

第二，针对海南国际旅游消费中心建设需要，推进"大住宿业"和"养生餐饮业"发展。"大住宿业"和"养生餐饮业"才能建设"度假天堂""康养天堂""会展高地"，没有"大住宿业"和"养生餐饮业"的支撑，只是简单发展"购物旅游"，海南只会成为人们走来走去买东西的"购物中心"，而不能成为"国际旅游消费中心"。因此建议：从海南省政府层面明确提出建设海南"大住宿业"和"养生餐饮业"，并明确其为海南自贸港最基础的支撑行业，给予政策扶持和鼓励。目前免税购物发展较快，全面消费的布局还不充分，特别是住宿和餐饮消费的布局，应围绕国际旅游消费中心的发展需要，展开快速奠基的工作。

第三，以规范化、智能化为基础，大力拓展乡村住宿和餐饮业高质量发展。乡村住宿和餐饮业的发展，是形成海南省"大住宿业"和"养生餐饮业"的基本途径。但是，没有规范化，开发将会混乱；没有智能化，管理将会成为负担。这项工作一旦系统展开，海南省的发展格局将会出现天翻地覆的变化，不仅"大住宿业"和"养生餐饮业"迅速成型，造福乡村，而且做了"深化改革开放"的有益探索，凸显海南自贸港建设的成效。建议：以"大住宿业"和"养生餐饮业"的建设为切入点，统筹规划海南乡村资源，做出大开发的布局。

第四，系统鼓励和推动各类标准建设工作，形成示范效应。标准化建设是海南酒店与餐饮业高质量发展的基础，可以使海南自贸港建设的脚步走得更快、更稳。忽略了这个工作，在未来的发展中就会跌跌，迟早要回过头来返工。因此，系统鼓励和推动各类标准建设工作，是现在就要认真对待的事情。建议：第一，拨出专项资金，支持酒店与餐饮行业协会组织团体标准制定工作，使各类标准能够尽快地系统化，为酒店与餐饮行业标准化实践奠定坚实的基础；第二，推动标准的落地实施，奖励标准化发展走在前边的典型企业、产品、服务等，形成示范引领效应。

第五，加快海南酒店与餐饮业立法，为行业发展奠基。立法一方面给行业发展奠定基石，另一方面给市场以信心，是海南酒店与餐饮业做强做大的重要基础。建议：海南省政府立法部门在海南自贸港法的基础上，积极研究制定《海南住宿法》和《海南餐饮法》。

第六，激励行业品牌化发展，打造核心竞争力。海南酒店与餐饮业品牌化工作是一项迫在眉睫的工作，海南自贸港建设的快速发展，将快速地汇集国内外市场，急需快速打造酒店与餐饮业的品牌企业、品牌产品、品牌服务等等。建议：第一，海南省尽快组织制定海南酒店与餐饮业企业知识产权保护条例，对商标、专利、版权做出细致规定，使酒店与餐饮业的各种品牌得到法律保护；第二，重奖品牌，树立典范，建立重视品牌的社会氛围；第三，以"政府推荐"的方式，向国内外市场推广品牌，推动品牌成长，助力品牌成熟。

第七，在行业各个层面领域，鼓励酒店与餐饮业高质量创新。作为海南自贸港建设重要的基础产业，酒店与餐饮业必须形成强劲的创新发展氛围。全球酒店与餐饮业遭受重创、我国探索双循环互动发展战略以及海南自贸港建设全新发展，为海南酒店与餐饮业创新发展提供了契机。建议：第一，从

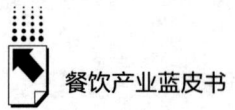

政府到行业协会，设置各种类型的制度化的创新奖励，定期评比、颁奖；第二，从行业管理的角度，设置定期举办的、常规化的创新研讨、创新大赛等活动，强化创新意识，营造创新氛围。

参考文献

［1］《中华人民共和国国民经济和社会发展第十四个五年规划和 2035 年远景目标纲要》，http：//www.gov.cn/xinwen/2021-03/13/content_5592681.htm。

［2］海南省酒店与餐饮行业协会与海南省商务厅、海南省市场监督管理局：《海南省餐饮酒店企业在新冠肺炎疫情防控期间复工经营服务防控指南》，2020 年 2 月。

B.9
2020年澳门餐饮产业*发展报告

唐继宗**

摘　要： 2020年澳门特区全年经济实质收缩56.3%。疫情防控保持安全社交距离及阻隔人流活动措施对全球旅游、餐饮、住宿等需消费者与服务提供商当面接触的款待业构成了较大的影响，疫情期间澳门餐饮业界当中那些以入境旅客消费占比较重且规模较大的商号受到的打击较为严峻，而以本地居民消费为主要收益来源和规模较小的商号则受到的影响相对较轻。澳门餐饮业多为中小微企业，经营理念较为传统，也较缺乏抵御市场变化风险、跨境拓展市场以及和外来投资竞争的能力，特区餐饮业如何能把握机遇，发挥自身所长，以寻找持续发展的路径，为业界当前必须要面对的重要课题。

关键词： 澳门　餐饮　数字经济

一　引言

澳门餐饮业在后疫情时代正逐步走出谷底，然而展望2021年访澳旅客

---

* 本文将以"餐饮业"与"饮食业"替代使用。
** 唐继宗，清华大学经济学学士、中山大学管理学硕士、中国社会科学院研究生院经济学博士。现任澳门管理学院院长、中国社会科学院旅游研究中心副秘书长，澳门特区政府经济发展委员会委员、旅游发展委员会委员、人才发展委员会委员。长期从事有关产业发展、区域合作、服务业、民航运输、公共政策、制度经济学及政治经济学等范畴研究。

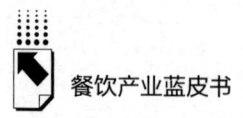

人次未能恢复至疫前水平，以及本地居民就业前景不如从前，影响到外出用膳的需求与预算，预期澳门餐饮业市场营收短期仍然受压，尤其是其中的高端餐饮商号需要较长时间才能摆脱疫情阴霾。

二 后疫情时代特区经济缓慢走出谷底

（一）全球经济展望

世卫组织总干事2020年12月21日在新冠肺炎疫情媒体通报会上讲话时指出，疫苗会有助于终结这次大流行，但新冠肺炎疫情造成的影响将在未来许多年持续存在。

2020年新冠病毒传播范围与疫情持续时间超出了人们的预期，对全球经济造成前所未有的破坏。受新冠肺炎疫情打击，世界银行形容2020年全球经济经历了80年来最严重的一次衰退。国际货币基金组织（IMF）2021年4月发表的《世界经济展望》指出全球经济在2020年估计萎缩3.3%，2021年预计将增长6%，2022年增速预计放缓到4.4%。

（二）澳门主要经济指标表现

2020年澳门特区全年经济实质收缩56.3%。按季度分析，2020年第一季度特区经济按年实质下跌48.7%。受新冠肺炎疫情影响，全球经济大幅下滑，澳门境内虽然没有出现大规模疫情暴发，但在疫情下以博彩旅游服务出口为主的澳门经济受到严重冲击，整体需求大幅下滑。第二季度本地生产总值按年实质跌幅扩大至67.8%。在疫情防控、降低人员流动措施持续实施下，博彩服务出口及其他旅游服务出口分别下跌97.1%及93.9%，货物出口亦下跌26.4%。第三季度本地生产总值按年实质下跌63.8%；内地放宽赴澳旅游政策带动入境旅客回升，服务出口跌幅收窄至87.5%，其中博彩服务出口及其他旅游服务出口分别下跌93.6%及87.9%；货物出口按年上升252.2%。第四季度澳门特区经济缓慢走出谷底，本地生产总值实质跌幅同比收窄至45.9%；入境旅客人次环比回升，带动服务出口跌幅收窄至61.0%，其中博彩服务出口及其他旅游服务出口分别下跌70.3%及48.9%；货物出口按年上升245.2%。

2020年度澳门特区总体（含外雇）失业率为2.5%，澳门居民失业率为3.6%，按年分别上升0.8及1.3个百分点。就业雇员的月工作收入中位数为15000澳门元，按年下跌11.8%，本地就业居民为20000元，维持在2019年的水平。

2020年度由于带动特区整体物价水平上升的外部需求十分疲弱，澳门面对通缩的压力，全年通胀率为0.81%，主要是外出用膳、门诊收费和住屋租金上调，以及新鲜猪肉和金饰价格上升所致。

三 澳门餐饮市场发展与经营状况

疫情防控保持安全社交距离及阻隔人流活动措施对全球旅游、餐饮、住宿等需消费者与服务提供商当面接触的款待业构成了较大的影响，疫情期间澳门餐饮业界当中那些以入境旅客消费占比较重且规模较大的商号受到的打击较为严峻，而以本地居民消费为主要收益来源和规模较小的商号则受到的影响相对较轻。

根据第16/96/M号法令第六条，澳门餐饮类场所分为第一组——餐厅：豪华、一级及二级；第四组——饮料场所；第五组——饮食场所。第一组为提供主餐业务之场所，尤其系指国际上通称为咖啡屋、自助餐厅及同类之场所。第四组为以提供饮料为基本业务并可提供简单膳食之场所，尤其系指称为咖啡室、冰室、饼店及茶馆之场所。第五组为提供膳食业务而设施及设备不符合可定为餐厅之规定，但符合规章所定最低要求之场所，尤其系指称为粥面店及饭店之场所。前述第一组分类餐饮场所由澳门特区旅游局负责发出执照并进行监察，民政总署则负责对第四组及第五组所指之餐饮场所发出执照及进行监察。此外，联同卫生局、土地工务运输局、消防局和治安警察局对上述各类餐饮场所进行检查。

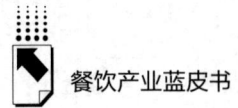

根据2021年4月25日澳门旅游局官方网站①及民政总署官方网站②公布的数据，由前者发出执照的餐饮场所共有175家，当中有部分场所显示为暂停营业状态，而由后者发出执照的餐饮场所共有2272家，即持有特区政府发出执照的各类餐饮场所合共有2447家，较2020年3月31日公布的2694家减少了247家，或9.2%。至2020年第4季度，澳门共有38.9万就业人口，其中6.2%，即2.4万人从事餐饮业。

（一）澳门餐饮市场的外需与内需变化

按澳门整体行业增加值总额结构分析，当地餐饮业比重虽然仅占总额的1.6%（2019年），但特区经济主体是旅游服务出口，而吃、住、行、游、购、娱为旅游活动的传统六要素，餐饮业是入境旅游市场不可或缺的组成部分。

澳门特区最新（2018年）公布的入境旅客游澳期间在餐饮上的直接消费金额为139.3亿澳门元（约17.3亿美元），同比上升8.9%。澳门餐饮服务直接和间接旅游比例上升至62.8%（2018年），旅游比例是指旅游消费占该行业供应的百分比，用以反映旅客需求的重要性，比例越高则对旅客消费的依赖度越大，可见疫情前澳门入境旅客消费对当地餐饮业收益贡献的重要性。

受疫情影响，2020年访澳旅客同比大幅下跌85%至5896848人次。随着内地及澳门疫情的控制，2021年首季访澳旅客跌势趋缓，录得1738428人次，同比下跌46%。同期（2020年）以环比物量计算的私人消费支出同比下降16.3%至917.9亿澳门元（约114亿美元）。澳门餐饮业正逐步走出上年（2020年）的谷底，唯仍受困于外需及内需依然疲弱，展望年内市场交易总额难以恢复至疫情之前的水平。

---

① https：//industry.macaotourism.gov.mo/cn/license/search.php?id=0&page_id=89&com_type=0&sp=1。

② https：//www.iam.gov.mo/onestop-fnb/c/place/inquireinfo.aspx。

（二）疫情对澳门当地的中式酒楼饭店冲击较大，对日韩餐厅及茶餐厅和粥面店影响较轻

澳门统计暨普查局澳门饮食业2020年1月至2021年2月的景气情况进行了调查，其中对"中式酒楼饭店"、"西式餐厅"、"日韩餐厅"，以及"茶餐厅和粥面店"调查了其当月营业额同比变动情况，发现当中的"中式酒楼饭店"在这期间受冲击程度较大，疫情导致晚间大型中式饮宴活动停摆或是导致此类型餐饮业界营业额大受影响。除2020年1月及2021年2月，所调查的"中式酒楼饭店"接近八成或以上表示当月营业额同比下跌，于2020年2月及3月，全数受访的"中式酒楼饭店"均表示营业额同比下跌。为降低固定成本，发现有部分澳门传统中式酒楼饭店业者尝试排除大型饮宴业务而专注往场所规模较小的广式点心加小炒店的营运模式发展。

相对而言，同期的日韩餐厅及茶餐厅和粥面店受影响较轻，在调查期间此两种类型受访商户表示当月营业额下降的比例较同期其他类型餐饮业者低。这主要是由于此两种类型的餐饮业者的目标市场主要为澳门居民，而近年日本料理广受澳门居民欢迎，且他们的经营场所面积相对较小，固定成本较低，展望此类型的餐饮业者将可较快地走出疫情阴霾。

此外，调查期间受访的西式餐厅表示当月收入同比下降的比例高于同期的整体饮食业，显示此类型餐饮业受到疫情的影响较大。同时，或因此类餐饮市场的消费对象以外需为主，以及内需对外出用膳的口味在改变。详情参阅图1及表1。

四 澳门特区政府有关餐饮业发展的政策措施

2020年11月16日，澳门特区行政长官发表题为《强基固本 迎难以进》的2021年财政年度施政报告，以及各司长公布的2021年度施政方针，其中，与餐饮业相关的重点内容摘要如下。

餐饮产业蓝皮书

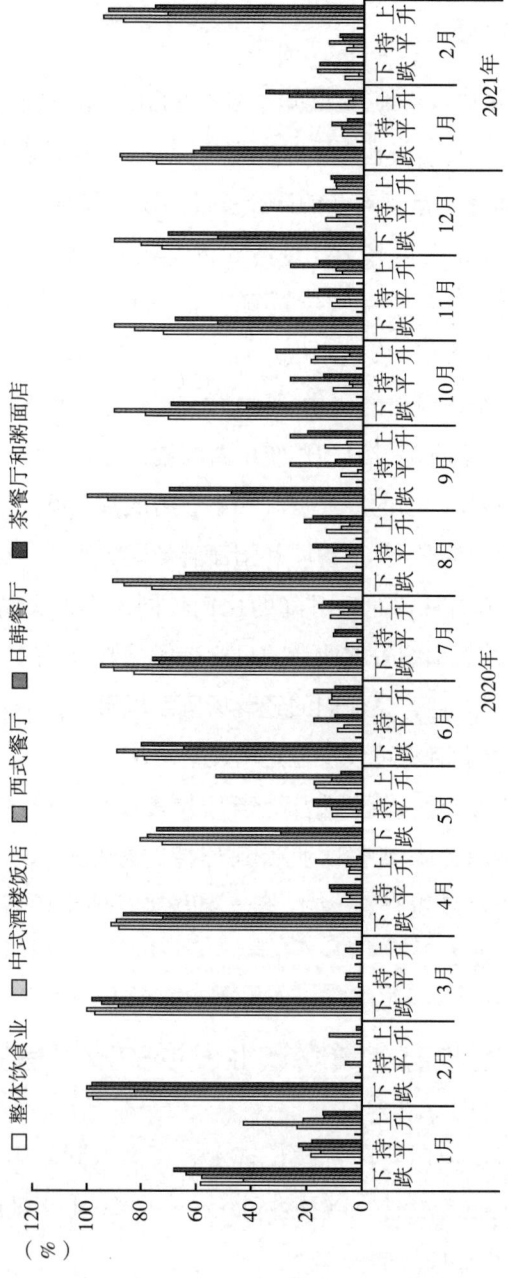

图 1 2020年1月至2021年2月澳门饮食业景气调查

资料来源：整理自澳门统计暨普查局统计资料。

表1 2020年1月至2021年2月澳门饮食业景气调查

单位：%

类型	2020年 1月			2月			3月			4月			5月			6月			7月		
	下跌	持平	上升	下跌	持平	上升	下跌	持平	上升	下跌	持平	上升	下跌	持平	上升	下跌	持平	上升	下跌	持平	上升
整体饮食业	58.30	18.30	23.30	97.60	0.60	1.80	97.00	1.20	1.80	88.00	7.20	4.80	72.50	10.80	16.80	78.90	9.00	12.00	82.70	5.80	11.60
中式酒楼饭店	42.60	14.80	42.60	100	0	0	100	0	0	90.90	4.50	4.50	80.40	2.20	17.40	82.20	6.70	11.10	90	2	8
西式餐厅	57.90	21.10	21.10	82.40	5.90	11.80	88.20	5.90	5.90	88.90	5.60	5.60	77.80	11.10	11.10	88.90	0	11.10	95	0	5
日韩餐厅	63.60	22.70	13.60	100	0	0	94.40	5.60	0	72.20	11.10	16.70	29.40	17.60	52.90	64.70	17.60	17.60	73.70	10.50	15.80
茶餐厅和粥面店	68	18	14	98	0	2	98	0	2	86.30	11.80	2	74.50	17.60	7.80	80	10	10	76	10	14

类型	2020年 8月			9月			10月			11月			12月			2021年 1月			2月		
	下跌	持平	上升	下跌	持平	上升	下跌	持平	上升	下跌	持平	上升	下跌	持平	上升	下跌	持平	上升	下跌	持平	上升
整体饮食业	76.30	10.70	13.00	78.50	8.00	13.60	70.50	18.80	10.80	72.30	11.30	16.40	72.90	13.60	13.60	74.90	7.70	17.30	6.90	6.30	86.90
中式酒楼饭店	86.30	5.90	7.80	92.30	1.90	5.80	78.80	17.30	3.80	82.70	9.60	7.70	80.40	9.80	9.80	87.30	7.30	5.50	1.90	3.80	94.20
西式餐厅	90.50	4.80	4.80	100	0	0	90	5	5	90	0	10	90	0	10	88	8	4	16.70	12.50	70.80
日韩餐厅	68.40	10.50	21.10	47.40	26.30	26.30	42.10	31.60	26.30	52.60	21.10	26.30	52.60	10.50	36.80	61.50	11.50	26.90	0	7.70	92.30
茶餐厅和粥面店	64	18	18	70	10	20	69.40	14.30	16.30	68	16	16	70.60	17.60	11.80	58.80	5.90	35.30	15.90	8.70	75.40

资料来源：整理自澳门统计暨普查局统计资料。

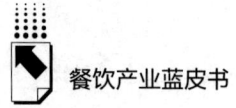

政府坚守"外防输入、内防反弹"的防疫策略，从口岸检疫、疾病防控、诊断治疗和小区防疫等各环节，切实做好常态化疫情防控工作。

加强区域联防联控，尤其是与大湾区城市和内地其他地区的防疫协调和联动安排。筹建青茂口岸卫生检疫站，完善出入境卫生检疫机制。做好进口冷链食品监控，严防新冠病毒传入本澳。加强相关食品安全工作，阻断各种传染途径。

在国家逐步形成以国内大循环为主体、国内国际双循环相互促进的新发展格局下，澳门处于国内循环与国际循环两个循环圈的交汇点上，这既是机遇与优势，也是责任与担当。因此，澳门需要准确把握自身的角色和定位，利用特殊的地位，发挥独特的优势，积极参与国家经济"双循环"。

发挥综合旅游业作为支柱产业的引领作用，推进建设世界旅游休闲中心。因应疫情防控新常态，调整旅游总体规划，巩固澳门在区域和国际的旅游城市地位。延伸旅游产业链，带动酒店、餐饮、零售、文娱等相关行业发展。推进智慧旅游和优质旅游发展。鼓励业界推出更多特色旅游产品，重点推广澳门安全宜游的健康形象，加快旅游业在疫情稳定后的恢复步伐，以带动澳门整体经济复苏。

优化营商环境。加快检讨和修改不合时宜、阻碍经济发展的法律法规。开展"证照一条龙"行政改革，进一步完善投资"一站式"服务。加大招商引资力度，拓宽招商引资渠道，提高招商引资成效，大力引进符合经济适度多元的项目。

根据澳门"一中心、一平台、一基地"的发展定位，充分利用特殊的地位和独特的优势，在巩固和提升传统旅游休闲产业的同时，积极培育新兴产业，推动产业升级转型，致力于构建符合澳门实际、适度多元、具有竞争力的产业结构，增强澳门经济的发展动能和抗逆能力，巩固提升特区竞争优势，实现经济适度多元可持续发展。

逐步培育跨境电商产业。引入国际知名电商，持续优化并落实各项鼓励措施，协助企业转型升级，强化在线营销能力。支持举办各种类型的电子商务和跨境电商活动。

推动文化体验经济发展，促进文化创意与科技创新的融合。打造文化品牌，为文化创意产业构建推广及营销平台。

加强扶持中小企业。优化中小企业服务，有效落实支持中小企业发展的各项援助计划，协助解决企业人资等问题，努力降低中小企业向银行融资的成本。推动中小企业创新发展，提升企业经营管理水平及服务和产品质量。支持中小微企业应用科技手段发展电子商贸，加快移动支付普及化。配合业界设立中小企业风险基金。发展小区经济，为中小企业营造发展环境。

推动科技创新与旅游、金融、会议展览、文化创意等产业融合发展，不断培育发展新动能。

有序推进"一基地"建设，设立"建设文化交流合作基地委员会"，规划、组织、协调及推动有关工作。

特区政府将与广东省及珠海市共同加快推进横琴粤澳深度合作区建设，做好合作开发横琴这篇文章。深化与横琴在旅游、科创、民生等各领域的合作。带动业界开发更多"澳门—横琴"旅游路线，探索开发中医养生和大健康服务的旅游产品。

务实开展并稳步推进与内地其他省区、香港特区及台湾地区在文化、旅游、经贸、金融等领域的合作。与泛珠各兄弟省区加强在经贸、旅游、中医药、会展等方面的合作，并携手拓展葡语国家和欧盟市场。

将在2021年建立强制性登记制度，加强对加工、处理食品而又未纳入现有准照制度规范店铺的监管。研究将有关申请及登记程序电子化，以便法规生效后，业界可于网上进行申请。

根据粤澳两地签订的《粤澳食品安全工作交流与合作框架协议》，2021年将持续进行食品安全教育培训及风险交流等各项工作。在粤港澳区域食品安全合作的框架下，举办"食品安全专题讲座"，促进三地食品安全专责部门、学术单位及业界之间的交流。

2021年第一季度落实执行"聚合支付业务监管要求"，提供移动支付聚合服务，并于年内完成构建"金融基建数据中心"及分阶段落实"快速支付系统"的构建工作。继续联同地区商会举办小区消费节庆活动，通过

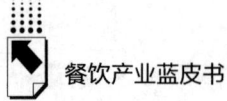

移动支付平台实施消费奖赏及优惠的手段，促进移动支付在澳门的普及发展。

鼓励中小企业发展移动化商业模式。通过网络科技引进移动化管理系统，实现落单过程电子化，在带给消费者良好购物和用餐体验的同时，降低企业人事成本和提升营运管理效率。

继续加强与行业协会的合作，举办各类电子商务和跨境电商活动，助力中小企业强化在线营销能力。在传统商业配对中加强科技手段应用，推动商业配对在线化。

与地区商会合作将"特色店计划"推展至其他小区，持续落实各项支持措施，包括为街区建立特色形象、协助特色店在线和网络宣传、提供辅导式培训，以及提供企业咨询和互动研讨会。

持续落实"粤港澳大湾区 9 市商事登记便利服务"；积极与内地有关单位及商协会加强合作，通过举办在线与线下多种形式向本地企业传达有关大湾区城市税务、投资环境等信息；助力企业拓展营商网络；基于横琴"粤澳合作产业园"建设已进入新阶段，将继续按相关企业的实际需要与项目状况提供适当协助。

以新兴产业和新兴品牌企业为主要对象，多方式、多渠道宣传推广澳门的投资优势和营商环境，持续关注有关企业和投资者的动态，争取目标企业和投资者来澳落户、在澳门设立业务总部或分支机构。

在"美食网站"推出澳门土生菜数据库专页，同时持续在社交平台分享澳门美食与景点帖文及烹调视频，深化"美食之都"建设。

积极跟进旅游相关法规的修订工作，推出酒店、餐厅、舞厅、酒吧及旅行社网上续期服务，提升发牌效率，并积极跟进酒店场所及餐饮场所设施的审批工作。

尝试总结实施以上特区政府的相关政策措施的是在严控疫情的前提下，完善业界营商环境，通过品牌、跨业界和数字经济策略，赋能以中小微企业为主的澳门餐饮业提升经营质量与竞争力，并搭建区域经贸合作平台，促进业界的健康持续发展。

五　澳门餐饮市场发展展望与建议

一场突如其来的新冠肺炎疫情对澳门特区经济造成了沉重的打击，更凸显了长久以来澳门经济发展所遇到的经济结构较为单一与市场规模较狭小等瓶颈障碍。

澳门的餐饮业多为中小微企业，经营理念较为传统，也较缺乏抵御市场变化风险、跨境拓展市场以及和外来投资竞争的能力，特区餐饮业如何能把握机遇，发挥自身所长，以寻找持续发展的路径，为业界当前必须要面对的重要课题，就此，尝试提出以下三点建议。

（一）政府联合餐饮业界推动"餐饮+"

联合国教科文组织创意城市网络（UCCN）成立于2004年，该项目旨在促进世界各国城市内部及城市之间的合作。成员城市均将文化与创意产业视为可持续发展的加速器。如今，该网络已涵盖来自世界各地72个国家的180个城市。联合国教科文组织创意城市的共同使命是：将创造力和文化产业置于发展战略的核心，使城市具有包容性、安全性、复原力和可持续性。

联合国教科文组织创意城市网络涵盖七个创意范畴，包括美食、手工艺与民间艺术、设计、电影、文学、音乐和媒体艺术。在中央政府的大力支持下，澳门于2017年11月1日被联合国教科文组织——评为"创意城市美食之都"。

参考日本推广"和食"的成功案例，联合国教科文组织于2013年12月4日宣布"和食-日本人的传统饮食文化"正式列入联合国非物质文化遗产名录。日本政府策略性地向国际市场推广"和食"文化，有效地带动了日本食材出口，同时更借此提升了国家软实力。

政府联合餐饮业界，通过"餐饮+文化创意+旅游服务出口"提升澳门餐饮与旅游市场竞争力。澳门餐饮业利用文化创意服务为其品牌、市场营销和服务体验增值，结合旅游服务出口发展，借此丰富澳门旅游产品元素，

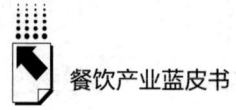

增强澳门作为世界旅游休闲中心对旅客的吸引力，同时，为澳门餐饮业市场扩大外需规模。

（二）通过连锁加盟商业模式提升澳门餐饮业经营和拓展区域市场的能力

"连锁加盟"是指加盟总公司和加盟者缔结契约，加盟总公司将商标、商品、经营技术授权于加盟者。而加盟者在得到上述权利之时，必须支付一定金额给加盟总公司，并根据加盟总公司的指导、培训及协助，使用相同商标，全部或部分使用相同商品、服务和经营技术，行使专业分工、集中管理的权力。同时，加盟店设立所需资金大部分（或全部）由加盟者负责，加盟店所需人员原则上由加盟者负责。

如前所述，澳门餐饮业界多为传统的中小微企业，它们可加盟内地或将外地成功的餐饮企业引入澳门市场，借此提升从品牌管理到顾客体验等全方位的餐饮经营能力。而澳门餐饮业界当中若具备一定品牌与经营管理能力的企业，则可尝试通过设立加盟总部，并利用资本市场集资，在内地尤其是大湾区城市群，以招揽加盟商的经营模式，快速拓展市场规模。

（三）尽快进行数字化转型，拥抱数字经济时代提早到来

疫情导致消费者行为产生了变化，业界需配合调整供应模式。一场疫情令澳门餐饮市场原本发展缓慢的数字经济时代加速到来，不同年龄层的消费者已习惯于在互联网上获取市场信息，进行电子交易。新冠肺炎疫情令产业提速进入数字经济时代，澳门餐饮业经历了这次疫情后需尽快进行数字化转型，日后在市场营销、交易、点餐、供/送餐、用餐体验等餐饮服务各环节，应用数字化工具，以提升整体竞争力。

六 总结

2021年是国家"十四五"规划的开局之年，在国家逐步形成以国内大

循环为主体、国内国际双循环相互促进的新发展格局下,澳门处于国内循环与国际循环两个循环圈的交汇点上,特区餐饮业在后疫情时代,利用好"餐饮+"策略,借数字化转型,需把握机遇,积极发掘自身优势,拓展区域市场,以应对市场急速变化、竞争日益激烈的挑战。

参考文献

[1]《强基固本 迎难以进》,http://www.gov.cn/xinwen/2020-11/17/content_5561947.htm。
[2]《澳门饮食业景气调查》,澳门统计暨普查局,2020年2月。

B.10
后疫情时代陕西餐饮企业可持续发展研究

王喜庆　张艳　谭启鸿　韩洁*

摘　要： 突如其来的新冠肺炎疫情使得餐饮产业遭受了重创。在疫情防控常态化的后疫情时代，陕西餐饮企业如何防患于未然，就必须高度重视可持续发展。本文在对餐饮经营者进行深度访谈的基础上，筛选出了陕西餐饮企业可持续发展的三驱动力元素。在界定三驱动力元素内涵的基础上，明确陕西餐饮企业可持续发展的三驱动力发展路径，找出陕西餐饮产业发展中存在的突出问题。

关键词： 后疫情时代　陕西餐饮　可持续发展

2020年春节前夕，突如其来的新冠肺炎疫情作为特大型公共卫生事件影响巨大，我国欣欣向荣的餐饮产业遭受了重创，餐饮收入出现了断崖式下跌。2020年全国商品零售额352453亿元，下降2.3%；餐饮收入39527亿元，下降16.6%。2020年陕西省商品零售额8627.06亿元，下降5.2%；餐饮收入978.86亿元，下降11.9%。在陕西省商品零售额下降幅度明显大于全国商品零售额下降幅度的背景下，陕西省餐饮收入下降比例仍然小于全国

---

* 王喜庆，研究员，享受国务院政府特殊津贴专家，西安欧亚学院中国国际食学研究所所长；张艳，西安欧亚学院副教授，研究方向为应用经济；谭启鸿，西安欧亚学院副教授，研究方向为文化旅游、旅游企业管理；韩洁，西安欧亚学院讲师，研究方向为餐饮品牌及产品。

餐饮收入下降比例 4.7 个百分点。由此可见，新型冠状病毒引起的疫情对陕西餐饮的冲击略小于全国。

与 2003 年的"非典"疫情相比，2020 年新型冠状病毒引起的肺炎疫情在地域分布上更广，在传播速度上更快，国家所采取的相关防护措施也更为严格，疫情对餐饮行业的冲击无论是在冲击面还是冲击力上都超过了 2003 年的"非典"。行业遭受重创，超七成门店停业，营业额整体同比下降超九成，现金回流艰难，餐饮企业承受固定支出重压，亏损严重。在国内疫情反复的危机下，餐饮企业如何战胜疫情、如何自救？疫情时期，由于餐饮业中小企业占据绝对主体，抗风险能力十分脆弱，但规模品牌餐饮企业相较单店表现出相对较强的抗风险能力，这种状况暴露出中小餐饮企业在风险管理方面存在较大问题。在疫情防控常态化的背景下，餐饮企业若想防患于未然，就必须高度重视可持续发展。以上问题都是后疫情时代陕西餐饮产业需要研究和亟待破解的难题。

基于此，陕西餐饮企业要在后疫情时代背景下实现可持续发展，需从风险管理、产品战略、新餐饮技术三驱动力元素进行改革。

一 陕西餐饮企业可持续发展的三驱动力元素解读

疫情对餐饮产业的冲击非常严重，后疫情时代餐饮企业既要考虑风险的防范，具备应对变化的调整能力，又要从产品、新餐饮技术、经营等方面提升自身的竞争力。因此，经过与餐饮企业经营者深度访谈，本文提出陕西省餐饮企业可持续发展的三驱动力元素——风险管理、产品战略、新餐饮技术。

（一）风险管理的内涵

风险指由于某些不确定因素的存在，使得事物发展的未来结果与人们事先的期望结果产生差异的可能性。目前企业面临的环境越来越具有乌卡特点，即易变性、不确定性、复杂性、模糊性的世界。要做好风险管理，首先就要认识风险。风险具有很强的不确定性，一般会有两种结果，一是结果低于预期，即风险损失；二是结果高于预期，即风险收益。故而，面对风险，企业往往既面对挑战，也面对机遇。此外，不是所有风险都是不可预见的，因此企业就可以在预先识别风险的基础上对风险实施管控，从而减少风险损失，甚至可以转危为机。我国主流观点认为，风险管理是面对风险综合运用相关管控技术和工具，积极预防潜在风险的发生，有效处置风险造成的危害，从而达到以最小投资实现最大效益的最终目标。

实施风险管理的环节包括风险识别——风险评价——风险监控及应对——风险管理总结与改进。其中风险识别和风险评价是风险管理的前期环节，也是最重要的一步，如果忽略掉部分风险源，那么后面的环节也将会产生"百密一疏"的结果，往往这"一疏"就会造成企业的重大损失。而识别出了风险，但又低估或者高估了风险发生的概率和造成的影响，那也将对后期的应对造成误导。风险监控及应对是风险管理的中期环节，也是落地环节，这个环节要在前期工作的基础上对风险源进行有效监控，并针对风险源发生后造成的危害设计处置预案，采取降低风险或规避风险的措施。风险管理总结与改进是风险管理的最后一个环节，往往被大家忘记，导致风险管理不能形成闭环式管理。这个环节的作用就是防止企业在风险管理中"穿新鞋，走老路"，通过总结提升达到积累经验和完善管理的目的。

（二）产品战略

产品战略是指企业将某产品作为企业的战略定位，聚焦于该产品，同时将其他产品、服务、模式、体验、传播等作为企业的运营效益，围绕"聚焦产品"进行打造。

餐饮企业实施产品战略，应当让"聚焦产品"引领企业的其他产品、服务、模式、体验、传播等运营效益，使企业内部的各项运营活动均以"聚焦产品"为基础，并围绕"聚焦产品"展开；同时，企业应当围绕"聚焦产品"形成一套独具的运营活动，并最终围绕"聚焦产品"确立差异化的战略定位。

（三）新餐饮技术

随着互联网技术进步，在互联网、物流冷链技术的推动下，餐饮通过线上线下结合，将挖掘出新的增长点。从美食团购、外卖，再到用高科技代替人工，乃至无人餐厅，科技创新正在引领餐饮行业发展。与此同时，消费者生活水平提高，"90后"消费群体以及中产小资家庭正逐渐成为消费的主体。随着消费群体发生改变，新餐饮应运而生。新餐饮是在互联网推动下，运用智能科技开展多渠道并举、多资源并用的新型服务模式。学者总结了新餐饮的五个特征：一是品牌化，二是模式化，三是数据化，四是零售化，五是在线化。

二　陕西省餐饮企业管理中存在的突出问题

（一）餐饮经营管理中存在的风险问题

1. 缺乏对风险及风险管理的深入认知

经过调查发现，受访的90%以上陕西餐饮企业管理者表示自己对风险和风险管理的认识比较模糊和朦胧，仅仅停留在"听说过"的层面上，同时也表示缺乏关于风险及风险管理方面理论的学习，而且说不清导致风险的产生因素。83%以上的受访者把风险和风险管理等同于食品卫生管理和安全管理，表示平时经营管理中非常重视这两方面的管理，而对于其他风险没有过多考虑过。几乎所有受访者均认为风险带来的结果就是各方面损失，没有看到风险中也蕴含着机遇，也可能带来收益。同时也说不清风险管理的主要环节。

2. 重视市场、财务、安全三大风险因素

经过调查发现，受访的陕西餐饮企业管理者最重视的风险因素排名前三位的是市场风险、财务风险和安全风险，而对于自然因素的重视程度最低。

经过访谈进一步了解到该结果产生的原因主要是：餐饮业市场竞争激烈导致收入增长乏力，原材料价格又波动频繁导致成本不易把控，现金流压力过大，融资能力弱，餐饮生产及经营安全要求高、压力大、后果严重，这些原因都是陕西餐饮企业生存面临的最直接的问题；而陕西虽然每年也有自然灾害发生，但都对餐饮业影响不大，影响最严重的"非典"也是十几年前的事情了，而且那次影响时间较短，餐饮业得以迅速恢复；而经历过2013年政策影响的陕西高端餐饮企业，也已经逐步找到了生存之道，且对社会方面因素有一定的预测，所以对社会方面的风险因素也没有太高的重视程度。

3. 重视风险监控和应对环节，但忽略其他环节

经过调查发现，几乎所有受访的陕西餐饮企业管理者在风险管理的四大环节中最重视的是监控和应对环节。进一步访谈了解到，受访者在日常经营管理中普遍对其他环节重视程度不高，也没有开展相应的工作，风险管理的主要工作精力放在风险应对上，自己好比"消防队员"，哪里有火情就冲到哪里灭火，并未能做好监控。在应对时也没有提前做好预案，仅是随机应变。风险管理缺乏系统性、科学性、持续性、规范性，管理效果与管理人员的应对能力密切相关。

4. 对风险的抵抗力和评估不足

经过调查发现，几乎所有受访的陕西餐饮企业管理者均承认对此次新冠肺炎疫情的风险评估不足，没有想到此次疫情影响面积如此广，影响时间如此长，疫情发展如此起伏，没有想到一次疫情竟然使自己的企业濒临倒闭。疫情暴发之后，企业措手不及，导致2020年春节至6月期间经营损失巨大，资金链濒临断裂，生存出现困难。刚刚开始好转，2020年底又遭遇疫情反复，导致年底档和春节档均遭遇重创。

5. 疫情后风险意识逐渐加强，应对能力逐步提升

经过调查发现，经过此次疫情所有受访者均表示从经营管理者到普通员工的风险意识均增强了，应对风险的能力也提升了。经营中对常见风险，尤其是疫情方面的风险高度重视，提前编制了预案，进行了心理准备和演练。

在疫情反复后，餐饮企业对疫情的发展和政府的政策动向也加强了关注，在生产计划、财务、人力资源方面均有了相应的安排，从而有效地降低了疫情反复造成的损失。

（二）餐饮产品问题

1. 产品结构单一，产品生态圈缺失

餐饮产品是有形产品和无形产品的有机结合体，经过本次调研发现，多数餐饮企业对产品的认识还停留在菜品层面，没有意识到产品结构还存在其他构成要素，也没有围绕核心菜品打造产品生态链或生态圈。面对此次新冠肺炎疫情，几乎大部分餐饮企业已经围绕餐饮消费者的安全需求进行了产品的调整，然而对消费者社交、尊重、自我价值实现等层面的需求并未有效识别，单一的产品结构无法满足消费者日益增长的各类需求，这也是众多餐饮企业在激烈的市场竞争中无法可持续发展的重要原因。

2. 重视产品安全，但未得到有效展示

疫情当前，安全需求成为餐饮消费决策的重要影响因素。经过本次调研发现：几乎所有餐饮企业都意识到食品安全的重要性，然而大部分餐饮企业并未有意识地将产品安全性进行特意宣传或有效展示。这种有效展示其实对于餐饮企业的品牌形象至关重要，同时环境、服务也是产品内涵的一种延伸，通过安全的菜品、舒适的环境、贴心的服务打造餐饮产品，有助于后疫情时代餐饮企业的可持续发展。

3. 产品附加值不够，价值传播不足

经过调研发现，大多数餐饮企业并没有意识去增加产品的附加值。这种附加值是原料、餐具、宴席形式、服务方式、服装、文学、历史、民俗等复合而成的产物；在餐饮产品的各个层次中，潜在产品是最高层次的产品，它指的是借助消费产品激发出消费者深层心理期望或情感价值观等，然而调研结果显示，大多数餐饮企业没有意识到产品价值传播的必要性和重要性。

三 陕西餐饮企业可持续发展的三驱动力发展路径

（一）优化餐饮管理

1. 加深经营管理者及员工的风险管理认识

企业做好风险管理需要全体员工的主动参与落实，而其基础是加深员工对风险和风险管理的认识。加深认识不能靠"血与泪"的体验，要靠学习。要扭转陕西餐饮企业风险管理的落后局面，就需要陕西餐饮从业人员对风险管理的深入学习，只有这样方能从未知到已知，从已知再到深知。不实现员工认知上的飞跃，风险管理的效果就会大打折扣。

2. 优化餐饮企业的投资架构

陕西部分餐饮企业的投资方式较为单一，而多元投资是餐饮企业提升抵御风险能力的重要手段。多元投资是指企业在不同的领域、不同的行业开展投资业务，或在同一产业中投资生产不同的产品，用以开展多元化经营。若餐饮企业过于依赖单一产品，就要面对较高的经营风险。实现多元化经营可以使企业及时调整，在一定程度上可以进行风险互补。多元投资是餐饮企业增加收益，分散经营风险的必由之路。

3. 合理调整餐饮企业资源的投入

目前陕西餐饮企业资源投入中，一味地强调环境投入，轻视了餐饮企业中经营、人力资源等的投入。在产业不断转型升级、知识经济转型的背景下，人力资源管理是决定餐饮企业经营成败的关键，探索不同类型的餐饮企业人才培养的路径是餐饮企业实现可持续发展的核心。优化餐饮企业投入资源是餐饮产业抵御风险的重要环节，可以有效提升餐饮企业的管理效率。餐饮企业将投入的资源进行动态调整，应对餐饮企业所面临的不确定性风险，可以提升餐饮企业可持续发展的能力。

4. 加强餐饮企业风险管理的系统化实施

陕西餐饮企业要改变"头疼医头，脚疼医脚"的风险管理做法，不能仅仅对市场、财务、安全三大因素重视，要全方位，系统化实施风险管理。按照风险管理的流程，认认真真地识别内外部风险源，做好风险评估，这就好比对企业进行全身体检。然后再到风险监控和应对，这就好比每日对身体状况的监控，发现问题随时用药。企业对不同级别风险源采取不同级别的监控，及时按照事先编制的预案进行有序处理或者规避。最后要做好风险管理总结与提升，实现闭环管理。这样方能做到未雨绸缪，应对有方，螺旋上升。

5. 建立风险管控部门

建立含有风险管控部门的餐饮企业组织结构，将风险管理纳入日常企业运营管理的内容。风险管理组织对于餐饮企业的风险管理运动都具有重大的意义。很多餐饮企业均没有设置风险管控部门，将风险管理纳入每个部门日常运营管理内容，作为部门绩效考核指标，部门再将风险管理指标落实到每个员工，方能将风险管理落地实施。如果是大型餐饮企业应该设置风险管控部门，统筹企业的风险管理工作。

6. 商务部门和行业协会要加强指导企业开展风险管理

商务部门作为餐饮业的主管部门，行业协会作为餐饮企业自愿组成的社会组织，均有指导餐饮企业加强风险管理的职能。为了整个陕西省餐饮行业的健康发展，商务部门和行业协会可以编制和发布餐饮企业风险管理指南，指导餐饮企业实施风险管理。同时还可以开展试点建设风险管理示范企业，以供全省餐饮企业学习。还可以与优质的第三方合作，辅导陕西餐饮企业加强风险管理。

（二）产品战略

1. 完善"堂食＋外卖"的餐饮企业产品构成

从餐饮企业产品结构来看，堂食形式应对风险的能力较差，而"堂食＋外卖"的产品组合模式可以在一定程度上规避风险。因此，陕西餐饮企业要提升风险应对能力，需从餐饮产品设计上下功夫，开发既适用于堂食又适合外卖的产品品类。堂食面向的主要客群是方圆一公里区域左右，经营重点在于维护老客户，在经营中强调产品、环境、服务、体验等；外卖没有地域限制，理论范围内能达到全城配送，因此，外卖店所能覆盖的客户范围是一家堂食店的几十倍。对于外卖来说，新客户和老客户同等重要，重点要做好流量运营、广告投放等，提升餐饮企业的市场竞争力。比如，面对突如其来的新冠肺炎疫情，很多餐饮企业开通外卖业务，为企业发展迎来转机。

2. 确定聚焦产品，优化产品结构

首先，确定聚焦产品，餐饮企业明确产品品类之后，需要确定该品类下的"聚焦产品"：可以聚焦于某品类的细分品类或者一个具体的单品，比如巴奴毛肚火锅的"聚焦产品"是火锅品类中的细分品类——毛肚火锅；或者聚焦于某个品类的某具体特性，比如加多宝的"聚焦产品"是凉茶品类中"怕上火"的特性。餐饮企业在确定"聚焦产品"时，应当考虑是否与其他品牌存在差异化、产品是否有充足的价值点以及是否符合消费趋势等问题。其次，优化产品结构。餐饮产品结构的重要性远大于产品本身，它是产品顶层设计的核心部分。对产品内涵的认知要扩大，可持续发展的餐饮产品应该以食物产品作为道具、以餐厅环境作为布景、以餐饮服务作为舞台，设计满足消费者差异化体验与情感需求的产品。最后，餐饮产品设计系列化。围绕"聚焦产品"设计相关品类的系列产品，以及与之相搭配的配餐产品，如针对聚焦菜品开发的点心、配酒或配茶将会在餐饮企业产品设计中出现并流行，又如针对不同消费者饮食偏好需求，针对聚焦菜品开发的提供的不同口味、烹调方式等，此外还包括相关的食器的开发设计。

3. 后疫情时代重视餐饮产品的有效展示

首先，对原料产地进行直观呈现。产地呈现的产品策略基于消费者安全需求的分析，由于受目前疫情的影响，消费者对食品安全问题十分关注，后疫情时代对于原料品质的担心会在相当长的时期里存在。所以，餐饮企业应该直观呈现原料产地，此外原产地追溯意识与产品地方文化的结合，创新展示形式也是对产地文化的价值传播。其次，装盘形式的革新。后疫情时代出于安全需求的考虑，分餐制将带来革命性的变化。随着餐饮企业提供分餐制、公筷制或双筷制服务，菜品在装盘呈现的方式上也应该进行创新，如将大菜进行微观化呈现。

4. 增强消费者的用餐体验感和附加值

首先，营造用餐仪式感。用餐仪式感的营造涉及消费者的社交需求、尊重需求和自我实现需求。仪式感的营造主要涉及环境及服务的体验和价值传播。比如古风文化餐厅会邀请客人在用餐时穿上汉服，按照古代用餐礼仪引导客人就餐，体验穿越时空的感觉，打造令消费者印象深刻的用餐仪式感，为用餐提供附加值。其次，为餐饮产品赋值。餐饮企业可根据顾客消费体验的类型，对菜点产品进行研发，从而提升产品的附加值。根据消费者的需求分析，可以重点关注娱乐型体验、教育型体验、逃避型体验和审美型体验。在娱乐型体验层面，餐饮企业可以研发能够让顾客达到愉悦身心、放松自我的产品，应该重视菜品对顾客综合感官刺激的设计，比如参照日常生活研发富有情趣性的菜品，研发可让厨师进行现场烹制、表演的菜品等；在教育型体验层面，教育体验主要是通过产品的开发，环境的营造，服务的解说使消费者达到拓宽视野、增加知识、丰富阅历的目的；在逃避型体验层面，产品研发的主要目的是让消费者处于愉悦和轻松的环境中，从紧张的现实生活中解脱出来，比如让顾客进行亲手参与切割、制作菜品等；在审美型体验层面，餐饮企业要重视对产品包装设计的创新研发，给顾客带去更多的感官体验。

5. 重视文化餐饮产品打造，强化产品价值

首先，打造文化餐饮产品。文化餐饮很大程度上体现在产品主题上，目前餐饮产品开发中常见的主题有历史主题，如仿唐宴、仿宋宴之类；环境主题，如仿膳，突出的是用餐的宫廷式环境；文学主题，如红楼宴、三国宴；文化主题，如盐商宴、孔府宴等。这类餐饮产品对于用餐的仪式、器具及场景的时代感要求比较高，是文化历史与饮食产品的结合。其次，强化价值传播。产品价值"符号化"有助于消费者识别、理解与购买，可以将餐饮产品与地方特色建立联系，将餐饮产品打造成为城市名片，比如九锅一堂将能喝汤的酸菜鱼打造为除火锅、小面之外的"重庆三大招牌美食之一"。或者将餐饮产品与人们认知中的某个熟悉的文化符号进行关联，比如西贝莜面与"I LOVE YOU"进行关联，鹅夫人的烧鹅与"鹅鹅鹅，曲项向天歌"进行关联，等等。

（三）新餐饮技术

1. 新技术助力餐饮企业线上获客

在新餐饮时代，餐饮消费群体越来越年轻化，"90后"群体不断崛起，年轻人更依赖网络评价和推荐对消费选择做出决策。餐饮企业也越来越重视线上沟通、网络评价和线上获客。

当移动支付技术出现以后，外卖产业得到了迅速发展。疫情期间，海底捞、西贝等餐饮企业也在利用外卖平台和移动支付技术打通多个消费场景，利用成品、半成品、外卖产品贯穿居家就餐、居家自制、户外便携等场景，很大程度上弥补堂食业务给企业带来的损失。

2. 基于智慧餐厅的全流程解决方案

智慧餐厅是在餐饮行业"三高一低"（高端人才相对紧缺、高运营成本、高房租、低收益）的经营背景下出现的。智慧餐厅是基于物联网和云计算技术为餐饮企业打造的智能管理系统，餐饮企业提供包括自主点餐系统、服务呼叫系统、后厨互动系统、前台收银系统、预定排号系统等全流程解决方案，显著节约用工数量、降低经营成本、提升管理绩效，最终提升餐厅的服务体验。

3. 餐饮经营数据化实现企业精准营销

从顾客端来讲，新餐饮时代商家的地理位置、招牌形象、菜品、价格、环境、顾客评价、销量等都是以文字、图片和视频等数据形式存在，构成了顾客重要的决策依据。大数据等新技术的普及可以赋能餐饮产业，餐饮企业数据化运营为企业进行精准营销提供了数据保障。

从企业端来讲，餐饮企业的各类营业报表、供应链、会员管理、外卖等也都是以数据的形式存在的。给餐饮企业的菜品研发、食材采购、中央厨房加工配送、门店售卖、人工成本控制带来许多好处。餐饮数据化管理的基础已经形成，可以建立起以数据分析为导向的互联网思维。

4. 餐饮新零售

餐饮新零售模式能降低整个餐饮业的供应链成本，因为零售能给消费者带来更多好的体验。餐饮企业在具有一定的会员量的基础上，将特色的产品进行延伸，或者将产品食品化，变成零售食品进入市场，主要目的就是扩大市场占有率，增加品牌知名度。比如：海底捞自热小火锅，全聚德烤鸭，以及其他餐饮企业出售的半成品菜等，目前已经有很多大型餐饮企业转战新零售市场。

四　结论

如今，餐饮企业面临的经营环境日新月异，这就要求企业必须更好地进行管理。本文在筛选出了陕西餐饮产业可持续发展的三驱动力元素的基础上，找出后疫情时代陕西餐饮产业发展中存在的突出问题。餐饮企业如何在经营管理中与各种各样的风险进行对抗，提升自身的竞争力，如何在餐饮之路上长远发展下去，是餐饮企业亟待解决的问题。本文提出陕西餐饮产业可持续发展的三驱动力发展的具体路径，为陕西餐饮产业在后疫情时代更好地发展奠定了一定的基础。

参考文献

［1］国家统计局：《中华人民共和国2020年国民经济和社会发展统计公报》，2020。

［2］陕西省统计局：《2020年陕西省国民经济和社会发展统计公报》，《陕西日报》2021年3月4日第11版。

［3］《新冠疫情下中国餐饮业发展现状与趋势报告》，http：//www.xinhuanet.com/food/2020-03/02/c_1125652997.htm。

［4］朱圆媛、郑雨桐、付艳荣：《新冠疫情下餐饮企业的风险管理研究》，《现代商业》2021年第4期。

［5］刘江燕：《餐饮企业风险分析及对策研究——以湘鄂情集团为例》，新疆财经大学硕士学位论文，2015。

［6］吕新河：《基于顾客体验消费的餐饮产品研发》，《扬州大学烹饪学报》2011年第28期。

专题报告篇
Special Reports

B.11
滇南乡愁美食文化记忆
——基于建水县美食文化调查与分析

张黎明*

摘　要： 滇南建水美食文化资源富集，形成了汉文化浸润下的饮食传统与少数民族饮食习俗，美食文化呈现出"各美其美、一地多元"的特征，汽锅与汽锅鸡等美食承载着美食文化记忆。美食文化记忆活化，饮食文化资源再挖掘、再利用推动了古城风貌恢复、创意街区建设、乡村建设及其文化旅游发展，游客沉浸于美食文化乡愁之旅中。"美食之都"是建水美食文化传承与建设方向，应调动政府、企业、社会各方力量积极作为，以发展具有地域文化色彩的乡愁美食为契机，实现建水饮食业、文化旅游业高质量发展，城市转型升级。

---

* 张黎明，博士，红河学院副教授，主要研究方向为民族文化产业。

关键词： 滇南建水　美食　文化记忆　活化

一　引言

《礼记·礼运》云："夫礼之初，始诸饮食。"礼乐文明与饮食文化的渊源，建构了文化传统，华夏文化记忆。饮食不仅解决了人的温饱问题，食用之物的加工、烹饪技法，食器的精雕细琢都是人的文化创造。饮食文化不仅仅是文化体系中不可缺失的一部分，更是生命个体不能剥离的记忆。人们的记忆常驻足于对"美味"，对食物的迷恋。饮食在我们的文化、生命演进的每一阶段都与外在自然、社会发生着交汇、影响。自然的赐予、食材、烹饪技法、所选食器、口味喜好等因素，促成了各地不同的饮食文化传统与特色。饮食展现了文化多样性、贮存了地方文化记忆，饮食生产加工、食用场所也是文化场域。扬·阿斯曼对文化记忆做了这样的界定："每个社会和每个时代所特有的重新使用的全部文字材料、图片和礼仪仪式的总和。通过对它们的'呵护'，每个社会和每个时代巩固和传达着自己的自我形象。它是一种集体使用的，主要涉及过去的知识，一个群体的认同性和独特性的意识就依靠这种知识。"① 与仪式有密切联系的饮食文化，满足了食用之需，不断激发人们对地方饮食生产、烹饪的加工热情，饮食文化深度融入人们生活中，表达着对地域文化的认同，是地域鲜明文化符号。饮食场所空间面貌的美化，搭建了地方特色文化空间。人们对故乡的记忆、乡愁的感悟、文化认同、文化自信由此萌发。

滇南建水明代以后得到儒家文化浸润，有"滇南邹鲁""礼乐名邦"之美誉。明代设临安府、临安卫、建水州，其逐渐成为滇南的政治、经济和文化的中心。物产丰饶、人杰地灵。明万历年间谢肇淛撰《滇略·四略》记

---

① 〔德〕哈拉尔德韦尔策编《社会记忆：历史、回忆、传承》，季斌等译，北京大学出版社，2007。

载:"临安之繁华富庶,甲于滇中。谚曰'金临安,银大理',言其饶也。其地有高山大川,草木鱼螺之产不可殚述,又有铜锡诸矿,辗转四方,商贾辐辏。其民习尚奢靡,好宴会,酒肴筐筐,殆无需日。"宴会、钟鸣鼎食内蕴古代国家重要礼仪,食器的使用象征着尊卑等级。宴会不仅仅是一种美食享受,更在于实现人与人之间关系的协调沟通,构建其乐融融的社会秩序。饮食文化传承意味着建水人对礼乐文化的追寻。滇南建水又是多民族聚居之地,境内有彝、苗、哈尼、傣等少数民族,历史上统治者实行"羁縻"政策、土司制度,明代在建水官厅设纳楼茶甸副长官司。境内各少数民族不仅仅保留了自己的饮食文化习俗,在长期的民族交往融合中,更让建水饮食文化呈现出"各美其美、一地多元"的文化特征。民俗风情、祭祀礼仪、节庆活动,都彰显出地方饮食文化魅力。而今作为云南文化旅游重镇的滇南建水,饮食文化深度参与到美食街区、特色小镇、创意城市建设发展中,让游客沉浸于美食文化乡愁体验中。

二 承载乡愁记忆的建水美食

(一)汉文化浸润下的美食传统

元至元十五年,云南行省招降临安南部白衣(傣族)、河泥(哈尼族)城寨一百零九所。至元十七年于建水设临安广西道宣抚司,宣抚司张立道于至元二十二年建文庙,庙学兴起。祭祀孔子,选择以汉文化为主的儒学,推行"用夏变夷"的文化策略成为区域政治需要。明洪武十六年,在文庙内设临安府学。山西布政使韩宜可、右参政王奎谪戍临安,建景贤书院。明代,在建水设临安卫指挥使司及5个千户所,驻兵5600名镇守滇南。[①] 宣扬儒家正统思想、讲学、屯兵、移民等政策,推进了建水汉化进程。嘉庆《临安府志·风俗》载:"正月元日,先期炊糯米作香斋,汲井水烹、净茶,

---

① 《建水县志》,中华书局,1994。

晨兴，陈于天地及室堂神前，家长率众展拜。毕，北面望，阙九叩首，然后启门诣各祠庙进香。……七月七日，妇女结彩缕，对月穿针，陈瓜果于庭中，乞巧以喜。……十二月八日作粥。"汉文化长期的浸润，让建水节庆与饮食习俗，深受中原文化影响。清代《建水州志》所载祭祀孔子的食物有：酒、犊、羊、豕、羹（太羹、和羹）、黍、稻、稷、粱、形盐、稿鱼、鹿脯、枣、栗、榛、菱、茨、饼（黑、白）、菹（韭菹、芹菹、菁菹、笋菹）醢（鹿醢、兔醢、鱼醢）、脾胏、豚胉。食物作为祭祀礼仪一部分，同样参与建构了边地文化传统。今天建水人仍用三牲，地方特产葱、韭菜、苹果、梨、石榴与糖等食物祭祀孔子。"葱"谐音"聪"，石榴有多子多福之意，祭祀所用食物意味着中原文化与边地文化交流互动，体现"食以体政"的思想。

"寓礼于食"的礼仪传统，让建水人在宴席设计上颇费匠心。饮食宴席传达了对传统社会秩序的理解、等级观念、社会区隔，也创造了有地域特色的美食风味。清代以后建水人根据不同人群、不同节令需求，设计了"以八件肴馔为主的'猪八碗'、'海八碗'、'素八碗'、'三叠水'等不同层次的宴席"。① 吃"八大碗"成了建水上至达官贵人、下至平民百姓都渴望享受的盛宴。今日建水宴席中，又出现了由"八大碗"演变而来的"临安十肴"，满足游客所需。② 中原礼乐文化的影响，让建水承袭了江南食白米、清明上坟吃吹锅、端午吃粽子、冬至吃饨做豆腐等饮食习俗。明代建水就有了生产米线作坊，大米加工成米线，对水质要求极高，建水名泉繁多，创造了建水米线特有质感、口感。民间有谚："大板井水榨米线，拉出几米不会段。"大米碾成的米浆被加工成卷粉、饵块、糍粑、八宝饭等食物。米线、卷粉配上建水独有的草芽、汤料、辅之以余肉等肉类，成就了建水美食过桥米线；配以醋、酱油、辣椒等调料则有了地方风味凉米线、凉卷粉。"通海酱油临安醋"，地域品牌就在饮食需求中涌出。水质的优越性也让建水豆腐

---

① 赵晓凌主编《美食之城——味冠南滇》，云南美术出版社，2007。
② 笔者在十七孔桥旁的桥乡亭餐馆看到，今日的临安十肴有：齐王戏凤、板井豆腐、雪地金花、临安三宝、青园富贵鸭、会乡亲、山羊跪乳、金鱼戏荷、白玉豆腐、三丝扒象牙。

有别于其他地方，清代就有井边做豆腐习俗，如大板井旁的增记豆腐坊，其家族制豆腐可溯源于清光绪年间，至今已传六代。① 豆腐种类多、做法多样，大豆腐、小豆腐、嫩豆腐，可烤、可煎、可炸，而今西门米线、豆腐已是舌尖上的中国美食。

（二）少数民族美食习俗

建水是彝族、哈尼族聚居之地。西庄新房村有谚曰："上有金鸡阿棚寨、下有阿瓦寨"，阿瓦寨、金鸡寨、阿棚寨，都是彝族寨子。在贫困年代彝族以玉米、红薯为主食，现以大米为主。《建水县志》载：彝族"有吃'干生'的习惯，即将鲜肉剁碎拌以猪血、大蒜、辣椒和盐生食"。② 吃"干生"渐成建水人凉菜制作特色。境内哈尼族则开梯田、种水稻，大米是主食，过新米节，过年吃糯米饭、糯米粑粑，喜用豆豉拌菜。民族交往中，少数民族饮食传统也渐成汉族特色，建水汉族过年也吃糯米粑粑、或烤或煮。"阳光和时光，都是天然的美食加工者和味道调剂师。"③ 少数民族居山间，饮食得四季、自然之便利。春天是"食花"季节，入春后可食苦刺花、金雀花、石榴花，这些花朵经水煮、晾干后，可与鸡蛋、牛肉、豆豉搭配，春光放舌尖。冬天食沙莜，可蒸、可煮、可油炸、可烤，有多种烹饪方式。民间有谚曰："好个临安府，沙莜当晌午。"饥饿年代，沙莜是解决温饱之物，物产丰裕的今日，沙莜是康养之宝、致富产业，甸尾乡已是国内有名的沙莜生产基地，带动村民增收创业。建水彝族、哈尼族冬天都会腌制腊肉、火塘烤肉、烟熏肉等，载歌载舞中享受美食给其生活带来的乐趣。

（三）美食美器

食物的加工、盛放与烹饪技法，对所需器具有特定要求。竹制品是建水常见的饮食加工器具，篾编竹筐、筲箕、簸箕、甑子都是加工大米等主食的

---

① 曾记豆腐坊悬挂楹联："溥博泉水清又甜，雪白豆腐酥且香。"
② 《建水县志》，中华书局，1994。
③ 白玮：《中国美食哲学》，商务印书馆，2018。

器具。石制的石磨、盐臼、陶制蒜臼，则是调料加工利器。铜制吹锅、炊具，则是风味小吃离不开的烹饪之器。各种陶瓷碗盘则是生活中必需品。而在建水众多食器中，兼具实用与艺术审美价值的要数汽锅。① 从造型上看，汽锅平底、有高脚汽锅、矮脚汽锅之分。多呈扁圆形，底部有喇叭状蒸汽进口，进口上连着一根圆锥管状喷嘴，以便汽从此入，直通汽锅顶部中央，烹熟食物时，锅上加盖子。汽锅造型丰富，高妆、矮妆、各种直径大小均有，适宜不同人群。锅身集陶艺、书法、绘画、填刻于一体，颇具金石韵味。锅身两边，饰有两耳，或以狮头耳、圆耳、如意耳为造型。汽锅常作为礼物扮演着交往角色，1938年，赵元任夫妇将赴夏威夷之际，从蒙自回到昆明的北大蒋梦麟校长就赠送他们夫妇俩一口汽锅。20世纪80年代建水工艺美术陶厂生产的"狮头牌"汽锅一度是当地土特产品、陶艺界优秀品牌，远销世界各地。

美食价值在于康养，养身益寿的佳肴汽锅鸡是美食与美器的结合。制作汽锅鸡厨艺较为复杂，所需原料有嫩鸡肉、精盐、胡椒粉、姜块、大葱等，先将切成块状的鸡肉放入汽锅中，加水盖过鸡肉，放入相应的配料后合上盖子，将汽锅放于土锅或砂锅口上面，通过土锅内的水蒸气进入汽锅中，将食物炖熟。汽锅鸡常配三七粉、三七根一起食用，具有滋补、散瘀止血、消肿定痛之功效。此外，还可配天麻、虫草、枸杞等中药材。汽锅鸡不仅是建水人家中常品佳肴，而且是国宴用品。尼克松访华，"真想把汽锅一起吃下去"至今仍是坊间佳话。汽锅鸡、汽锅宴一直是建水人打造的饮食品牌。汪曾祺在其回忆西南联大的散文和小说中对这一美食也多有描绘。20世纪40年代，建水包宏伟夫妇在昆明的福照街（五一路）开设了专营汽锅鸡的饮食店，取名"培养正气馆"。80年代，北京西城区出现专门销售汽锅鸡、

---

① 关于汽锅的起源说法不一。一种说法是元代就出现了青瓷、青花汽锅。另一种说法是近代以后，蒙自开为商埠，大量洋货涌进滇南。建水制陶艺人张好研究铜制炊锅的形状、西洋咖啡壶的造型原理，发明了粗陶汽锅。形状如瓦瓯、未扑氏，无装饰。之后，经制陶名家向逢春改进，器成天下知。1933年，向逢春制作的陶汽锅，选送美国芝加哥百年进步博览会展出，汽锅从此走向世界。

过桥米线的饮食店。① 美食文化贮存的不仅是文化记忆，在色料、味道、风物中承载起个人的情感，地方社会、交往历史也因此建构。与美食相关的知识、代代相承的烹饪技艺，始终传达着对地方的迷恋，召唤人们追求生活的诗意，小城知名度、城市形象因美食文化记忆而得以重塑。建水美食文化中各级非遗名录见表1。

表1 建水美食文化中各级非遗名录

名称	级别	名称	级别
建水紫陶烧制技艺	国家非遗	建水汽锅鸡烹制技艺	省级非遗
建水西门豆腐	省级非遗	建水甜醋	州级非遗
建水过桥米线	州级非遗	狮子糕	县级非遗
曲江烤鸭	县级非遗	建水青花	县级非遗
建水草编	县级非遗		

三 美食文化记忆的活化：美食推动城乡发展

文化记忆具有存储功能，潜移默化影响着人的存在方式，铸牢了对自我文化的认同意识，搭建起历史与现实沟通的桥梁。扬·阿斯曼认为，文化记忆以两种形式存在："一种是潜在形式，……另一种是现实形式，即以这些浩繁知识中——根据当今利益尺度衡量——的可用部分的形式存在。"② 文化记忆除了具有存储功能外，也具有强烈现实价值，文化记忆驾驭着人们生活方向。从饮食文化记忆中追寻支撑现代城乡发展的力量，打造美食、美景场所，形成全域旅游新亮点，建设创意城市是建水近年推动城乡发展的新作为。

（一）美食文化促进古城风貌恢复

"在古代，城市生活水平和质量的提高，很重要的方面就是体现在饮食

---

① 《建水县志》，中华书局，1994。
② 〔德〕哈拉尔德韦尔策编《社会记忆：历史、回忆、传承》，季斌等译，北京大学出版社，2007。

行业的发达上。"① 建于明代的建水古城除有雄镇滇南,"巍然鼎峙于三迤间"的军事功能外,也有万家烟火、市井繁荣。民间有谚:建水古城"方圆六里三分","东门到西门三里三"。横贯古城东西的临安路自古是美食店铺林立,酒楼生意兴隆,店面建筑宏伟。迎晖路、临安路都是传统建筑风貌集中街区,传承百年的临安饭店等矗立街区。然而,这些因美食、生存而有的民居建筑,终因沧桑变化而显凋零,古民居、古建筑、古城保护成了问题。"藉由城市的象征、美食或产品,可以凸显一个地方的文化与独特性。"② 美食文化重塑古城街区,经营美食延续老屋生命力,恢复古民居风貌,成了古城传统氛围营造方式。临安路上勺粉老店、临安饭店等传统美食企业不仅在饮食特色上做足功夫,也重塑了饮食场景氛围。勺粉老店老屋再利用,食者置身店中感受浓厚家乡情怀。临安饭店"跑马转角楼"两层院落民居样式再现昔日临安城市井景观。③ 风味美食、饮食场景引来《舌尖上的中国》《十二道锋味》在此拍摄,入选取景地现今日已是企业品牌打造、知名度提升方式。而随着建水旅游的兴起,美食也融入民宿建设中。临安路上"福籍菜""曦院客栈"都以特色美食来吸引游客入住民宿。西门、小桂湖等古民居集中地区,也因美食与旅游融合发展需要,传统风貌得以恢复。

城市始终有着属于自身的文化象征符号,它代表了这个地方的文化历史和形象,对市民、旅游者有着独特诱惑,城市文化独特性也因此而彰显。饮食文化介入城市发展的"最终目标就是将某一个城市与所有其他城市加以区分,使之成为一个独具特色、颇具吸引力的生活、观光和工作的地方,以及一个充满活力、繁荣昌盛的可供工商业(重新)扎根发展的中心"④。陶

---

① 吴刚:《中国古代的城市生活》,商务印书馆,1997。
② 〔英〕查尔斯·兰德利:《创意城市:如何打造都市创意生活圈》,杨幼兰译,清华大学出版社,2009。
③ 临安饭店高级技师陈林是云南省非遗(汽锅鸡)传承人,汽锅宴是临安饭店的精品菜肴,属建水十大名宴中第一宴,有汽锅洋鸭、汽锅南瓜、汽锅江鳅、汽锅天麻脑花、汽锅蒜肚、汽锅豆团、汽锅鸡。烧馒、米豆腐、热凉米线是该店精品小吃。
④ 〔奥〕德波拉·史蒂文森:《城市与城市文化》,李东航译,北京大学出版社,2015。

制食器作为建水形象象征,被迅速移植到城市街区场景建设中。2013年建水朝阳楼主办了"紫陶天下第一大汽锅"上海大世界基尼斯之最认定仪式。① 大汽锅作为城市形象被复制于西门外广场处,不仅是建水食器生产技艺传统的展现,同时也作为建水城市名片留在人们记忆中。腌制咸菜的瓶罐也属于食用器具,将其作为城市街区特色景观,是建水人对饮食文化的发明。美食文化表征着生活传统,在此也幻化为艺术生产、景观营造之力,点缀了城市。

(二)美食文化引领创意街区建设

植根本土的文化创意是激发文化传统、特色活力,为城市注入可持续发展力量之源,可为城市带来创新创意氛围,重塑城市空间,提升城市竞争力。美食文化介入文创园区、街区建设,发展文创产业,是建水饮食文化资源利用方式。位于临安镇迎晖路中段的建水火车站,建于1928年,为个碧石铁路鸡街至建水段车站之一。因米轨铁路停运,法式建筑的站房,货运车间、火车车厢、车站长期处于空置状态。2017年后,随着米轨小火车文旅项目的打造,老火车车站及周围空间再利用提上日程。以饮食文化为中心的创意及设计理念,成就了临安·1915艺术社区创意空间。游客不仅能在此开始米轨小火车体验之旅,而且能品味到美食及其带来的空间创意。米轨车厢改建成了烧烤店,集装箱变身"有啤气"酒吧,罐罐米线吸引嘴馋游客。"食空——1928"餐厅由货运车间改建而成,"风味香柳鱼""玫瑰八宝饭",让游客胃口大开。"火车头"装饰的浮雕墙壁引人驻足。饮食文化介入艺术社区营造,为米轨之旅增加了体验项目,旧时车站空间在饮食文化创意装扮下美化、艺术化。"临安山珍铜锅""古树茶花冻"都是结合地域风物特色而有的美食创意。"与普通商品的消费不同,创意产品的消费往往带有文化体验的意义,在消费的同时也缩短了城市与消费者之间的文化距离,

---

① "紫陶天下第一大汽锅"由建水"桃园三杰"紫陶文化有限公司制造,表面饰有西门城楼、西门大板井,缀有西门古镇字样,外口径96.8cm,内口径91.7cm,外肚径111.3cm,内肚径106.2cm,底径73.1cm,高度93.5cm。

增强了城市的亲切感,并使城市品牌在无形中得到大范围的和深度的推广。"① 每周五、周六,艺术社区还力图打造融美食市集、手工艺术、音乐、造物复古等于一体的音乐美食空间,吸引更多乘坐小火车的游客留住脚步。"美食+米轨"文化体验引领了这片空间发展,百年临安站已是当地集艺术摄影、米轨文化展示、美食体验于一体的文化旅游新标地。

碗窑村旁的紫陶街除销售紫陶外,美食也是街区主题与特色。整条街是在原工艺美术陶厂遗址上建设而来,旨在传承"美食——美器"文化传统。在纪念性建筑烧制陶器的烟冲、车间旁,设计了近百个兜售美食的摊位,汇集回、汉等民族传统饮食、果蔬饮品等,街区还力图建成"美菜市""陶文创小吃",让美食零售商在街区就能选购到优质、生态食材,游客体验陶艺与美味的结合。饮食文化不仅复活了遗址空间,也点亮了夜间经济,紫陶街区是目前县城中夜间人气最旺区域。饮食文化为主题的创意街区进一步凸显了城市个性,改变了城乡接合处生活环境。如兰德利所言:"为城市发展提供温床、基础、原料与资源的,正是文化的独特性和各城市的特质,至于滋养城市的则是环境。"② 美食文化引领的创意街区、创意城市建设,塑造了城市文化个性、建筑风格,城市生活生产环境得到质的改观,为可持续发展注入活力。

(三)美食文化推进乡村业态丰富

美食来自自然的馈赠,蔬菜瓜果、各种食材种植、加工,饮食活动离不开乡村。乡村生态自然、田园山水又为食在乡村创造了氛围环境。饮食文化脱离不了乡村、自然这一母体。李渔的《闲情偶寄》写有"饮馔部",主张饮食之道在于自然,"吾谓饮食之道,脍不如肉,肉不如蔬,亦以其渐近自然也"③。走近乡村、贴近自然,是体验乡村美食文化之道。水打营村、新

---

① 厉无畏:《创意改变中国》,新华出版社,2009。
② 〔英〕查尔斯·兰德利:《创意城市:如何打造都市创意生活圈》,杨幼兰译,清华大学出版社,2009。
③ (清)李渔:《闲情偶寄》,江巨荣等校注,上海古籍出版社,2000。

房村、团山村是近年来建水乡村旅游发展较好村落，打造村落饮食文化新亮点、特色菜肴，以美食留住乡村游客，是建水乡村发展新特色。水打营村出现了村口街边美食，游客边欣赏十七孔桥风景，边品尝美味。村中建设的桥乡亭、黄龙食府各有主打菜系，仿古庭院建筑镶嵌在美丽乡村。美食、美景、田园、古桥风光串联起乡村之美，开启了乡愁之旅。乡村振兴关键在于要能留住人，村落不能空心化。乡村美食的发展，丰富了乡村产业业态，解决了部分村民生计，为村民增收创造了条件。费孝通曾说："烹饪绝技有其丰厚的乡土根源。每一个名镇几乎必有名菜、名点、名酒为其标识，所谓'一镇一品'。"① 建水西庄镇一带村落，饮食文化各有千秋，荒地村主打面向大众消费的农家乐、水打营村以"临安十肴"吸引较高端人群消费，新房村以古桥、乡会桥餐厅的文化创意和特色菜系留住游客。② 村村有看点、有品位引爆了建水西庄乡村旅游热。

乡村美食文化的发展也解决了部分村寨老屋保护难、难以利用问题，为"一村一品""一村多品"，乡村产业兴旺创造了机遇。新房村有建于20世纪初叶的乡会桥老火车站等建筑群，历经风雨、格局犹存。法式车站改建为乡会桥餐厅后，不仅老屋、旧址空间得以利用，也撬动了乡村建设发展杠杆。村口荷塘、田园、道路景观得以建成，以服务于乡村美食业。品鉴特色菜、赏荷花、听小调，让新房村成为游客必访之地。村中部分老屋重新修缮后成了茶室、民宿，村落品质明显改善。饮食文化赋予了乡村文化特色与振兴之机。乡村始终是中国人粮仓，保证食物供应的地位不能改变。建水乡村可发展农特产品多样，西庄有莲藕甲天下美誉；红薯、土豆是甸尾宝贝；水泡梨是普雄乡特有果蔬；官厅腌制品是餐桌美味；注重康养的今天，这些生态食品及其加工都大有可为。干巴菌油乳腐、干巴菌韭菜花都是官厅乡村民

---

① 费孝通：《费孝通文化随笔》，群言出版社，2000。
② 新房村因保存的清末民居类型多样、规模格局较大及有乡会桥等文化遗产，于2015年入选第二批国家级传统村落。村内有雕梁画栋、格子门窗装饰的清代院落民居45幢，各种形状古井11处，四眼井水可直接饮用。建于光绪年间，占地千余平方米，呈三横两纵、二进院、左右侧院结构的黄氏宗祠是村中耀眼建筑。1909年建成的守节牌坊至今矗立村口。村外泸江河上，有清代修建的大兴桥、永济桥、乡会桥、汤伍桥、见龙桥等古建筑。

近年发明的特色美食。乡村生态美食产业链的发展，让实践"一村一品""一乡多业"成为现实，助推乡村特色产业发展，乡村振兴早日实现。

四 对当地美食文化发展的建议

联合国教科文组织2004年成立的"全球创意城市网络"（UCCN），旨在通过文创产业发展，实现城市文化经济转型，彰显城市生命活力。联合国教科文组织授予文化经济特色鲜明城市以创意之都称号，包括手工艺与民间艺术、美食、音乐、媒体艺术、电影、艺术、文学七大主题。"美食之都"是称号之一，国内已有成都、顺德、扬州等城市获得这一称号。"UCCN对'美食之都'评定标准涵盖了美食传统、食材与技术、传统食品市场与产业、节庆赛事、教育教学等五大事项八个方面，构成'美食之都'申创的理论依据。"[①] 饮食文化历史悠久、资源丰富的滇南建水，应以"美食之都"建设标准来引领未来美食文化经济发展，发挥政府主导、美食文化企业积极参与、社会力量有力支持等各方作用，实现美食文化深度融入文旅发展、创意城市建设。

政府是美食之都创建、当地美食文化发展的有力支持、引导力量。一方面需要梳理、充分挖掘当地饮食传统与特色，做好饮食文化传承工作，让特色菜肴、特色餐饮企业代代相承，让市民深切感受到饮食文化带来的文化自信、文化发展力。另一方面对现有美食街区进行优化布局，突出饮食文化引领发展的主题，并作用于当下市民生活与城乡发展。如紫陶街美食坊，应积极引导商户服务于"陶文化"主题，改变目前街区饮食与陶无关现状。马市街应渲染回族文化氛围、强化回族餐饮特色、优化街区环境。西门片区"豆腐、米线"主题早已是传统，但街区混乱，秩序不佳，民居中生产、生活环境堪忧，如何在饮食文化作用下，实现生产、生活空间的美化、有序

[①] 侯兵等：《从文化多样性到创意城市：美食之都的理论逻辑与实践探索》，《美食研究》2021年第一期。

化，街区与古城游融合，应是问题焦点。南正街原是"小卷粉"集中街区，十年前有十余家之多，现在美食传统有所弱化，仅剩两家在经营。合理规划、引导、扶持重振街区传统和特色，是政府应有的作为。同时，应出台相应政策、制度以鼓励支持饮食文化街区、艺术社区实现可持续发展。比如1915艺术社区建成后，在疫情影响下可持续运营状况堪忧。如何扶持、实施相关优惠政策社区美食企业也相当关切。开封市大力扶持传统饮食老字号，组建开封市饮食集团，在扶持"第一楼""又一新"等饮食企业、小吃上做文章，扩大传统豫菜影响力的经验，[①] 值得建水当地借鉴。

美食之都的创建，离不开美食产业高质量发展及其产业体系的完善。建水当地应积极倡导建立高质量的美食市场体系，从原材料、辅料生产到主要食品、相关衍生产品，都应以高质量、全产业链建设为标准。高质量是品质的保证，产业链的延伸，不仅可以增加产品附加值，而且能够有效解决就业问题。美食产业体系应以人们对美好生活的追求为出发点，尽可能打造融合南亚、东南亚，具有地域、民族风格的美食品牌，推动美食与文化旅游的融合。同时，加强相关食品安全监管，维护当地美食形象，推进以美食文化为中心的公共服务建设，也是产业体系必不可少的内容。美食产业高质量发展、全产业链建设，将让美食之都实至名归。

美食经营者，是建设"美食之都"的主体和积极参与者。目前饮食产品同质化是普遍现象，实现差异化、特色化发展是美食企业应有的作为。"吃的是文化""品的是环境"，美食企业应丰富饮食文化内涵，从菜谱、命名、摆设样式等方面都让游客感受到美食所浸润的文化意义。与食物相关的实景、实物、保鲜方式尽可能体现出场景效应，并与传统民居、合院建筑风格融合。美食、美景、美器方能让游客"美美与共"。从菜肴品类来看，建水以"八大碗"和"风味小吃"见长，能否结合地域文化开发新菜肴，值得企业实践，如与祭孔、科考相关的"文庙宴""孔家菜""状元宴"就值得去设计，以少数民族元素为特色的菜系，也值得在乡村游中进一步凸显。建水餐饮企业有

---

① 于少东等主编《中国文化产业经典案例》，中国建筑工业出版社，2015。

"唱菜谱、喊响堂、点荤送菜、服务到位"① 的传统，应让这些饮食礼俗重现于餐饮企业文化中，并作为饮食特色打磨、形成品牌效应。建水民间音乐资源丰富，小调、沙莜腔等民间艺术可与美食文化融合，增强食者表演性、艺术感受性，打造融采摘、茶道、饮食、乐舞、康养于一体的美食产品链。

五　结语

民以食为天。饮食和文化生态、生态环境、生命健康等诸多问题始终交织在一起。建水山川秀美、物产丰饶，是滇南粮仓、果蔬生产基地。饮食企业应从材质源头上做出承诺与保证，充分体现出所选食材的生态性、安全性，始终以健康、康养为标准，在美食加工生产过程中不忽视任何安全细节，食得放心是宗旨。美食文化承载着建水乡愁记忆，是文化旅游不可缺失的一部分，市场前景广阔，美食产业应在当地城乡文化旅游发展、美好生活品质提升中发挥积极作用。抓住文化旅游融合发展、国家推进乡村振兴的市场机遇，发展具有地域色彩的乡愁美食，形成美食产品链、产业链，实现建水饮食业高质量发展，创意城市建设。

参考文献

[1] 于少东等主编《中国文化产业经典案例》，中国建筑工业出版社，2015。
[2] 侯兵等：《从文化多样性到创意城市：美食之都的理论逻辑与实践探索》，《美食研究》2021年第1期。
[3] （清）李渔：《闲情偶寄》，江巨荣等校注，上海古籍出版社，2000。
[4] 厉无畏：《创意改变中国》，新华出版社，2009。
[5] 〔德〕哈拉尔德韦尔策编《社会记忆：历史、回忆、传承》，季斌等译，北京大学出版社，2007。

---

① 《建水县志》，中华书局，1994。

B.12
以打造"国际消费中心城市"为契机加快推进天津"国际美食之都"建设

孔令涛　诸杰　陈诚　郭成月*

摘　要： 天津在"十四五"规划中提出打造"国际消费中心城市"。本文对推进天津"国际美食之都"建设进行了分析，阐述了天津建设美食之都的资源禀赋及特殊的区位优势，并在此基础上提出了天津市建设"国际美食之都"的总体思路和发展目标。

关键词： 天津　国际美食之都　津菜　SWOT

一　概述

天津是中国北方的经济中心和国际化港口城市，根据《中共天津市委关于制定天津市国民经济和社会发展第十四个五年规划和二〇三五年远景目标的建议》，天津市将建设全球创意城市网络"设计之都"、打造"国际消费中心城市"。天津市委市政府提出了提升现代服务业发展能级，大力发展旅游业，建设美丽天津的发展战略。2019年9月市商务局会同市文旅局等8部门联合印发了《关于加快津菜传承发展的指导意见》（津商

---

* 孔令涛，天津市烹饪协会副会长兼秘书长，主要研究方向为餐饮产业和饮食文化；诸杰，天津职业大学旅游管理学院、津菜学院院长、教授，主要研究方向为教学和课程改革；陈诚，天津职业大学旅游管理学院副教授，主要研究方向为烹饪专业营养；郭成月，天津职业大学津菜学院副院长，主要研究方向为津菜教学设计与方法。

服务〔2019〕5号），提出在品牌培育、产业推进、平台搭建、创新引导、人才培养、宣传推广、"商旅文"融合等方面全方位用力，增强津菜发展实力，注重传承"海纳百川、开放包容"的津菜文化特色，着力打造津菜竞争新优势。

天津申报"世界美食之都"有着得天独厚的地理、历史条件，天津不仅拥有具有地方特色的汉民菜、清真菜和风味小吃，而且天津的西餐更是有独特之处，百年的租界文化和洋楼文化本身就使这个城市的美食具有国际化属性。

以联合国教科文组织创意城市联盟"美食之都"的8条标准为指南，深入分析"国际美食之都"对"国际消费中心城市"的推动作用，以"国际视野，本土情怀"打造"食在天津，津津有味"的津菜美食，深入挖掘和弘扬天津地方餐饮文化，对建设美丽天津具有较大的现实完美意义。

二 天津市创建国际美食之都的 SWOT 分析

根据联合国教科文组织创意城市网络要求，申请美食之都的城市要满足多个方面的要求，据此，我们对天津市创建国际美食之都进行了 SWOT 分析，即优势、劣势、机遇和挑战分析。

（一）天津市创建国际美食之都的优势分析

从区位优势看，天津位于环渤海的中心，是辐射东北、西北、华北的重要物流、人流、信息流、资金流的重要节点，区域优势非常明显。天津港是我国最大的进口肉类口岸，年到岸量占全国的45%以上，加上大量进口的红酒、调味品、食品从天津港到岸，为美食之都提供了丰富的资源。

政策方面，天津"一基地三区"定位，具有京津冀协同发展、天津自贸区建设、"一带一路"建设等叠加优势。禀赋方面，天津现有会展中心4处，总面积38.6万平方米，加上即将启动的国家会展中心40万平方米，具备设立大规模、专业化、永久性会址的条件,将通过会展活动,为天津带来巨大的流量。天津国际邮轮母港,年旅客吞吐能力近100万人次。如果说漂亮的海河、洋气的意大利风情街、雄伟的摩天轮、幽静的五大道、巍峨的冀州盘山、幽默的津派相声、悠扬的鼓曲是国际消费中心城市的必然条件,那么,独具特色的津派美食,更为国际消费中心城市增加一抹靓色,起到不可替代的重要作用。从自然环境上看,天津汇集南来北往的多种食材,本地亦产河海两鲜。另外,在食材丰富的基础上,也出现了各大菜系融入津门的局面。

1. 天津拥有发达的美食行业

天津水产十分丰富,得天独厚的优越条件使天津人养成了喜欢海鲜、河鲜的饮食习惯。清人周楚良《竹枝词》中提到:"争似春来新味好,晃虾食过又青虾。"清人张焘在诗中说:"二月河豚八月蟹,两般也合住津门。"天津人有两句俗语——"当当吃海货,不算不会过""吃鱼吃虾,天津为家",都道出了天津人对海鲜、河鲜的爱好。同时,天津副食资源也十分丰富,炸蚂蚱和炸铁雀儿等远近闻名。

天津菜起源于民间,伴随着城市经济的发展而发展。明朝灭亡以后,津门餐馆收高手取技艺,使天津地方风味菜开始有了长足发展。至清朝康熙初年,漕运税收衙门"钞关""长芦巡盐御史衙门"等由京移津,官府增多,商业进一步发达,饮食业也出现了最早的饭庄,经营的菜品以当地民间风味为基础,吸收了元、明,特别是清朝宫廷菜之精华,很具特色,促进了津菜的形成和发展。咸丰十年,天津被辟为对外开放的商埠,对餐饮业的发展有很大促进。清朝光绪二十四年《津门纪略》所记载的"八大成"以外的其他天津风味餐馆,包括清真羊肉馆、素菜馆等21家,津菜风味达到鼎盛时期。津门文人华长卿在《津门古文见闻录》中称道:"北方食品之乡,以津门卫最",其"烹调之法甲天下",不仅叙述了当时津门民间食俗、食尚,而且对天津饮食业的兴旺发达和津菜之美味给予了高度评价。民国时期,清朝遗老遗少、买办、官僚等云集于此,饮食业空前繁荣。以鸿宾楼、会芳楼、宴宾楼等"十二楼"为代表的清真馆,以真素楼、蔬香馆为首的十余

以打造"国际消费中心城市"为契机 加快推进天津"国际美食之都"建设

家素菜馆也应运而生。当时,津菜餐馆已形成划类经营、明确分工,标志着自身的成熟。

经过多年的沉淀和打造,在各级政府部门的有力推动下,在天津餐饮人的继承发展下,天津各种业态齐全完备,中西风味争奇斗艳。随着天津经济、社会的发展,天津餐饮业得到了迅猛的发展,截至2019年末全市共有大大小小的餐饮企业8.2万多户,年实现营业收入1120亿元。全市餐饮企业中营业面积1000平方米以上的超过470家。全市共认定了85个"老字号"餐饮品牌和37个市级餐饮类非物质文化遗产项目。除了享誉全国的"天津三绝"之外,近年来又涌现了一大批特色餐饮品牌,新的津菜品牌企业快速崛起。同时,天津以开放包容的胸襟,接纳来自全国乃至全世界的特色美食,正在向着国际美食之都迈进。

2.美食机构活动积极

天津各美食机构活动积极、注重相互间配合,形成"政、行、企、校"四方联动模式。

2019年9月,市商务局会同市文旅局等8部门联合印发了《关于加快津菜传承发展的指导意见》(津商服务〔2019〕5号),行业协会成立了津菜研究机构并充分发挥联系政府、企业的桥梁纽带作用。一是搞好行业服务。建立行业诚信体系,加强行业自律。制订行业标准,开展津菜品牌认定。积极向政府部门反映行业诉求,帮助企业解决困难,提出对策建议。二是搞好活动服务。举办津菜专业技能培训,联合专家学者研究编著津菜教材和专业书籍。开展"烹饪技术比赛"等各类津菜美食活动。推动行业对外交流与合作。三是搞好信息服务。加强行业信息沟通,传播烹饪科学知识,推广津菜营销经验。逐步建立津菜餐饮统计调查体系,积极开展行业运行分析,为政府决策提供依据。

同时,津菜的流行和技法的传播,推动了有关院校和行业组织深入挖掘整理津菜,吸引着一批美食家、文化名人关注和研究津菜,为津菜著书立说。天津市烹饪协会编辑出版了《天津名师名菜》光盘和书籍配套发行;天津市烹饪技术学校编与的《天津菜谱》已多次再版;由国庆的《天津卫美食》、赵永强的《这是天津味儿》和《津味儿》从文化的角度研究和诠释津菜；介绍津菜大师的专业典籍《近代天津名厨》广受业界追捧，这些研究成果对津菜的传承发展起到了重要的推动作用。2019年新中国成立70周年期间，市商务局联合市烹饪协会针对弘扬传承津菜，组织了70名津菜厨艺大师讲述70个津菜文化故事，制作70道津菜精品，并拍摄制作成70个精致短视频，作为向新中国70周年华诞献礼，所有视频已在天津市烹饪协会官网发布，向社会公众免费开放。2019年4月，外交部成功举办了天津全球推介活动，在推介活动冷餐会上，中外来宾欢聚一堂，感受擅烹河海两鲜的津菜带给与会代表"共享盛宴、津菜精彩"的美食体验。

3.天津地区特色配料远近闻名

天津市拥有众多耳熟能详的本地特色配料，远近闻名。如：玫瑰露酒、冬菜、甜面酱、独流醋、芦花海盐等。

4.天津菜拥有烹饪诀窍、方式和方法

天津菜技法全面且独特，长见技法有炸、烹、爆、炒、烧、煎、熘、汆、炖、蒸、熬、煨、扒、烩等。以扒、熘、炒、煨、蹦、酸沙、华洋见长，其中尤以勺扒、软熘、酸沙、煨、馇等技法较为独特，"大翻勺"堪称津门烹调绝技。

5.传统食品市场和食品产业特色鲜明

天津传统食品产业中华老字号、津门老字号品牌众多，成为城市一道靓丽的风景线。如狗不理、义聚永记、崩豆张、长芦、金汤瓶、天宝楼、桂发祥十八街、桂顺斋、大福来、耳朵眼、陆记、果仁张、沙窝、至美斋、天立、芦台春、德和、盛斋元、纪老七等。

6.天津美食节、烹饪大赛活动频繁

天津立足区域特色，通过相继举办"天津首届津菜文化节"、"天津市首届厨师节"、"中国烹饪艺术家年会"、"'GO天津'首届惠民美食节"、第29届中国厨师节等活动，邀请全国各地烹饪艺术家、厨艺大师来津交流，开展"民间巧厨争霸赛"，播放"津菜名师讲故事、做名菜"电视节目,大力宣传天津菜。充分利用达沃斯论坛、外交部蓝厅天津全球发布会等高端平台,举办津味食品供应保障和宣传展示活动,使天津特色餐饮进一步走向国际。2019年9月23日至25日,第29届中国厨师节在天津举办。在"会、赛、展"三个方面充分发挥了弘扬美食文化、传承烹饪技艺、促进餐饮发展的积极作用。其间,累计吸引观众7万人次;各省市业界代表展示制作精品中餐菜肴2000余道,特别是举办了体现天津特色的津菜宴席展,进一步提升了津菜知名度;天津烹饪代表团10余人荣获全国烹饪技能大赛特别金奖,天津市举办的"津菜精彩"主题宴席展荣获本届厨师节特别奖。

7. 烹饪教育培训资源丰富

天津从20世纪50年代开始,就设立专门的烹饪培训机构,即现在的天津商业大学的前身,1976年天津市烹饪技术学校编写《天津菜谱》三册,成为当年餐饮行业乃至市民学习烹饪的教材,在这三册菜谱的基础上编写的《大众菜谱》已多次再版。如今,天津市烹饪技术学校在英国联合开办的鲁班工坊项目,成为中餐职业教育在英国落地的项目。

除此以外,天津市烹饪类专业院校覆盖了中职、高职,已拥有多所专门烹饪人才培养基地,形成了津菜传承人培养体系。再加上各类烹饪人才培训机构、餐饮企业师徒培养,基本满足了天津市烹饪人才需求。

(二)天津市创建国际美食之都的劣势分析

随着人口流动和文化交融,饮食文化呈现日趋融合的趋势。兼收并蓄,敢于创新是天津餐饮的精髓。但是不可否认,天津饮食在精致清淡方面逊色于淮扬系和粤系饮食,在口味丰富方面逊色于川湘菜系,在代表名菜的数量上逊色于鲁系,存在一定的局限性和短板。集中表现在全国影响力较低、企业规模较小、创新力度不够、宣传推广还不到位、营商环境有待进一步优化等方面。同时,支持津菜发展的资金政策尚属空白,亟待有关部门共同研究制定一系列促进津菜发展的组合政策。

（三）天津市创建国际美食之都的机遇分析

天津是"一带一路"的重要节点城市，是"京津冀"的重要组成部分。随着天津在"十四五"规划中提出将天津建设成国际消费中心城市，未来"双城"格局的形成，国家会议中心等大型服务项目的落地，天津服务京津冀，辐射华北、西北、东北的功能会进一步加强，为天津创建国际美食之都提供了难得的机遇。

（四）天津市创建国际美食之都的挑战分析

天津创建国际美食之都所面临的挑战来自两个方面。从内部来看，天津作为直辖市，地域面积和人口数量不占绝对优势，在国际上的知名度还不是很高，距离北京不过120公里，尽管航空、港口、高铁、公路齐全，但终究没有成为一个重要的交通枢纽，因而流动人口相对较少。加之天津目前正处于产业转型期，居民消费水平的增长不如北京、上海等一线城市等因素，让申办美食之都遇到挑战。从外部来看，成都、顺德、昆明、西安、长沙都申报了国际美食之都，多来越多的城市都摩拳擦掌、跃跃欲试，这使得外部竞争不断加剧，美食之都的门槛越来越高。

三 天津创建国际美食之都的工作思路

（一）坚持文化引领

天津创建国际美食之都，一定要坚持文化引领，开展天津餐饮文化源流脉络调研、研究和成果发布，开展天津餐饮业技艺传承谱系的编撰工作，多渠道、全媒体宣传天津饮食文化，提升天津餐饮文化影响力。

1. 天津市烹饪协会筹划的6集大型美食人文电视纪录片《寻味天津》

该记录中从不同的视角，全面展现了天津独特的地方饮食文化，体现了天津人好美食、喜尝鲜的民风食俗，反映了天津餐饮发展的历史积淀，刻画了天津餐饮人的匠心精神和守望相守，对天津餐饮的未来充满信心。

2. 编撰《天津饮食文化史》

天津烹饪协会专家委员会委员、著名饮食文化学者赵永强先生，目前正在编撰《天津饮食文化史》，该书预计20万字。这将是天津市有史以来第一部从饮食文化史的角度，全面梳理天津餐饮、天津菜和天津餐饮文化的形成、文化特色、人文特色的专著。

3. 筹建津菜博物馆

津菜文化需要重要的载体，筹建津菜博物馆无疑是最好的抓手。天津餐饮文化历史积淀深厚，实物、资料浩如烟海，需要把它整合起来，筹建津菜博物馆，使之成为百姓、餐饮从业者了解津菜、认识津菜的基地。要把"中国天津津菜博物馆"作为重要旅游景点，让游客品津菜、听故事，丰富天津旅游内容。

（二）助力创新驱动

创新是永恒的主题，只有不断创新，坚持走创新之路，不断加大宣传力度，让更多的全国乃至世界的美食汇集到天津，让津菜走向全国走遍世界，才能把天津建设成名副其实的国际美食之都。

1. 编写《津菜行业社团标准》

没有技术标准就不会有津菜的良好形象。天津市烹饪协会将联合津菜企业、职业院校制定津菜菜品加工制作规范和烹饪技术标准，作为行业社团标准进行颁布，在条件成熟的时候，进而成为天津市地方标准。

2. 筹划"津菜美食走出去"活动

通过参与"中国美食走进联合国""行走的年夜饭"等国际中餐交流活动，依托国家级、国际级协会打造的高端平台，让津菜走上国际舞台，实现津菜的国际化发展。

（三）推动品牌建设

建设天津餐饮业融媒体中心，开展百姓喜爱的美食评选活动，开展名企

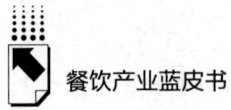

名店、名菜名点、名宴名厨、名小吃促销费系列活动。组建津菜产业发展基金，着力打造社区餐饮品牌、商业综合体、深夜食堂品牌特色。提高天津餐饮品牌的知名度、满意度、美誉度。

1. 天津美食地图

天津市烹饪协会在编写的《天津美食导航》的基础上，结合"天津餐饮业质量服务提升惠民工程"中评选出来的天津餐饮名店、天津餐饮业质量服务提升工程示范单位，编写《天津美食地图》，为百姓餐饮消费提供专业的服务，促进餐饮、商贸、旅游产业的融合发展。

2. 成立津菜文化与品牌推广中心

在移动互联的时代，传统媒体对津菜文化的宣传力度逐渐衰减。按照天津市领导"将津菜打造成网红菜系"这一指示精神，天津市烹饪协会计划成立津菜文化与品牌推广中心，借助"互联网新媒体助力天津餐饮品牌发展高峰论坛"，加强借助新媒体和自媒体宣传津菜文化和品牌企业的工作力度。

（四）重视人才培养

深化行校合作、校企合作、产教融合，各职业院校实施"青苗"计划，建立现代学徒制，建立并完善餐饮业各工种职业技能培训、职业资格认定体系。

1. 成立天津市烹饪大学

整合现有餐饮职业教育资源，成立烹饪本科层次乃至研究生层次的综合大学。开设烹饪与营养教育、食品科学与工程、会展经济与管理、酒店管理、休闲体育、旅游管理、中西烹饪、津菜等特色专业，为建设国际美食之都奠定人才基础。

2. 培育一批大师

津菜的发展离不开津菜大师的培育。天津市烹饪协会要经过三至五年时间，在全市培养10名津菜专业的国家级烹饪大师，100名市级津菜烹饪大师，1000名津菜烹饪名师，以形成传承发展津菜的人才梯队。

3.举办津菜高级厨艺研修班

开设津菜高级厨艺研修班,组织天津厨师,对外交部向全球推介天津活动中冷餐会菜单的设计思路和制作工艺进行培训,提高津菜的国际化水平。

4.举办津菜烹饪技能竞赛

津菜因交流而精彩、因互鉴而丰富。搭建津菜厨师交流、借鉴的平台。通过设立"津菜"伊尹奖,把津菜烹饪技能竞赛打造成津菜推广和普及的重要抓手。

参考文献

[1]"羊城旧客",《津门纪略》,天津古籍出版社,1986。
[2]邢颖等主编《中国餐饮产业发展报告(2020)》,社会科学文献出版社,2020。

B.13
中国餐饮业迎来品牌力2.0时代

——2020年中国餐饮品类与品牌调研报告

樊 宁*

摘　要： 本报告建立在红餐品牌研究院大数据基础上，分析2020年中国餐饮品类与品牌的发展状况与趋势，结合新冠肺炎疫情对餐饮业的冲击，重点关注市场分级与扩张、热门品类、头部品牌、单品品类等热点话题，从多个视角、多个维度对餐饮品类和品牌进行深度剖析，得出中国餐饮业进入品牌力2.0时代的结论。

关键词： 餐饮品类　餐饮品牌　大数据　品牌力

随着中国社会的高速发展，"品牌"已经成为推动企业乃至行业发展的重要动力。在各行各业为实现各自的品牌价值而快速奔跑时，餐饮行业的"品牌化"却显得有些落后。专注餐饮行业十余年的红餐网，于2018年成立了聚焦餐饮品牌研究的"红餐品牌研究院"，致力于将其打造成为国内餐饮品牌研究第一智库，更好地促进餐饮行业分析研究，助力餐饮行业发展和餐饮品牌力提升。

红餐品牌研究院依据红餐品牌大数据库内超过20000个餐饮品牌的基础

---

* 樊宁，北京大学文学和经济学双学士学位，澳门大学学者奖学金获得者，工商管理硕士。红餐网联合创始人，红餐品牌研究院执行院长，拥有十余年电视媒体和网络新媒体从业经验，近年来专注于餐饮品牌大数据研究及品牌营销。

数据，从餐饮品牌的口碑评价、媒体传播、经营状况、门店规模、荣誉奖励等多维度指标进行深入挖掘和剖析，得出能够将餐饮品牌力量化的"红餐指数"，并在此基础上定期更新，产生动态的、权威的餐饮品牌力量化模型，为餐饮行业从业者、投资人、意向创业者提供决策参考。

红餐指数由餐饮品牌的消费口碑指数、媒体传播指数、运营健康指数和荣誉背书指数四大维度的二级指数以不同的权重比例构成，二级指数下还有人气热度指数、融资能力指数、食品安全指数等20余个三级指数。作为最宏观、最综合的一级指数，红餐指数与餐饮品牌的综合实力呈正相关。

一 调研基本情况

红餐品牌研究院早在2018年成立之初，就开始着手建立餐饮品牌池和设计衡量餐饮品牌发展状况的统计计算模型，在这些研究的基础上，先后发布了多篇白皮书调研报告。本次调研是在餐饮品牌池20000多个品牌的基础上，筛选出数据完整且门店在5家以上（省级以上老字号、米其林餐厅以及中大型酒楼不受门店数筛选限制），共计3702个有效品牌样本。这样筛选的目的是排除作坊式单店、夫妻店这种体量小、存续不稳定、没有品牌力概念和价值的样本干扰，各品类所占的比例如图1所示。

如表1所示，样本品牌平均存续7.4年（排除老字号样本），中位值为5年，显然比餐饮行业门店平均寿命（1.5至2年）要长一些。

样本品牌门店数量平均值为120.5家，考虑到不同品类的门店平均数量会有较大区别，所以中位值29家可能更接近实际情况。

单店面积、人均消费、门店分布省份数分别为224.2平方米、50.4元、8.7个，中位数分别为200平方米、33元、5个。

样本品牌红餐指数的平均值为421.2，其中最高值为912.4，最低值为249.4，整体呈正态分布，能够较好地衡量餐饮品牌的综合实力。

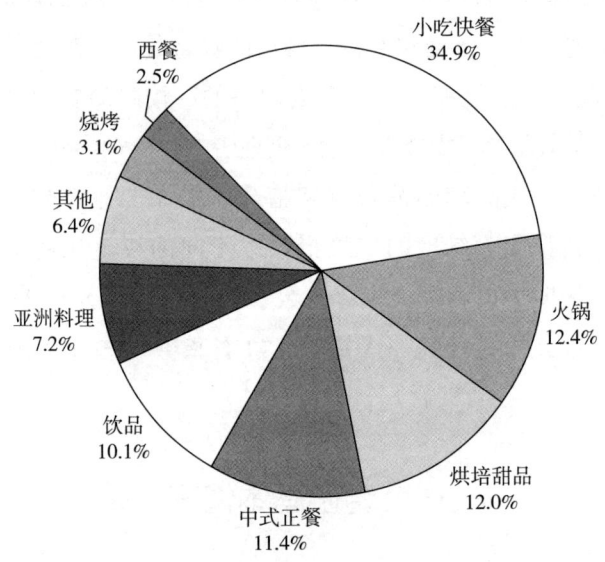

图 1 调研餐饮品牌样本品类分布

资料来源：红餐品牌研究院大数据库（截至 2020 年 11 月）。

表 1 调研餐饮品牌样本基本情况

项目	平均值	中位值
存续时间(除老字号)	7.4 年	5 年
门店数	120.5 家	29 家
单店面积	224.2 平方米	200 平方米
人均消费	50.4 元	33 元
门店分布省份数	8.7 个	5 个
红餐指数	421.2	404.1

资料来源：红餐品牌研究院大数据库（截至 2020 年 11 月）。

根据传统的区域划分，中国可以分为华北、东北、华东、华中、华南、西南、西北和港澳台共计八个区域，样本品牌在八个区域的分布比例如图 2 所示。

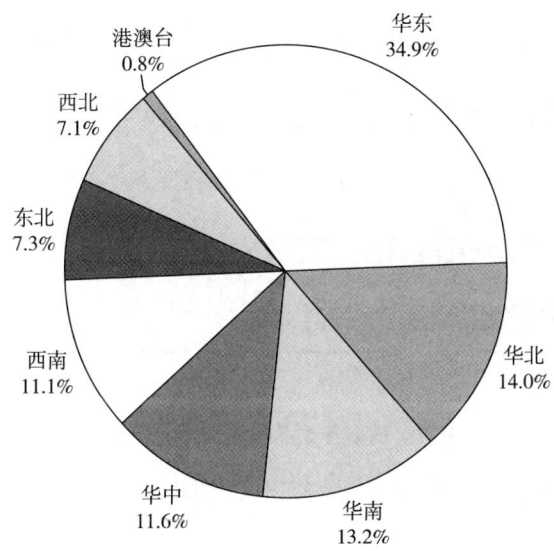

图 2　调研餐饮品牌样本区域分布

资料来源：红餐品牌研究院大数据库（截至 2020 年 11 月）。

可见，除港澳台地区外，样本品牌门店分布大体上呈现三个梯队。

第一梯队是华东地区，集中大约三分之一的样本品牌，成为全国餐饮品牌最集中的区域。

第二梯队是华北、华中、华南和西南地区，每个区域的样本品牌占比在 10%~15% 之间。

第三梯队是东北和西北地区，这两个区域的样本品牌占比都是略高于 7%。

如图 3 所示，从省份维度上看，广东省是最受样本品牌青睐的省份，9.8% 的样本品牌都选择在广东省开设分店，排名二到五位的省份依次是江苏、浙江、山东和河南。排名前四位的省份都是沿海经济发达省份，餐饮品牌偏好这些省份，与它们相对良好的经济活力、扎实的人口基数和宽松的地方政策密不可分。

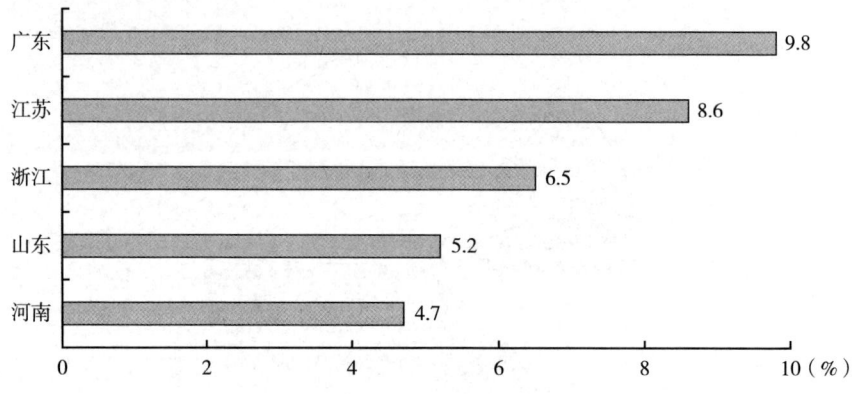

图3 调研餐饮品牌样本省份分布

资料来源：红餐品牌研究院大数据库（截至2020年11月）。

二 调研成果分析

1. 下沉市场与一、二线市场分析

下沉市场是这两年非常热的话题，很多餐饮品类和品牌都把开拓重点放在下沉市场，从下沉市场寻找业务增量。一般来说，餐饮业内普遍默认把三线及以下县市统一划分到下沉市场的范畴中，本次调研采纳这个约定俗成的概念，并尝试用数据对下沉市场和一、二线市场加以定义和划分。

如果一个餐饮品牌的门店主要分布于下沉区域，那么它就可以被称为"下沉市场布局"的品牌，同理，如果一个餐饮品牌的门店主要分布于一、二线城市，那么它可以被定义为"一、二线市场布局"的品牌，而介于二者之间的餐饮品牌，在下沉市场和一二线市场设立的门店数量差别不大，那么这些品牌可以称为"均匀布局"的品牌。基于以上逻辑，我们用餐饮品牌在一、二线城市门店数和三、四、五线城市门店数的比值来衡量这个品牌的"下沉程度"。

如果这个比值低于0.43，意味着这个品牌七成以上的门店都在三、四、五线城市，我们把它归于"下沉市场布局"品牌；如果比值高于2.33，意味着这个品牌七成以上的门店都在一二线城市，我们把它归于"一二线市场布局"品牌；比值越接近1，意味着这个品牌在下沉市场和一二线市场布局的门店数越接近，其门店分布在城市级别上相对没有明显的偏好，为了方便比较，我们把比值介于0.7和1.3之间的餐饮品牌定义于"均匀布局"。

表2 不同布局类型餐饮品牌表现差异

布局类型	存续时间（年）	门店数（个）	单店面积（平方米）	人均消费（元）	门店分布省份数（个）	红餐指数	人气热度指数	媒体传播指数	融资能力指数
一二线市场布局	7.3	83.2	239.7	52.5	6.3	424.6	54.5	45.9	3.5
均匀布局	7.5	259.6	205.4	45.0	13.3	441.5	71.7	48.4	2.2
下沉市场布局	7.4	63.1	200.3	39.1	6.9	386.2	40.6	37.4	1.0

资料来源：红餐品牌研究院大数据库（截至2020年11月）。

从表2可以看出，三种布局类型的餐饮品牌在存续时间上没有明显差别，所以有的观点认为新锐品牌的布局策略更加激进、更倾向于打破市场层级束缚，在这次研究里这种观点并没有得到支持。

从表2还可以看出：

一二线市场布局的餐饮品牌，其红餐指数居中，意味着品牌势能并不是它们的优势，它们更倾向于面积较大的门店和相对较高的人均消费，比较重视品牌在媒体上的传播，同时具有相对较强的融资能力。

均匀布局的品牌，红餐指数最高，意味着其品牌势能相应也是最强的，能够同时打通一二线市场和下沉市场区隔的品牌实力自然不容小觑，同时其平均门店数、门店分布省份数和人气热度都大幅高于其他两个类型的品牌，同时其媒体传播能力也相对较强，融资能力相对适中，也有可能是因为品牌自身盈利能力较强，不太需要资本扶持。

下沉市场布局的品牌，其红餐指数最低，可见专注下沉市场的餐饮品牌势能可能会受到抑制，同时平均门店数、单店面积、人均消费都是最低的，反映出其更倾向于轻运营、低连锁化率、低消费的小店模式，同时其人气热度、媒体传播、融资能力得分都是最低的,但是这并不意味着下沉市场品牌的生存状态更加恶劣,因为下沉市场的竞争环境和成本结构也是不一样的,和一二线市场不可同日而语。

不同品类在不同级别的市场表现有何区别?哪个品类更倾向于在下沉市场发力?

如图4所示,我们把样本品牌按照布局类型进行分组,分别为一二线市场布局、下沉市场布局和均匀布局三个组别,并且计算出各个组别里的品类占比。

34.0%的样本品牌偏好在一二线市场布局门店,10.7%的样本品牌偏好在下沉市场布局门店,18.7%样本品牌偏好在一二线市场和下沉市场同时推进门店布局,还有36.6%的样本品牌没有表现出明显的门店布局偏好。可见对于样本品牌来说(品牌门店在5家以上),一二线市场仍然是门店布局的重点,虽然下沉市场有海量的餐饮门店,但是这些门店主要是原生在下沉市场、没有品牌化的单体门店,也就无所谓"下沉布局"了。

三种布局类型组别中,小吃快餐品类所占比例都是最高的,且遥遥领

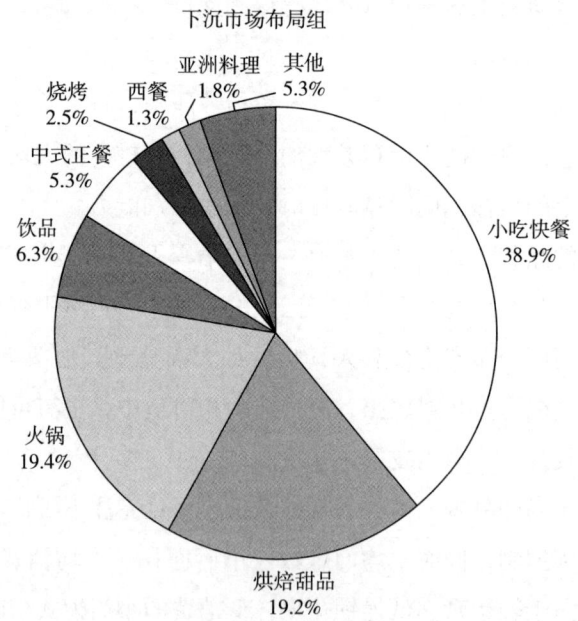

中国餐饮业迎来品牌力2.0时代

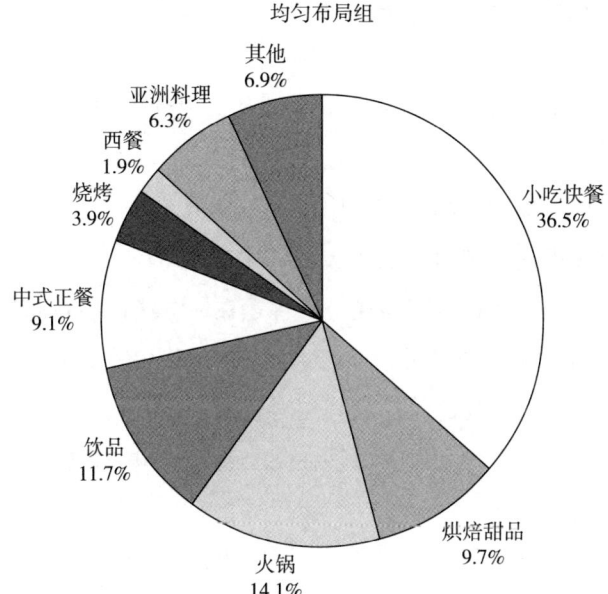

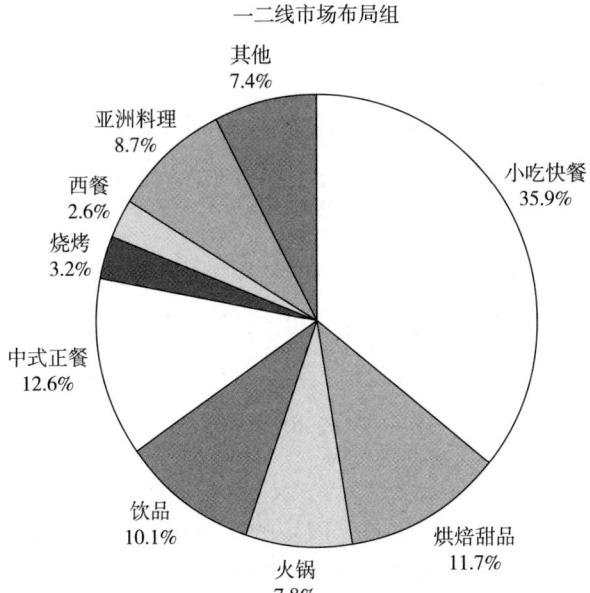

图4　三种门店布局类型组别的品类比例

资料来源：红餐品牌研究院大数据库（截至2020年11月）。

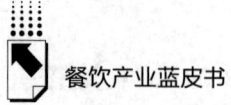

先，意味着小吃快餐在市场级别上是比较"通吃"的，在下沉市场和一二线市场都比较强势。

火锅总体在下沉市场占比最高（19.4%）。近年来很多原本主要在一二线市场布局的头部火锅品牌，借助强大的品牌势能纷纷宣布在下沉市场开疆扩土，所以火锅在均匀布局组里的比例也不算低（14.1%），但是专注在一二线市场布局的火锅品牌明显没那么多了（7.8%）。

饮品品类一般有两种扩张路径，一种是在一二线市场布局门店，获得强大品牌势能后向下沉市场渗透，或者在下沉市场站稳脚跟后包围一二线市场，而甘心守在下沉市场的饮品品牌相对较少（6.3%）。

中式正餐、亚洲料理和西餐都是在一二线布局组表现较好，在下沉市场布局组表现较弱。

总体来看，小吃快餐通吃各级别市场，火锅和烘焙甜品在下沉市场表现相对强势，正餐、亚洲料理和西餐在一二线市场表现比较强势，饮品正在"农村包围城市"。

2. 品类发展趋势分析

近年来，尤其是新冠肺炎疫情暴发后，各个餐饮品类的表现出现较大的分化。"选择大于努力"，有时候选择一个好的品类赛道比埋头苦干更重要，更是餐饮品牌成功的关键。

那么众多餐饮品类中，哪些品类是站在风口上的热门品类？哪些品类的成长势头最被看好？我们从两个视角切入试图回答以上的问题。

一个分析的视角是"掐尖取样"。如图5所示，我们整理了红餐品牌研究院餐饮品牌大数据库中2019年和2020年的品牌数据，选择了三个时间点：一个是2019年12月，正值新冠肺炎疫情暴发前夜；一个是2020年6月，新冠肺炎疫情对餐饮行业的负面影响刚刚过了波峰；最后一个是2020年11月，新冠肺炎疫情开始呈现常态化趋势。

在这三个时间节点上，我们计算出数据库中所有样本品牌的红餐指数并做总体排名，在每个时间节点上取前300名，分析这三份Top 300榜单中各品类占据比例的波动情况，可以粗略地反映出各个品类的发展势头。

中国餐饮业迎来品牌力2.0时代

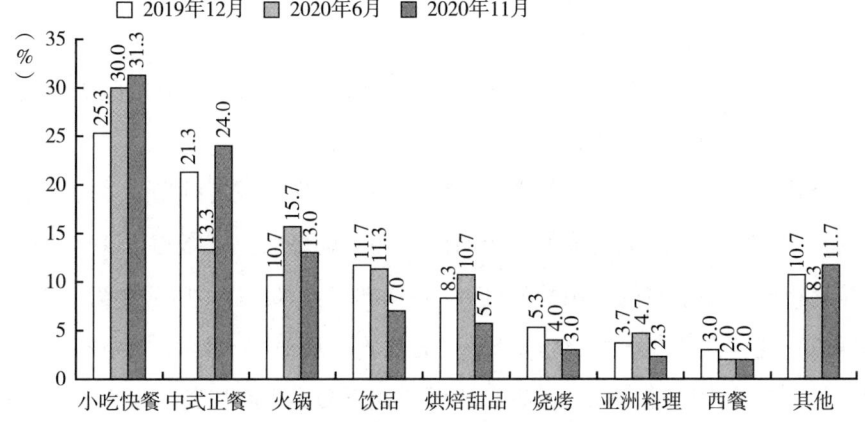

图5　红餐指数总榜排前300名品牌所属品类比例变化

资料来源：红餐品牌研究院大数据库（截至2020年11月）。

从图5可以看出，疫情对于中式正餐的冲击是比较大的，其在红餐指数前300名中的席位比例从2019年12月的21.3%骤减至2020年6月的13.3%，比例波动幅度是所有品类中最大的，但是到了2020年11月，其席位比例已经回升至24.0%，这一"V"形反转可以用"王者归来"形容。

在2020年6月，小吃快餐和火锅两个品类的席位比例有比较明显的上浮，上浮幅度都差不多在5个百分点左右，说明这两个品类受疫情影响相对较小，甚至会受益于疫情对其他品类的排除效应，填补了以中式正餐为代表的受疫情影响较大品类吐出的市场份额。

但是到了2020年11月，小吃快餐和火锅品类的表现也出现了细微的分化：小吃快餐的席位比例继续小幅上升，到了31.3%，说明小吃快餐继续保持了疫情期间的强势表现，仍然还有上升惯性，可以说是"乘风破浪"了；而火锅的席位比例在11月是有小幅下降的，但是总体比例依然是强势的，表现出"强者恒强"的态势。

饮品品类在2019年12月和2020年6月的红餐指数前300名席位比例变化不大，但是在2020年11月出现了比较明显的下降，初步推测可能有两方面的原因：一是冬季是饮品消费淡季，红餐指数表现欠佳可以理解；二是饮品赛道确实面临"热度如何持续"的问题，饮品品类两个最大的子品类茶饮和咖饮，在整个2020年都是争议不断，有的是关于产品抄袭的问题，有的是关于扩张模式的分歧，有的是关于性价比的取舍，还有的是关于造假退市的尴尬……饮品品类，确实需要"调整再出发"。

烧烤品类在新冠肺炎疫情期间曾有过亮眼表现，但是风光更多地属于有限的头部品牌。在以上选取的三个时间点上，烧烤品类红餐指数Top 300的席位比例是不断下滑的。虽然幅度并不大，但是也足以反映出烧烤品类面临的痛点：整个品类处于"不上不下"的位置。虽然也有比较强势的头部品牌，但是总体上势单力孤，没有形成像中式正餐、小吃快餐、火锅和饮品那样的"强势品牌俱乐部"，对品类势能的拉高起不到加持作用。

另一个分析的视角是"总体把脉"。如表3所示，我们计算出2020年11月每个餐饮品类囊括品牌的红餐指数均值，以及各自在消费口碑、媒体传播、运营健康和荣誉背书四个分项指标上的得分排名情况。

表3 主要餐饮品类红餐指数等指标的排名

排名	红餐指数	消费口碑指数	媒体传播指数	运营健康指数	荣誉背书指数
1	中式正餐	中式正餐	中式正餐	小吃快餐	中式正餐
2	火锅	亚洲料理	饮品	火锅	烧烤
3	饮品	西餐	西餐	中式正餐	火锅
4	小吃快餐	火锅	烘焙甜品	饮品	西餐
5	西餐	烧烤	火锅	烧烤	小吃快餐
6	烧烤	饮品	烧烤	西餐	亚洲料理
7	亚洲料理	烘焙甜品	小吃快餐	烘焙甜品	烘焙甜品
8	烘焙甜品	小吃快餐	亚洲料理	亚洲料理	饮品

资料来源：红餐品牌研究院大数据库（截至2020年11月）。

非常值得一提的是，中式正餐在红餐指数、消费口碑指数、媒体传播指数和荣誉背书指数上都以较大优势拔得头筹，再次印证"王者归来"的标签。

小吃快餐在2020年虽然总体上顺风顺水、乘风破浪，但是其各项表现不太平均，表现得比较"偏科"。在品类总体势能上，小吃快餐的红餐指数略低于总体平均水平，但是其在消费口碑指数上排名垫底，在媒体传播指数上排名倒数第二，反映出其在消费者评价反馈和媒体推广力度上的短板。但是在运营健康指数上，小吃快餐以比较大的领先优势夺得第一名，其主要的得分点在于门店数量、品牌规模以及裂变能力上。

其他品类在各个指数维度上的表现相对中规中矩。

通过以上的数据可以看出，中式正餐和小吃快餐这两个品类是最值得深入分析的。

人气热度是衡量中式正餐各个子品类发展势头的最重要指标之一，以下即选取人气热度排名前六位的中式正餐子品类做比较分析，分别是粤菜、江浙菜、川菜、湘菜、北京菜、西北菜，如图6所示。

粤菜，是中式正餐中人气热度最高的子品类，并且人气热度值与第二名拉开了比较大的差距，但是其红餐指数居中，表明其品类势能位于中游。另外，粤菜品类的品牌平均门店数和门店分布省份数都是相对较低的，说明粤菜品牌的扩张能力或者扩张欲望都不太强，粤菜门店布局策略是比较集中在一二线市场，所以粤菜的品类画像是人气高，但是比较踏实和务实，整体是比较内敛型的品类，是"闷声发财"的代表品类。

江浙菜和粤菜有点类似，人气热度比较高，品牌平均门店数和门店分布省份数都比较低。不同的是，江浙菜的红餐指数更高一些，对应的品类势能也略高一些，同时品牌的门店布局策略更偏好均匀布局类型。

川菜，红餐指数和品牌平均门店数都比较适中，特点是扩张能力很强，品牌门店平均分布6.7个省份，布局策略也相对偏好均匀布局类型。

湘菜，是2020年最博眼球的正餐品类，拥有较强的扩张能力，样本湘菜品牌平均拥有44.7家门店，是六个子品类里最高的，品牌门店平均分布6.3个省份，仅次于川菜的6.7个省份。更难能可贵的是，湘菜品牌的布局策略高度偏好均匀布局类型，意味着湘菜几乎通吃所有级别的市场。无论是一二线城市，还是县城小镇，都可以轻易找到湘菜餐馆。

北京菜，品牌平均门店数和门店平均分布省份数都比较适中，裂变能力

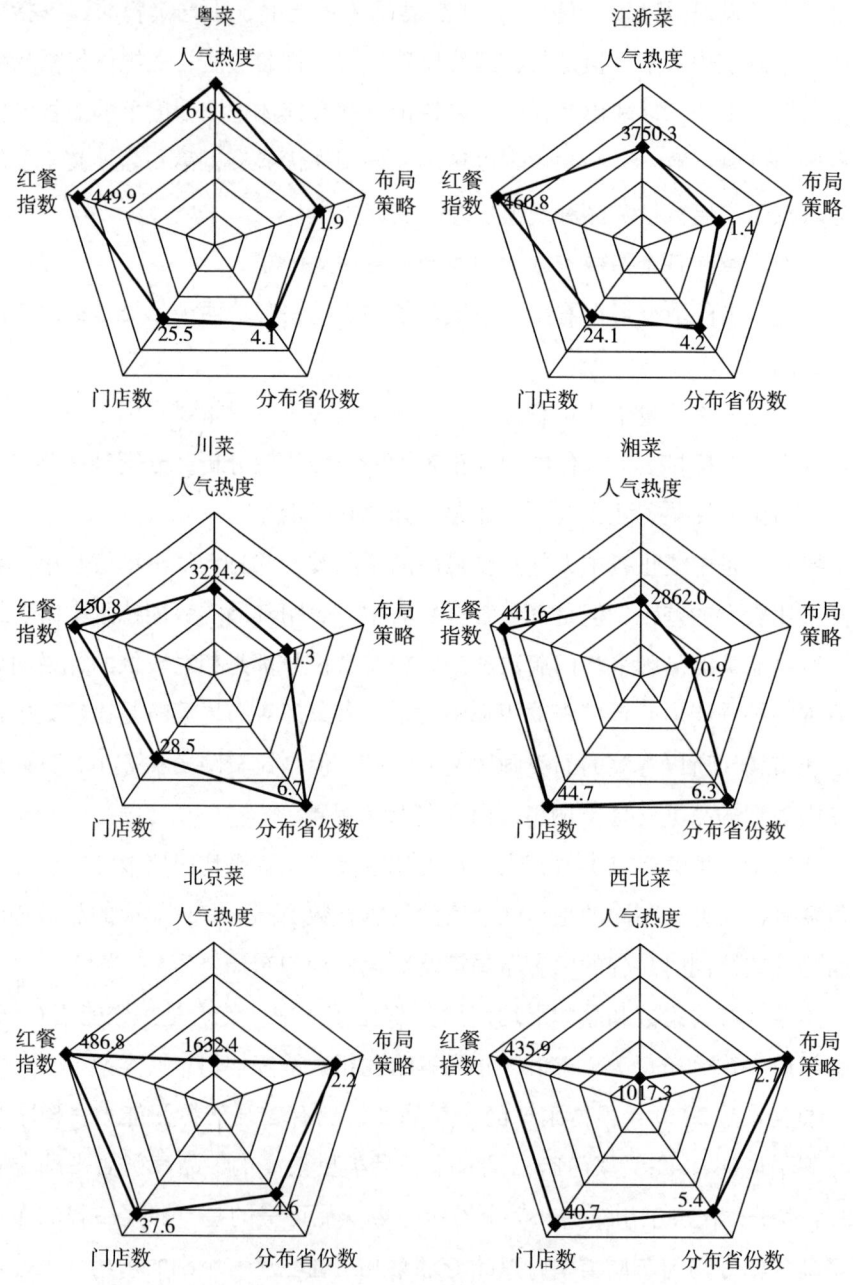

图6 中式正餐人气排名前六子品类表现情况

资料来源：红餐品牌研究院大数据库（截至2020年11月）。

一般,其特点是红餐指数得分最高,意味着其品类总体势能是很高的,同时其门店相对集中于一二线市场。

西北菜,人气热度相对其他五个子品类相对弱势一些,同样,红餐指数也相对弱势。从其品牌平均门店数和门店平均分布省份数来看,其裂变能力比较中庸,但是西北菜的布局策略高度偏好一二线市场布局,是六个子品类中最偏好一二线市场的。

众所周知,小吃快餐品类的亮点是门店多、裂变能力强,下面选取其中门店总数最多的六个子品类做对比分析。

如图7所示,小吃快餐六个主要子品类的红餐指数都差不多,没有拉开差距,但是在品牌平均门店数、门店平均分布省份数和布局偏好上,六个子品类表现得却是各有千秋。

首先是品牌平均门店数,鸡排炸鸡以713.6家遥遥领先于其他子品类,卤味熟食和西式综合快餐以400多家的体量处于第二梯队,这三个子品类基本都是以家禽作为食材原料,在供应链上有着天然的优势,能够支撑起铺天盖地的门店数量。

其次看门店平均分布省份数,鸡排炸鸡和麻辣烫以15个左右的省份覆盖能力处于第一梯队,卤味熟食和饭食以11个左右的省份覆盖能力处于第二梯队。

再次看门店布局偏好,除了卤味熟食数值略高、布局偏好没那么明显外,其他五个子品类都是典型的平均布局类型,上到一二线市场,下到下沉市场,这几个子品类都是基本能够适应的。

通过对小吃快餐人均消费区间的研究,我们发现了一个有趣的现象,姑且称之为"40元分界线现象",即以40元人均消费划线,40元以下和40元以上的小吃快餐品牌在多个指标维度上的表现呈现截然不同的特征,如表4所示。总体来说,人均消费40元以上的小吃快餐品牌,其红餐指数、品牌历史(存续时间)、平均单店面积、消费口碑指数、媒体传播指数数值明显更高,而平均门店数、门店分布省份数数值明显更低。

餐饮产业蓝皮书

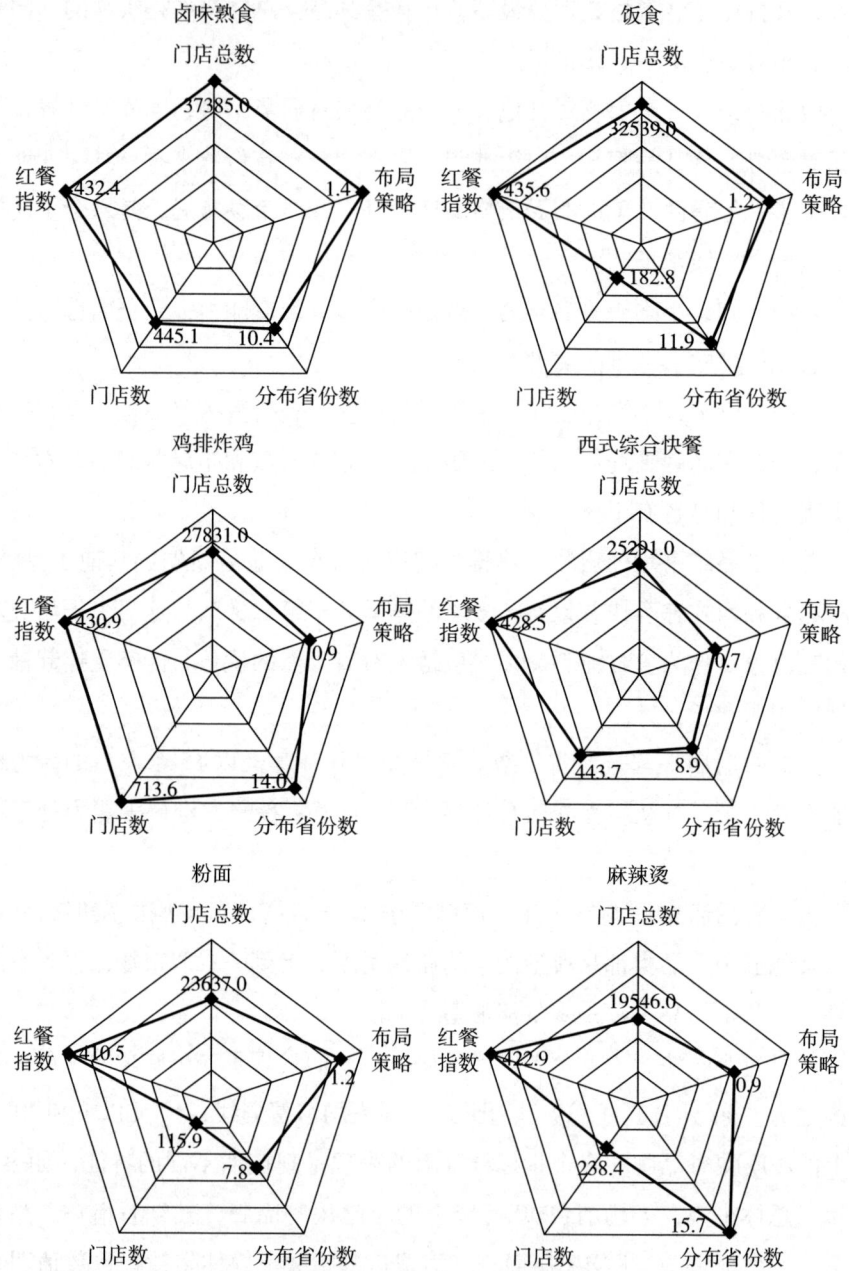

图7 小吃快餐人气排名前六子品类表现情况

资料来源：红餐品牌研究院大数据库（截至2020年11月）。

表 4　小吃快餐不同品牌人均消费水平表现情况

人均消费	存续时间（年）	平均单店面积（平方米）	平均门店数（个）	门店分布省份数（个）	红餐指数	消费口碑指数	媒体传播指数	布局策略
20 元以下	8.1	152.2	226.9	9.8	407.4	235.1	37.8	1.0
20~30 元	9.6	143.3	177.4	10.4	423.1	241.5	41.7	1.0
30~40 元	10.4	135.3	210.8	11.2	429.7	243.6	44.3	1.7
40 元以上	14.2	194.7	77.1	7.7	443.2	253.8	54.6	1.6

资料来源：红餐品牌研究院大数据库（截至 2020 年 11 月）。

人均消费越低，品牌历史越短。一方面小吃快餐的溢价能力和品牌历史有关，老字号或者底蕴更强的品牌可以定价更高，另一方面小吃快餐的新入场品牌往往比较偏好用性价比打法抢占市场。

同时，人均消费越低，品牌势能也会受到束缚，红餐指数得分也会更低，对应的消费评价口碑更差，媒体传播力更弱，所以性价比是一把双刃剑，需要掌握一个良好的尺度才能最大限度地帮助品牌攻城略地。

值得一提的是，在门店布局偏好上，表现差异的分界线在人均消费 30 元。30 元人均消费以下品牌在各级别市场上的门店布局相当平均，30 元以上品牌开始相对地向一二线市场靠拢。

人均消费超过 40 元的小吃快餐品牌，其画像是具有相对较高的品牌势能和比较长的品牌历史，保持了良好的口碑和媒体传播能力，单店面积较大，分店开设相对较少，且向一二线城市靠拢。在现实中，这种类型的小吃快餐品牌普遍生存比较滋润。

所以在切入小吃快餐赛道前，品牌一定要想好自己的角色，未来能够成为什么样的品牌，可能在开设第一家门店的时候剧本已经写好了。

3. 区域性品牌与全国性品牌分析

上文在分析中式正餐品类时，从地方菜系的角度，展开分析了六个以地方菜系为标签的子品类，地方菜系品牌和区域性品牌是完全不同的两个概念。一个主打地方菜系的餐饮品牌，可能是区域性品牌，也可能是全国性品牌。

我们依据传统认知，把全国市场分成华北、东北、东南、华中、华南、西南、西北七个区域（不包含港澳台区域），并做如下定义：若某个品牌的门店分布在2个及2个以下区域，则将其归为区域性品牌；若某个品牌的门店分布在5个及5个以上区域，则将其归为全国性品牌，并将二者各维度指标进行对比分析，如表5所示。

表5 区域性品牌与全国性品牌表现情况

品牌类型	存续时间（年）	平均门店数（个）	平均单店面积（平方米）	门店分布省份数（个）	人均消费（元）
区域性品牌	7.3	26.5	257.1	2.2	54.7
全国性品牌	7.5	272.3	187.3	17.2	43.4

品牌类型	红餐指数	人气热度指数	消费口碑指数	媒体传播指数	融资能力指数
区域性品牌	385.9	45.5	244	38.7	2.1
全国性品牌	461.1	68.2	247.7	52.4	2.7

资料来源：红餐品牌研究院大数据库（截至2020年11月）。

与区域性品牌相比，全国性品牌拥有更高的红餐指数，也意味着其品牌势能总体要高出一截。同时全国性品牌的平均门店数是区域性品牌的大约10倍，门店分布省份数、人气热度指数、媒体传播指数也是大幅领先，融资能力方面也略有优势。

而区域性品牌更加倾向于中型以上门店，并在人均消费上略高一些。

二者在品牌历史（存续时间）上没有明显差别，说明很多品牌在成立之初就在区域性和全国性之间为自己做出了定位。区域性品牌有了成绩和经验后，再向全国扩张，只是一种成长路径，并不代表普遍性。

二者在消费口碑指数上也是相差无几，说明消费者在这两种类型餐饮门店中的消费体验品质上没有明显差别。

4. 头部品牌分析

头部品牌代表行业或者品类发展的最高水平，每个餐饮品类都有各自的头部品牌，对品类的认知形成和推广有不可替代的作用。同时，各个品类的发展情况各异，也造成了其头部品牌发展情况各不相同。在一些细分品类上，其头部品牌在整个行业里可能未必实力强劲，但是通过统计筛选的方式把这些头部品牌集合到一起，分析其与全样本数据的差异，依然具有很好的参考价值。

我们从红餐品牌研究院数据里的9个餐饮一级品类中截取红餐指数排名前10位的品牌，一共得到90个品牌，以此组成头部品牌池来和全样本数据比较，看看是哪些特征成就了这些头部品牌。

表6 头部品牌与全样本品牌表现情况

品牌类型	存续时间(年)	平均门店数(个)	门店分布省份数(个)	平均单店面积(平方米)	人均消费(元)	人气热度指数	食品安全指数	融资能力指数
头部品牌	23.3	1287.5	18.4	324.0	97.9	273.6	18.0	8.0
全样本品牌	7.4	122.5	8.7	224.2	50.4	55.2	19.8	2.5

资料来源：红餐品牌研究院大数据库（截至2020年11月）。

如表6所示，在品牌历史上，头部品牌体现出真正的"剩者为王"，其平均存续时间高达23.3年，如果去掉老字号品牌，头部品牌平均存续时间也有17.9年，而全样本品牌只有7.4年。

头部品牌人气热度指数是全样本品牌平均值的近5倍，人均消费是全样本品牌平均值的近2倍。

关于品牌平均门店数，头部品牌池一共90个品牌，样本量占全样本总数的2.4%，但是这90个品牌的门店数占全样本门店数的23.8%，同时，头部品牌池的品牌分布省份数高达18.4个，平均门店数1287.5家。所以，如果一个品牌想成为品类代表品牌或者头部品牌，门店总数达到千店级别并且几乎要铺满大半个中国，已经成为基本门槛。

另外，头部品牌对于资本的吸引能力非常突出，其融资能力指数高达8.0。

但是在食品安全指数上，头部品牌略低于全样本品牌平均值，这并不是头部品牌更容易出现食品安全问题，根本原因是头部品牌受到了更多的监督和媒体曝光，欲戴王冠、必承其重。

5. 单品品类分析

单品品类是一个非常容易诞生明星品牌的赛道，很多人把单品和爆品相提并论，把互联网的爆品思维杂糅其中，得出"餐饮爆品思维失效"的结论。把单品当成一种"营销思维"，当成"定位理论"在餐饮行业的具体实践，这种营销方式也不乏成功案例，但是也有部分品牌过于迷信爆品营销，希望"一炮而红、一劳永逸"，往往禁不起时间的考验。

长远来看，从"成本思维"的角度去理解和实践单品战略，似乎更符合当下餐饮发展的主流趋势。现在我们几乎很少看到SKU繁多的餐饮品牌能够占据头部位置，精简的SKU可以帮助品牌集中资源和力量打造更有品质、性价比更高的强感知超级产品，像太二酸菜鱼、蛙来哒、杨记兴臭鳜鱼等，都是杰出的代表。

疫情期间迫于成本压力，很多餐饮品牌都采纳"短菜单"的产品线，收到"少即是多"的良好效果。如果说强调单一产品是对单品策略的片面理解和矫枉过正，那么现在正在盛行的"短菜单"无疑是相对更好的产品方案。

当前，在单品品类赛道做得比较好的餐饮品牌集中在"家禽双巨头"（鸡鸭）和"水产四金刚"（鱼虾蟹蛙）。

表7 不同单品品类表现情况

单品品类	存续时间(年)	平均门店数(个)	门店分布省份数(个)	平均单店面积(平方米)	人均消费(元)	红餐指数	媒体传播指数	布局策略
小龙虾	7.5	74.2	8.2	271.7	100.0	432.0	44.9	1.4
烤鱼	7.3	63.0	9.1	258.6	71.6	440.2	53.9	1.0
牛蛙	4.7	51.4	9.0	248.3	69.2	441.3	50.3	2.5
酸菜鱼	6.7	86.8	9.5	222.4	58.9	437.4	52.8	1.5
肉蟹煲	5.7	54.1	9.2	233.6	72.9	414.3	32.3	1.3
鸡排炸鸡	6.5	713.6	14.0	97.4	23.7	430.9	41.3	0.9
卤味熟食	6.6	453.1	10.4	126.8	26.3	432.4	47.3	1.4

资料来源：红餐品牌研究院大数据库（截至2020年11月）。

表7选取了七个相对比较典型的单品品类，除了肉蟹煲的红餐指数略低外，其他品类的红餐指数差异不大，整体势能大体在一个水平上。

小龙虾品类的特点是：品牌平均存续时间较长，平均单店面积较大，人均消费较高，门店扩张能力中等；烤鱼品类的品牌平均存续时间也较长，媒体传播力最强，和鸡排炸鸡品牌一样，属于非常典型的均匀布局型品类，遍布中国各级别城市；牛蛙品类是最偏好一二线布局策略的单品品类，品牌平均门店数相对比较低，扩张能力一般；酸菜鱼品类是水产四金刚里品牌平均门店数最多的一个，也是品牌门店分布省份数最多的一个，表现出比较强的扩张能力；肉蟹煲品类各方面的数据表现相对中庸，其媒体传播力是短板。

家禽双巨头主要体现在鸡排炸鸡和卤味熟食两个品类里，特点是品牌平均门店数特别多，平均单店面积比较小，人均消费比较低，扩张能力极强。

三 餐饮品牌力2.0时代到来

综合以上的分析，我们认为中国餐饮品牌力2.0时代正在到来，具体体现在以下几个方面：

1. 零售化是入场券

在餐饮品牌力1.0时代，每一家餐厅都像是一个微型的"前店后厂"产业链：后厨负责原料加工，前厅负责销售和服务，而进入餐饮品牌力2.0时代，餐厅后端将会更加标准化，餐厅前端将会更加规模化，而标准化加规模化的化学反应，催生出餐饮的零售化。

这一系列的变化影响整个行业甚至产业的配套转型发展。比如在人才方面，后端生产将进一步摆脱对厨师的依赖，厨师的培训周期可能从几年缩短到几周；门店的投资额进一步降低，小而美的门店将更加受到欢迎，零售外带窗口成为标配；复合调味料将高速发展，实现中餐口味的标准化和个性化定制；等等。

零售化虽然是进入餐饮品牌力2.0时代的入场券，但是并不意味着所有餐饮品牌都要追求零售化，会有相当一部分餐饮品牌依然保留着非标准化、

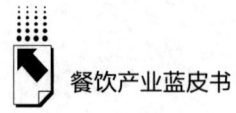

非规模化的生产方式,而且生存得很好,甚至一样可以获得很高的品牌势能,典型的例子是米其林餐厅。米其林餐厅可以把餐饮当成艺术创作,它们不必拒绝新技术,会把新技术当作工具,把餐饮之美推上新的高度,实现更高的溢价能力。

2. 以科技为桨,以体验为帆

有人说餐饮是人类有史以来最古老、最复杂的行业,进入餐饮品牌力2.0时代以后,我们会发现很难给餐饮品牌下一个准确的定义,但是有一点是非常肯定的:成功的餐饮企业一定是以科学技术为内驱动力,以顾客体验为方向指引。纵观中国餐饮业发展的几十年,从产品导向到服务导向再到体验导向,已经是不可逆转的发展趋势。

体验经济有些很特别的属性需要餐饮品牌格外注意:

➢体验遵循木桶原理,最差的细节决定总体体验;

➢体验可以升级,却不能回调,所以不计成本的体验升级坚决不能做;

➢体验没有上限和瓶颈,可以追求极致;

➢体验是主观感受,需要引导顾客帮助其获得更好的体验;

➢体验很难复制。

未来,在强大供应链和科学管理体系的加持下,餐厅的产品和服务品质难分胜负,营销手段也很难翻出花样,体验价值将成为餐饮品牌实现溢价的最重要手段。值得一提的是,现在很多餐饮品牌已经开始通过外部采购体验咨询服务的方式提升自身的体验价值。

3. 客群决定潜力,对手决定格局

在餐饮品牌力1.0时代,定位清晰、做好自我,在很多细节上都比同行优秀一点,就可以吸引到顾客,撑起一家生意还不错的餐厅,但是在餐饮品牌力2.0时代,仅靠这些已经远远不够。

一方面客群正在分化分层,客群的质量决定了餐饮品牌的上升潜力,现在大多数餐饮品牌都在着力吸引年轻一代消费者(甚至是"00后"),很多分析者从消费能力角度入手去解释这个现象往往很难自圆其说,因为要证明"90后"或者"00后"的消费能力有多强是反常识的,年轻客群的作用不是直接为餐饮品牌贡献多少营收,而是帮助餐饮品牌建立正向人格,通过分享帮助餐饮品牌尽快破圈,提升餐饮品牌发展潜力,最终从"80 后"甚至"70 后"这些真正的消费主力群体身上"剪羊毛"。

另一方面,跨界打劫、降维打击在餐饮行业里已经稀松平常。如果一家餐厅把竞争对手锁定在方圆 3 公里之内的餐饮同行的话,它可能永远都成为不了头部品牌。如果餐饮品牌把视角打开,会发现锁定正确的竞争对手会帮助自己更深刻地自省。如果说抖音的对手是王者荣耀,万达广场的竞争对手是美团大众,那么社区餐饮门店的对手就是 711 便利店和钱大妈生鲜超市,预制菜和半成品品类的竞争对手就是家庭厨房冰箱里所有的速冻食品。

餐饮品牌的终极对手是谁?可能有一天会有一个餐饮品牌宣布,"我们的竞争对手是家庭主妇",这需要改变行业、改变世界的勇气。

参考文献

红餐品牌研究院:《2020 中国餐饮品牌力白皮书》,2020。

B.14
2020年中国线上外卖行业发展报告

安 神*

摘　要： 2020年在新冠肺炎疫情的影响下，整个餐饮行业经历了巨大的变革，很多餐馆也经历了一轮闭店潮，但是中国餐饮线上外卖用户达到4.56亿的规模，外卖营业收入达到8119.4亿，用户和营收规模都取得了巨大的增长。在疫情的冲击下，餐饮企业纷纷投入线上外卖经营的探索中，同时也花更多精力打造成品、半成品标准化生产线，上线"堂食＋外卖＋外带＋零售"等多种销售的经营业态，开发"社区档口""24小时营业餐厅"等多时段、多场景经营模式。

关键词： 外卖　餐饮数字化　中小餐饮商家　品类发展

2020年在新冠肺炎疫情的影响下，餐饮行业经历了巨大的变革。2020年上半年，我国餐饮业呈现断崖式下跌的局面，成为受新冠肺炎疫情影响的重灾区。经历了疫情的冲击后，餐饮企业纷纷进行"新模式"的探索，花更多的时间和精力打造成品、半成品标准化生产线，上线"堂食＋外卖＋外带＋零售"等多渠道销售的经营业态，开发"社区档口""24小时营业餐厅"等多时段、多场景经营模式。

---

* 安神，外卖头条、洪七公外卖课堂创始人，正新鸡排、华莱士、书亦烧仙草外卖顾问。

一 2020年中国餐饮线上外卖现状

（一）2020年中国餐饮线上外卖发展特点

从2020年的线上外卖大数据来看，中国餐饮线上外卖整体发展呈现了以下特点。

1. 2020年外卖用户突破4.56亿，10个网民中有近5个点外卖

2020年全国餐饮线上外卖用户规模持续增长，艾媒咨询数据显示，2020年第四季度外卖用户规模突破4.56亿。根据第47次《中国互联网络发展状况统计报告》，截至2020年12月，我国手机网民规模达9.86亿。外卖用户占网民规模的46%，10个网民中有近5个网民要点外卖，外卖已经成为品牌触达新生代用户必不可少的重要渠道。

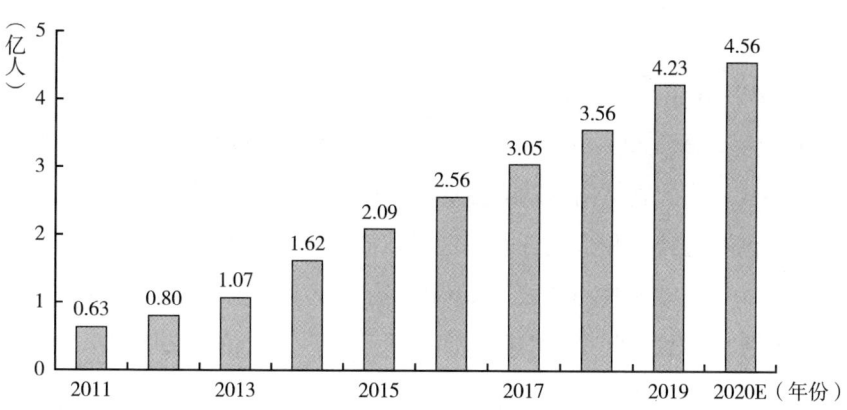

图1 2011~2020年中国在线外卖用户规模及预测

资料来源：iiMedia Research。

2. 2020年外卖行业收入占餐饮行业收入的比例首次突破20.5%

根据国家统计局的数据统计，2020年中国餐饮行业收入达到39527亿元，是2011年以来首次出现负增长的年份，相对于2019年增长率

为-15.4%。而中国餐饮线上外卖行业收入却依旧在高速增长，2020年外卖行业收入高达8119.4亿元，相对于2019年实现增长24.2%，2020年外卖行业收入占2020年中国餐饮行业收入的20.5%（见图2）。

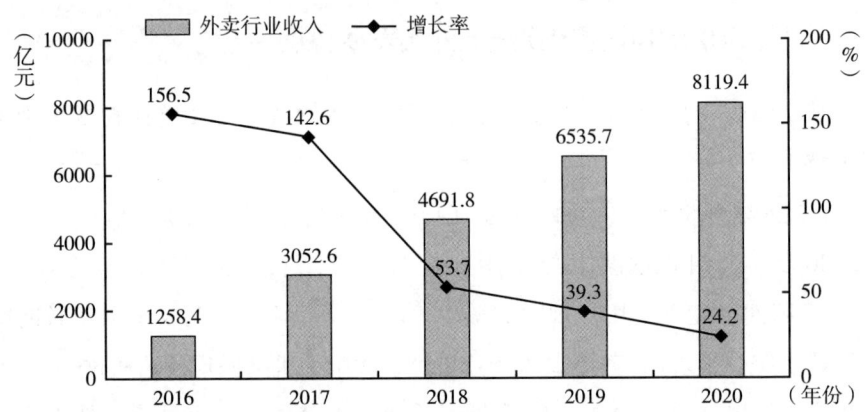

图2　2016～2020年中国外卖行业收入及增长率

资料来源：美团外卖、艾瑞咨询。

3.2020年疫情加速了餐饮企业的外卖化、零售化、数字化进程

2020年，新冠肺炎疫情加速推动餐饮业数字化进程，外卖作为数字化的一种形式，成为餐饮商家的必备能力之一。在激烈的用户端竞争之外，外卖平台尝试通过技术和模式创新赋能餐饮商户端，寻求企业服务市场的新发展机遇。如美团频繁收购餐饮SaaS服务商，阿里巴巴本地生活收购客如云等软件服务商，除了阿里、美团这两个中心化平台，依托私域流量发展起来的去中心化平台微盟、有赞，也在餐饮TO B服务方面发力，争抢餐饮数字化服务市场的份额。

4.中小商户构成外卖的生态主体，30元客单占比超六成

根据《2020年中国餐饮外卖中小商户发展报告》数据，81.41%的餐饮商户平台年交易额在20万元以内，2020年美团外卖平台所有外卖订单中，30元以下的低价订单占比约为64%。从订单分布数据来看，在2019年冬季和2020年冬季，外卖订单都处于整个年度订单的峰值状态，而春季的订单

数量处于2020年度订单量的低谷期。从大数据来看，中国餐饮外卖中小商户的订单在全天时间分布上呈现双驼峰特征，早餐订单超过整体订单的30%，而下午茶订单超过整体订单的25%。

（二）2020年中国餐饮线上外卖发展特点

2020年中国餐饮线上外卖总体来说，呈现两个极端发展，大众品类赛道竞争激烈，小众品类体量相对来说不大，但是进入者也逐渐增加，呈现增长态势。在平台流量资源分配机制下，高毛利品类和低毛利品类发展表现出比较大的差距。

1. 大众快餐竞争激烈，特色细分品类外卖增长迅速

2020年大众快餐品类竞争十分激烈，但其中的特色品类奶茶、甜品、生鲜、商超的订单量都经历了较大幅度的增长。

2. 茶饮订单占比超过10%，茶饮甜点外卖万单店增多

2020年中国餐饮线上外卖的茶饮品类订单占比超过了整体外卖订单的10%，对整个行业来讲，是个巨大飞跃。在疫情之下，茶饮门店的规模增长也最为迅速。根据美团外卖数据，茶饮甜点的外卖万单店相对增多。

3. 非美食品类增长迅速，生鲜、超市、药店、啤酒等订单增长迅猛

在整个市场当中，在疫情的影响下，非美食品类的订单增长也较为迅速，其中生鲜、超市、药店、啤酒等品类订单增长速度远超市场预期。2020年，以阿里巴巴、美团、滴滴、京东为代表的企业，纷纷进入生鲜品类的社区团购竞争中，生鲜品类的订单规模增长也最为迅速。

4. 美团、饿了么纷纷出台政策，助力餐饮企业线上业绩增长

在疫情的影响下，餐饮企业的经营异常艰难。2020年1月30日饿了么发布"五个决定"，2月2日美团外卖启动七项帮扶政策，协助餐饮商户渡过难关。两大平台多次升级帮扶措施，从资金、流量、服务等多个维度助力商家恢复运营。

二 中国外卖行业品类订单分析

（一）整体品类订单的发展特点

根据美团外卖数据，2020年12月份0～20元人均单价的门店数量占比达49.67%，比9月份的56.81%下降了7.14个百分点，其中人均单价20元以上的外卖门店数占比超过了50%，甜点奶茶订单量占比超过10%。

1. 品类订单规模整体增长，龙虾和轻食有所下降

从2020年全年来看，小吃快餐、火锅、饮品等品类的订单量增长较快，从2020年10～12月份来看，整体品类的订单量都处于增长状态，但龙虾品类的订单量出现下降。

2. 在整体订单中，甜点奶茶的订单量总体占比超过10%

2020年第四季度，甜点奶茶品类的订单量占比超过10%，位于细分品类订单排行的第四名。

甜点奶茶的快速增长得益于2020年疫情期间，线上外卖用户点奶茶习惯的培养，导致茶饮用户快速增长。

3. 2020年第四季度外卖品类中，米饭快餐订单量最大

2020年10～12月份，整体订单中占比较大的品类分别是：米饭快餐、炸鸡汉堡、地方菜和甜点饮品。在疫情的影响下，线下传统实体正餐店加入外卖平台，是促使地方菜系整体订单增长比较快的重要原因。

（二）整体品类门店规模的发展特点

2020年第四季度，整体门店规模处于增长状态，不过不同品类的外卖门店数量中，甜点饮品门店数量名列第一，其中米饭快餐与米粉米线、冒菜麻辣烫等合并在一起的快餐品类门店数量占比最高（见图3）。

1. 不同品类的外卖门店数量中，甜点饮品门店数量第一

2020年第四季度外卖门店规模最大的细分品类是甜点饮品，第二名是

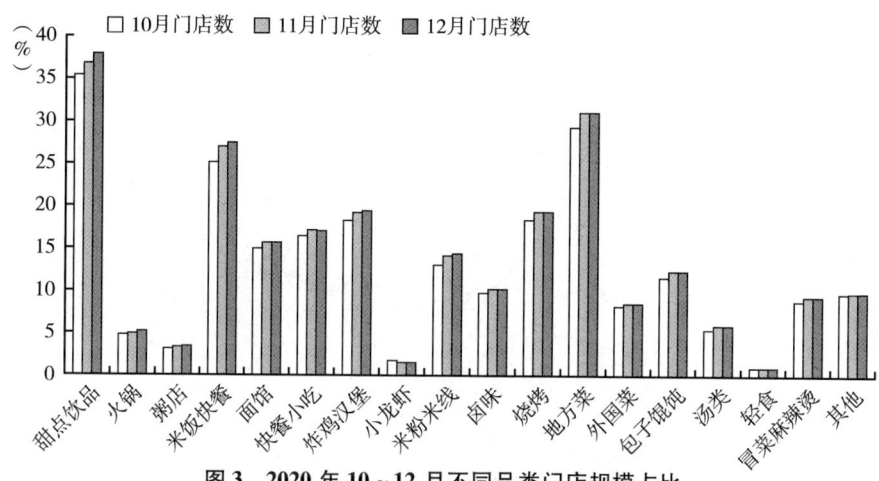

图3 2020年10~12月不同品类门店规模占比

资料来源：美团外卖。

地方菜，第三名是米饭快餐。其中甜点饮品门店规模的迅速增长，除了疫情的影响之外，跟很多奶茶品牌获得巨额融资，快速扩店有一定关系。以2020年12月为例，其中米饭快餐与米粉米线、冒菜麻辣烫等合并在一起的快餐品类门店占比最高，单一细分品类不敌甜点饮品和地方菜（见图4）。

2. 外卖品类的门店人均消费价格分析

对外卖品类的客单价进行分析，龙虾的人均消费价格高于30元，其他品类的人均消费价格低于30元，快餐品类的人均消费价格在15~20元，炸鸡汉堡、地方菜、火锅等品类的外卖价格，人均消费在20~25元之间。

（三）整体品类中快餐小吃的发展特点

2020年第四季度快餐小吃细分品类中，米饭快餐占据榜首、炸鸡汉堡居于第二名，米粉米线居于第三名。2020年第四季度快餐小吃的细分分类中，重点城市排名前五名的分别为：深圳、广州、上海、北京、苏州。第四季度，快餐小吃品类订单涨幅，符合"春秋低谷、冬夏高峰"的订单涨幅规律。

1. 快餐小吃类的订单和门店分布

2020年第四季度快餐小吃分类中，米饭快餐品类的订单量占比居于榜

餐饮产业蓝皮书

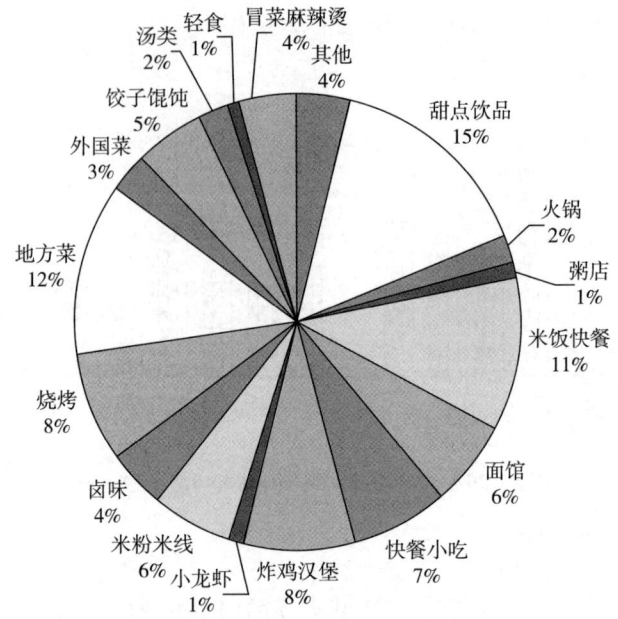

图4 2020年12月不同品类门店规模占比

资料来源：美团外卖。

首，炸鸡汉堡品类居于第二名，米粉米线品类居于第三名，但是米粉米线在国内夫妻店居多，连锁化程度不高，未来连锁发展的潜力巨大（见图5）。

2. 快餐小吃类重点城市解析

2020年第四季度快餐小吃的细分分类中，重点城市排名前五位的分别为：深圳、广州、上海、北京、苏州（见图6）。快餐小吃品类中，根据订单规模分布，可以看出10~12月订单规模一直处于上涨状态，符合"春秋低谷、冬夏高峰"的订单涨幅规律，其中12月份较10月份订单增长比较多的是：北京、上海、东莞、广州等，其中唯一负增长的城市是成都。

（四）整体品类中地方菜系的发展特点

2020年第四季度地方菜分类中，细分菜系品类整体呈现增长趋势，其中12月份较10月份，川菜品类订单增长规模最大，大型正餐在外卖方面进行小份化尝试，还有一些以独立外卖形式进行经营的小份川湘菜品牌，也发展迅速。在

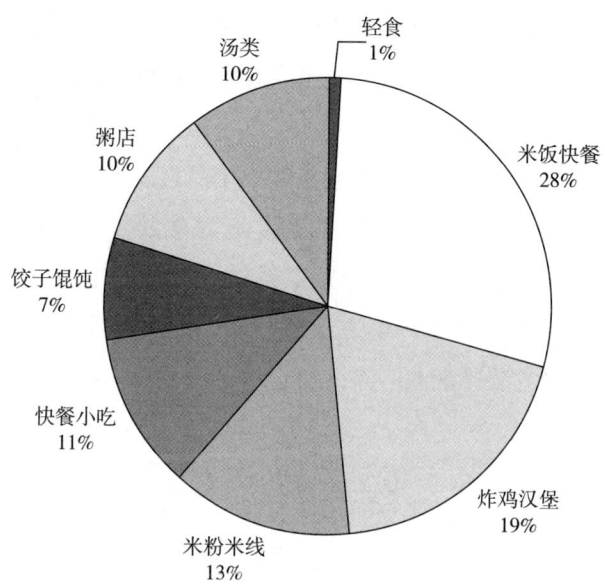

图 5　2020 年第四季度快餐细分品类订单量占比

资料来源：美团外卖。

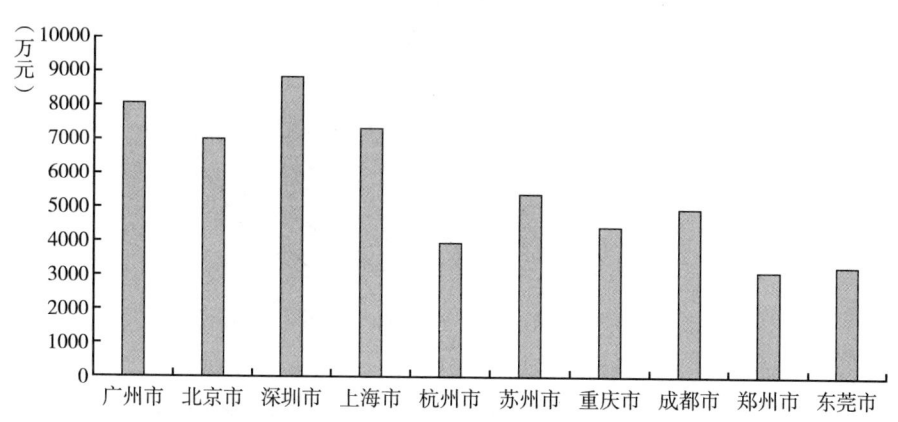

图 6　2020 年第四季度快餐品类订单规模增长重点城市分布

资料来源：美团外卖。

川湘菜系中，辣椒炒肉单品以及剁椒系类单品开始被快餐品牌开发使用。

1. 地方菜系品类的订单和门店分布

2020 年第四季度地方菜分类中，细分菜系品类整体呈现增长趋势，其中12月份较10月份，川菜品类订单增长规模最大，大型正餐在外卖方面进行小份化尝试，例如解家河南菜、曼玉融合菜等品牌，还有一些以独立外卖形式进行经营的小份川湘菜品牌，例如：宴小碗、大先生以及江南家小碗菜等，也发展迅速。在川湘菜系中，辣椒炒肉单品以及剁椒系类单品开始被快餐品牌开发成爆款使用。2020年第四季度地方菜分类中，细分菜系品类中川湘菜占比近50%，扛起了整个地方菜系整体订单一半的大旗。川湘菜在地方菜订单中的占比近50%，地方菜细分品类外卖订单量排前五名的分别是：川菜、其他地方菜、湘菜、东北菜、粤菜（见图7）。

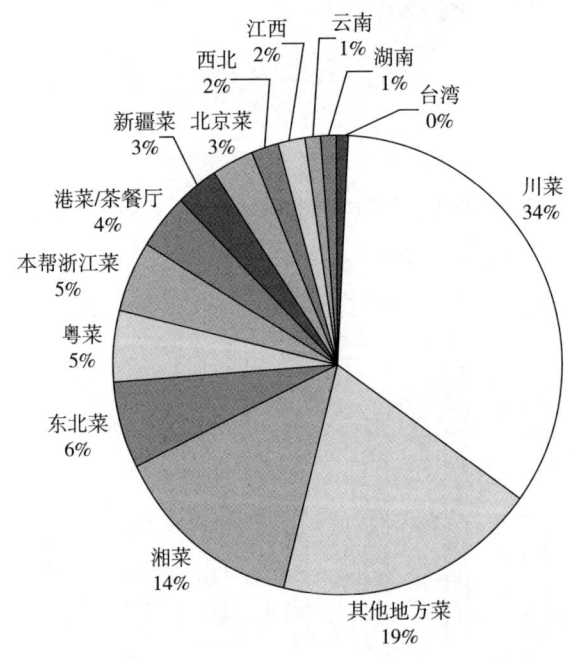

图7　2020年第四季度地方菜系细分品类外卖订单规模占比

资料来源：美团外卖。

2. 地方菜系品类的客单价分布

2020年第四季度地方菜分类中，地方菜系的客单区间基本在20~40元，这个区间门店数占比最高，主要得益于大型地方菜系在当地经营时间相对较长，具有较高的品牌影响力，相对于一般客单价低的快餐品牌，品牌溢价高。地方菜细分品类客单排名主要在20元以上的区间，主要客单价区间的订单占比排名分别是20~40元、0~20元、40~60元（见图8）。

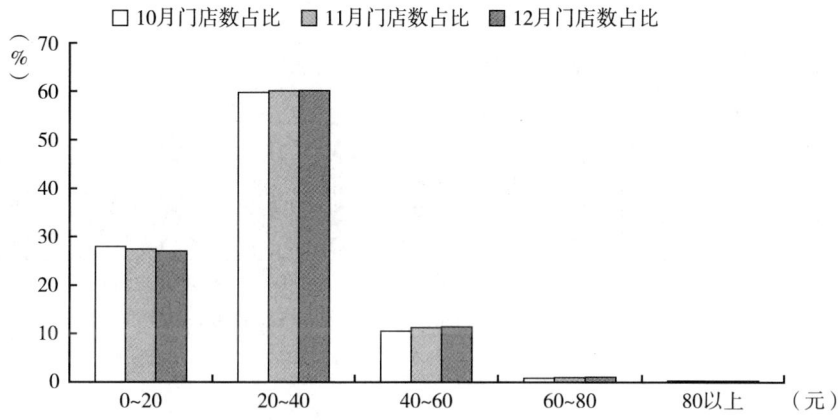

图8　2020年第四季度不同客单区间的门店分布占比

资料来源：美团外卖。

3. 地方菜系的重点城市分布

2020年第四季度地方菜分类中，以订单量作为衡量标准，10~12月份如图9所示的重点城市基本上都处于增长状态，唯独成都12月份较11月份处于负增长状态。其中总体订单排名中，体量较大的城市分别是：深圳、北京、广州、上海、成都。2020年第四季度地方菜分类中，重点城市中，深圳跃居第一名，以川菜闻名的成都居于第五名，湘菜的大本营湖南长沙未进入前十名榜单，说明川湘菜在成都、长沙以外的地区订单量很高，成都、长沙等核心地之外的地方消费者对于川湘菜接受程度也很高。

（五）整体品类中奶茶甜品的发展特点

2020年第四季度奶茶甜品分类中，奶茶甜品门店客单主要在0~20元，其占据了50%以上。

1. 奶茶甜品的订单和门店分布

2020年第四季度奶茶甜品分类中，奶茶甜品重点城市分布的特点是，奶

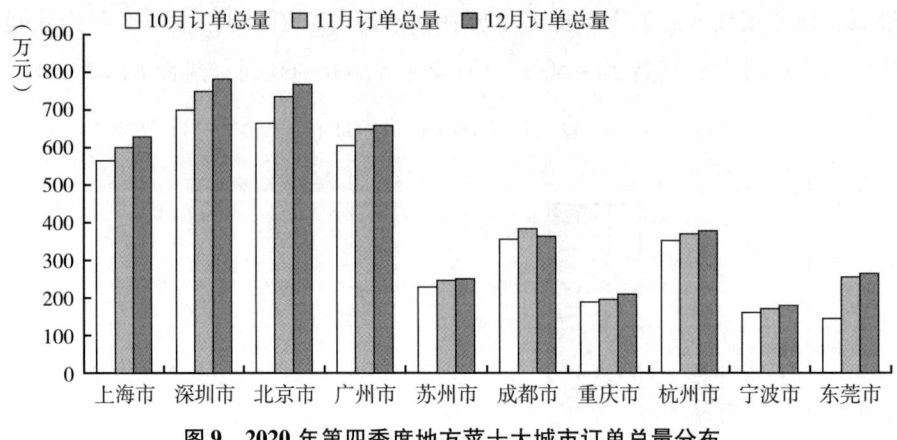

图9　2020年第四季度地方菜十大城市订单总量分布

资料来源：美团外卖。

茶甜品的门店规模基本上都处于增长状态，但是在订单规模上上海、重庆、北京、苏杭处于增长状态，而广州、深圳、成都处于下跌的趋势，成都主要是疫情原因，广深地区更多是因为门店过多、人口部分流动和奶茶品牌之间竞争过于激烈。2020年第四季度奶茶甜品品类城市总订单分布如图10所示。

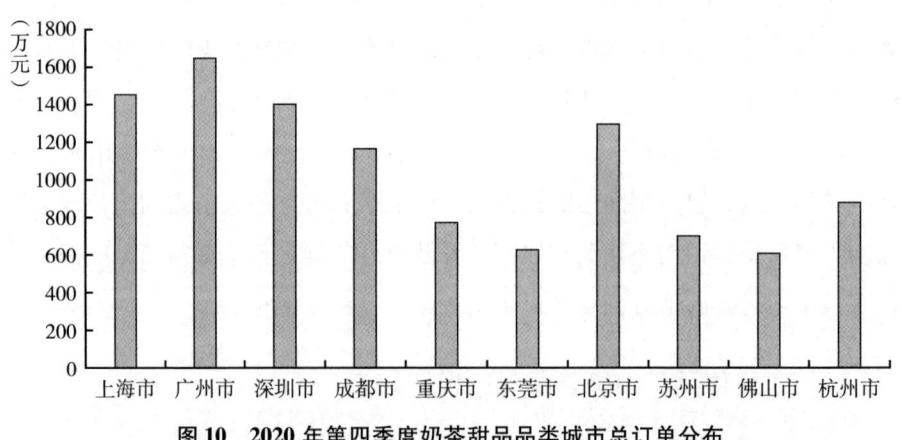

图10　2020年第四季度奶茶甜品品类城市总订单分布

资料来源：美团外卖。

2. 奶茶甜品万单店的日营业时间超过14个小时

从2020年第三季度的外卖订单时间分布情况来看，奶茶甜品线上订单越高，经营时间就越长，这种经营方式，也延续到了第四季度（见图11）。2020年第四季度奶茶甜品分类中，奶茶甜品门店，客单主要在0～20元，占据了50%以上。

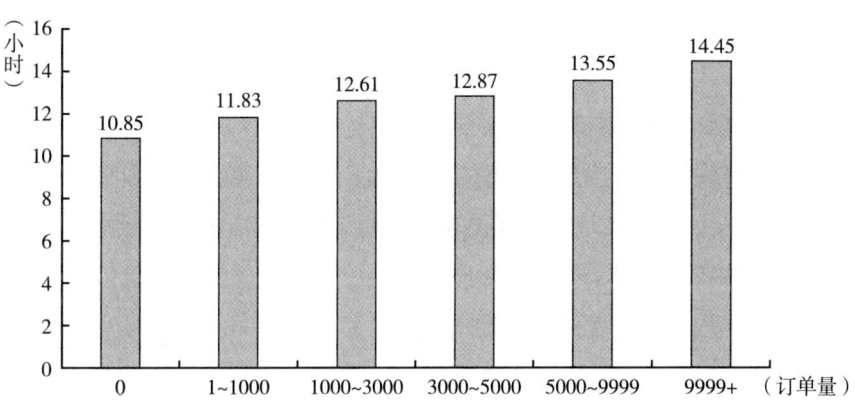

图11　2020年第三季度外卖订单经营时长（小时）分布情况

资料来源：美团外卖。

3. 奶茶甜品的订单和门店分布

2020年第四季度奶茶甜品分类中，奶茶甜品重点城市主要分布在江浙沪、广深佛、川渝三大重要区域。按照订单量排行，前五名分别是：广州、上海、北京、深圳、成都、杭州（见图12）。

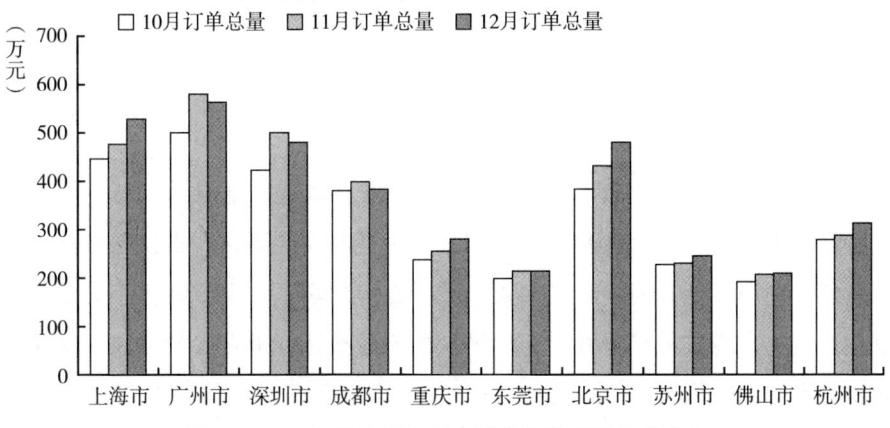

图12　2020年第四季度重点城市奶茶甜品订单分布

资料来源：美团外卖。

餐饮产业蓝皮书

三 2021年中国线上外卖发展分析

（一）面临的挑战

1. 餐饮线上外卖竞争激烈，平台运营成本高

餐饮线上外卖竞争激烈，其中美团外卖、饿了么等主要线上平台的扣点运营费用维持在17%~25%，还处于一个比较高的收费水平，再加上线上平台的流量推广成本越来越高，导致餐饮企业在线上外卖的收益偏低，餐饮老板深度关注并运营外卖的积极性偏低。

2. 新型外卖专业运营人才市场空缺大

餐饮电商的快速发展，导致针对新型外卖专业运营人才的市场需求处于供不应求的状态。大多数餐饮企业对于外卖专业运营人才的需求比较大，但是针对新型外卖专业运营人才的培养和定向输出，没有形成固定的机制。

3. 线上外卖的数字化意识偏低

疫情影响之下，餐饮电商的数字化进程加快，但是餐饮老板的数字化意识比较低，需要市场进行教育和引导，以及相关部门从政策层面给予支持。

（二）整体发展趋势

1. 一二线城市产品同质化严重，特色小众品类更有空间

目前中国餐饮线上外卖竞争激烈，特别是产品同质化严重，导致价格竞争激烈，利润偏低，而在美团外卖、饿了么等外卖平台上，特色小众品类竞争相对较小，更容易获得线上外卖平台的流量扶持和消费者的青睐，从而能够获得更好的发展。

2. 在三四线城市，"小堂食+外卖"的形式未来贡献价值更大

饿了么从2019年3月开始向全国100多个三四线城市加速布局，美团

也将下沉市场作为战略重点。美团点评在2019年公开财报中强调，低线城市仍然是其用户增长的主要驱动力，且在其获得的新用户中，大多数来自三线及以下城市。低线城市的餐饮外卖业务贡献越来越大，交易金额增长加快。

《2020年中国餐饮外卖中小商家生存发展报告》显示，中小商家构成了中国餐饮线上外卖的主体。根据美团外卖的数据，小店在疫情之后，恢复最快，未来"小堂食+外卖"的双经营业态将会贡献更大价值。

3. 以外卖为重要形式，包含多种经营渠道的新式经营模式将会成为主流

目前美团外卖、饿了么等外卖平台的流量成本越来越高，根据测算，每单的付费订单成本约为5元，外卖的竞争早已从单维度的流量竞争，转变到"流量和产品"双驱动的竞争形态，餐饮外卖的经营渠道还拓展到电商零售、社区团购等新的经营形式中。

4. 物流即时配送更完善，本地生活电商服务将会全品类扩张

2020年线上外卖增长比较快的品类是生鲜商超，而解决配送到家的核心点是即时配送，"从送美食，到送万物"正在成为现实，本地生活电商正式掀开中国本地生活电商零售的新篇章。

参考文献

[1] 美团点评：《2020年中国餐饮外卖中小商户发展报告》，2020。
[2] 外卖头条：《2020年Q4中国餐饮线上外卖发展报告》，2020。

B.15
中国饮食类非物质文化遗产的当代际遇与未来进路*
——基于国家级非遗名录中饮食项目的检视

程小敏 官润华**

摘　要： 非物质文化遗产这个概念在中国已经从学者的研究领域逐渐走进日常生活、走向现代市场，尤其是在整个社会、文化激荡变化的"十三五"与"十四五"之交，"非遗"作为中国优秀传统文化的核心基因，更在疫情灾难、脱贫攻坚、乡村振兴、文旅融合等国家命运、文化、经济、社会宏大叙事中发挥着独特的作用，饮食类非物质文化遗产作为其中重要组成部分，尽管在时代洪流中彰显着自己的功能和价值，但是在"成为非遗"和"非遗为何"的历程中更多的是挣扎与困惑，所幸2021年初出现在第五批国家级非遗名录中的饮食项目让我们看到饮食非遗保护传承上可能的新变化。在此契机下，本文全面检视了五批国家级非遗名录中饮食项目，以非遗申报以及名录项目为观察切口，从历时维度展现国家级饮食类非遗项目的变化和特点，剖析中国饮食类非遗在认知观念、保护思路、传承模式等方面的新旧态势，并结合当前视

---

* 基金项目：江苏高校哲学社会科学研究项目：大运河文化带江苏段饮食类非物质文化遗产的传承创新研究（2020SJA1991）；云南省教育厅科学研究基金项目：云南省饮食类非物质文化遗产的传承创新研究（2021J0513）。
** 程小敏，博士，硕士生导师，扬州大学旅游烹饪学院教师，主要研究方向为饮食文化、非物质文化遗产、餐饮产业、消费经济；官润华，普洱学院经济管理学院教师，主要研究方向为饮食文化、烹饪教育。

频化社会、现代化叙事的语境,提出饮食类非遗保护传承在未来需要审慎处理好表达通俗性与准确性的关系、与可持续发展的关系以及传播与传承的关系。

关键词: 饮食类非物质文化遗产　非遗名录　传播与传承　可持续发展

2021年6月10日,在中国第5个"文化和自然遗产日"前夕,第五批国家级非物质文化遗产代表性项目名录(以下简称"国家级非遗名录")正式公布,共有325项入选,新列入185项,扩展140项。这批公布的时间距离第四批国家级非遗名录公布已经过去了整整7年,也正好是《中华人民共和国非物质文化遗产法》颁布实施10周年的特殊年份。在这十年间,中国的非物质文化遗产保护已经从制度设计走向了深入实践的阶段,非遗已经从学者的研究领域逐渐走进日常生活、走向现代市场,特别是2018年文化和旅游部成立,开启了非遗保护的"见人见物见生活"新格局,而新媒体技术和数字互联网的加持,尤其是2019年短视频的迅猛发展,短视频平台的"非遗合伙人"和"非遗带头人计划"更是为非遗的多渠道和生动化传播与传承带来新的景象。

聚集到饮食类非物质文化遗产①(以下简称"饮食类非遗"),尽管至今还受非遗分类困扰,还有着为何中国饮食文化内容无法进入联合国教科文组织非物质文化遗产名录的困惑,但是社会的快速发展,尤其是社会文化变迁,传统与现代碰撞下的文化叙事与表达,已经不允许我们停留在过去或者游离在外。随着中宣部《中华优秀传统文化传承发展工程"十四五"重点

---

① 说明:目前有关非物质文化遗产有多种分类方法,本文讨论的非遗类别,依据的是中国国家级非物质文化遗产名录的"十分法","饮食类"不属于条目"十分法"的类别名称,而是学者研究和官方宣称中约定俗称的表述,是指非遗名录中与饮食活动或内容有关的项目。

项目规划》以及文化和旅游部《"十四五"非物质文化遗产保护规划》的出台,我们必须在当下语境下去融合、去适应、去呼应,思考中国饮食类非遗的当代际遇,关注饮食类非遗项目所蕴含的文化意义、社会功能和当代价值,谋划"十四五"期间,饮食文化在"中华优秀传统文化传承发展工程"中的定位与作为。

因此,本文从饮食类非遗的申报以及国家级非遗名录这个顶层设计切口入手,从历时维度展现国家级饮食类非遗项目的变化和特点,检视中国饮食类非遗在认知、观念、保护思路、传承模式等方面的新旧态势,并提出未来发展进路中要重点关注的主题。

一 第五批国家级非遗名录中的饮食项目分析:新变化和新突破

第五批国家级非遗名录中与饮食相关的非物质文化遗产项目(以下简称"饮食类非遗项目")有60项(见表1),其中新增项目24项,扩展项目36项。传统技艺类别有53项目,民俗5项,传统美术1项,传统医药1项。

表1 第5批国家级非遗名录中的饮食项目

名录类别	子类①	条目(国家级)类名/项目名	申报地区	类型②
传统技艺	酒	洋河酒传统酿造技艺(蒸馏酒传统酿造技艺)	江苏宿迁市	扩展
		古井贡酒传统酿造技艺(蒸馏酒传统酿造技艺)	安徽亳州市	扩展
		景芝酒传统酿造技艺(蒸馏酒传统酿造技艺)	山东潍坊市	扩展
		董酒传统酿造技艺(蒸馏酒传统酿造技艺)	贵州遵义市	扩展
		西凤酒传统酿造技艺(蒸馏酒传统酿造技艺)	陕西宝鸡市	扩展
		青海青稞酒传统酿造技艺(蒸馏酒传统酿造技艺)	青海海东市	扩展

续表

名录类别	子类①	条目(国家级)类名/项目名	申报地区	类型②
传统技艺	酒	刘伶醉酒酿造技艺(酿造酒传统酿制技艺)	河北保定市	扩展
		红粬黄酒酿造技艺(酿造酒传统酿制技艺)	福建宁德市	扩展
		严东关五加皮酿酒技艺	浙江杭州建德市	新增
	茶	雨花茶(绿茶制作技艺)	江苏南京市	扩展
		蒙山茶(绿茶制作技艺)	四川雅安市	扩展
		坦洋工夫茶(红茶制作技艺)	福建宁德福安市	扩展
		宁红茶(红茶制作技艺)	江西九江市修水	扩展
		长盛川青砖茶(黑茶制作技艺)	湖北宜昌市	扩展
		咸阳茯茶(黑茶制作技艺)	陕西咸阳市	扩展
		漳平水仙茶(乌龙茶制作技艺)	福建龙岩市	扩展
		君山银针茶(黄茶制作技艺)	湖南岳阳市	新增
		德昂族酸茶制作技艺	云南德宏芒市	新增
	榨油类	大名小磨香油制作技艺(食用油传统制作技艺)	河北邯郸	新增
	糖	上海梨膏糖制作技艺(梨膏糖制作技艺)	上海	新增
		北京果脯传统制作技艺(果脯蜜饯制作技艺)	北京	新增
		北京雕花蜜饯制作技艺(果脯蜜饯制作技艺)	北京	新增
	盐	运城河东制盐技艺(晒盐技艺)	山西运城	扩展
	醋酿技艺	独流老醋酿造技艺	天津静海	扩展
		保宁醋传统酿造工艺	四川南充	扩展
		赤水晒醋制作技艺	贵州遵义	扩展
		吴忠老醋酿制技艺	宁夏吴忠	扩展
	家畜家禽类	宁夏手抓羊肉制作技艺(牛羊肉烹制技艺)	宁夏吴忠	扩展
	水产类	凯里酸汤鱼制作技艺	贵州凯里	新增
	综合菜肴	中餐烹饪技艺与食俗	中国烹饪协会	新增
		徽菜烹饪技艺	安徽	新增
		潮州菜烹饪技艺	广东潮州	新增
		川菜烹饪技艺	四川	新增
		土生葡人美食烹饪技艺	澳门	新增
		绿柳居素食烹制技艺(素食制作技艺)	江苏	扩展
	面食类	太谷饼制作技艺(传统面食制作技艺)	山西晋中	扩展
		李连贵熏肉大饼制作技艺(传统面食制作技艺)	吉林四平	扩展
		邵永丰麻饼制作技艺(传统面食制作技艺)	浙江衢州	扩展

续表

名录类别	子类①	条目(国家级)类名/项目名	申报地区	类型②
传统技艺	面食类	缙云烧饼制作技艺(传统面食制作技艺)	浙江丽水	扩展
		老孙家羊肉泡馍制作技艺(传统面食制作技艺)	陕西	扩展
		西安贾三灌汤包子制作技艺(传统面食制作技艺)	陕西	扩展
		兰州拉面制作技艺(传统面食制作技艺)	甘肃兰州	扩展
		中宁蒿子面制作技艺(传统面食制作技艺)	宁夏中卫	扩展
		馕制作技艺(传统面食制作技艺)	新疆	扩展
		塔塔尔族传统糕点制作技艺(传统面食制作技艺)	新疆	扩展
	米食类	沙河粉传统制作技艺(米粉制作技艺)	广东广州	新增
		柳州螺蛳粉制作技艺(米粉制作技艺)	广西柳州	新增
		桂林米粉制作技艺(米粉制作技艺)	广西桂林	新增
	豆食类	豆腐传统制作技艺	山东泰安	扩展
	其他类(小吃)	龟苓膏配制技艺	广西梧州	新增
		沙县小吃制作技艺(小吃制作技艺)	福建三明	新增
		火宫殿臭豆腐制作技艺(小吃制作技艺)	湖南长沙	新增
		逍遥胡辣汤制作技艺(小吃制作技艺)	河南周口	新增
民俗		瑶族油茶习俗(茶俗)	广西桂林恭城	扩展
		德都蒙古全席	青海德令哈市	新增
		尖扎达顿宴	青海尖扎县	新增
		徐州伏羊食俗	江苏徐州	新增
		腊八节习俗	浙江	新增
传统美术		天津面塑(面塑)	天津	扩展
传统医药		维吾尔医药(和田药茶制作技艺)	新疆和田	扩展

注：①本表"子类"划分依据来源于：程小敏、于干千：《饮食类非物质文化遗产的"嵌入式"传承与精品化发展——以云南过桥米线为例》，《思想战线》2017年第43（05）期，第162~172页。

②注释：非遗代表性项目扩展项目，是指此前已进入上一批国家级非遗项目名录，而在后续一批申报时，由于申报地区和单位不同，只能以扩展保护单位的形式将其申报项目作为扩展名录项目。

数据来源：本文所有图表未作特别说明的，均是根据中国非物质文化遗产网站和国家文化和旅游部网站的信息数据统计整理。

尽管对比整个第五批国家级非遗名录而言，这批无论是总体数量还是类别数都并不突出，但聚焦到饮食项目内部，放在更长的时间阶段，我们能发现此批饮食类非遗项目中折射出一些理念、认知等方面的新变化和新突破，这在当前"非遗项目评审以民俗学、人类学、艺术学等学科观念起主导作用"① 的格局下实属难得，而且也有助于我们更全面地认识和评价饮食类非遗项目的价值。

（一）获批数量增加背后是饮食类非遗价值认知的新转变

回顾国家级非遗名录中饮食项目申报的历程，可谓历经波折。2006 年第一批国家级非遗名录公布时，仅有 12 项饮食类非遗项目，而且大多以食品工业项目为主，涵盖了民众日常生活经常会接触到的名酒、名茶以及制盐和酿醋技艺；2 年后（2008 年）第二批国家级非遗名录中，饮食类项目激增，达到了 84 项，但茶、酒、盐三个品类达到了 34 项，接近一半，中国各地名茶名酒的制作技艺成为饮食非遗项目的主导，以致季鸿崑先生一再呼吁"饮食领域内的非物质文化遗产不等于食品行业中的名特优产品，不等于'中华老字号'"②。这一方面反映出国内学界、政府及社会民众对"非物质文化遗产"这个刚进入中国的新概念在认知和理解上的偏差，另一方面也引起以民间文化为主导的非遗评审专家的关注，时任中国文学艺术界联合会执行副主席的冯骥才等就明确提出非遗名录不能搞成"美食大全"，提议评审时要限制数量③。这导致的直接结果就是 2011 年第三批国家级非遗名录中，饮食类非遗项目数量骤降到 14 项，而在同一年以"中国烹饪技艺"申请世界非遗未通过国内选拔的新闻，更使得饮食类非遗项目申报处于圈内"雷声大"、圈外"雨点小"的境地，在评审中始终得不到主流民俗学家和

---

① 钱永平：《可持续发展：非物质文化遗产保护的新理念》，《文化遗产》2018 年第 3 期，第 8~14 页。
② 季鸿崑：《食在中国：中国人饮食生活大视野》，山东画报出版社，2008，第 46~48 页。
③ 周润健、冯骥才：《饮食类申请"非遗"应有所控制》，中国政协新闻网，http://cppcc.people.com.cn/GB/34961/182405/195688/12234494.html，2010 年 7 月 23 日。

艺术研究群体的认可。

从第五批国家级非遗名录来看，饮食类非遗项目达到了60项（见表2），虽然不及有争议的第二批，但考虑到茶、酒制作技艺居于饮食类非遗项目主体的实际情况（总体比例接近40%），若剔除茶、酒项目后，我们明显能看出第五批名录中，以烹饪技艺、饮食民俗为主导的饮食类非遗项目占比是最高的。

这种变化背后的直接原因是：第五批国家级非遗代表性项目评审首次在非遗10个门类基础上，单独设立了饮食类评审专家小组[①]，而不是延续以往将饮食类非遗与制陶、纺织等轻工业项目放在一起评审的做法，充分认可了饮食类非遗项目相较于其他传统技艺类项目的特殊性。这是饮食类非遗项目历经10年沉寂后，再一次进入主流评审专家的视野，这离不开10年来饮食类非遗项目在保护实践、价值功能、文化意义等方面全方位的展示与体现，更得益于饮食领域学者的持续研究呼吁，社会民众和保护单位对非遗从概念到实践的认知深入，更有饮食非遗传承人和饮食文化持有主体对饮食类非遗项目的传承坚持。可以说，饮食类非遗项目数量的波折变化，折射的是我们对饮食类非物质文化遗产价值和保护意义的认知深化，是我们对联合国非物质文化遗产概念和文化可持续发展理念的逐步认同。

表2 五批次饮食类非遗项目数及项目占比

批次	饮食类非遗项目数量	茶酒非遗项目数量	茶酒项目占比（%）	其他项目占比（%）
第1批	12	8	66.7	33.3
第2批	84	31	36.9	63.1
第3批	14	6	42.9	57.1
第4批	29	9	31.0	69.0
第5批	60	18	30.0	70.0
合计	199	72	36.2	63.8

---

① 中国政府网：《国务院政策例行吹风会：介绍第五批国家级非物质文化遗产代表性项目名录有关情况》，http://www.gov.cn/xinwen/2021zccfh/24/index.htm，2021年6月10日。

(二)新列入项目背后是饮食类非遗保护理念的新转变

1. 整体性保护思路

第五批饮食类非遗的24个新增项目中,传统技艺类别新增项目20个,以地域性烹饪技艺为主,不仅包括徽菜烹饪技艺、潮州菜烹饪技艺、川菜烹饪技艺以及土生葡人美食烹饪技艺等带有明显地理特征的项目,而且还包括作为地域饮食风味代表的特色小吃制作技艺。这种变化在一定程度上反映出在申报饮食类非遗项目时,餐饮、茶酒和工业食品行业利益诉求的色彩逐渐在淡化,地方文化保护主管部门的整体性保护思路逐渐凸显,更加重视饮食非物质文化遗产作为地方生活风貌和传统文化符号意象的载体功能和人文价值。

2. 社区参与的过程性保护

此外尤其值得注意的是,此次民俗类别新增了4个饮食民俗项目,占到五批次饮食类民俗非遗项目(总共8个)的一半,并且还在"传统技艺"类别出现了一个不同于以往传统技艺非遗名称表述惯例的"中餐烹饪技艺与食俗"项目。这说明饮食作为生活实践的价值意义进一步得到重视,也打破了饮食类非遗项目仅有技艺这一个技术维度的传统认知,饮食与民众分享有着密切关系,饮食的非遗价值不限于技艺和技艺的表现形态产物(product),饮食的非遗价值更体现在广大社区作为实践主体的过程(process)[1],这也是非遗活态性最核心的体现。韩国列入世界非遗名录的饮食项目是"泡菜的腌制与分享",而非泡菜制作技艺,充分例证了这一点;此外,早于韩国的传统墨西哥美食在列入世界非遗名录时,我们大多数人都忽视了该项目列入名录的全称,不是简单的"传统墨西哥美食",而是"传统的墨西哥美食——地道、世代相传、充满活力的社区文化和米却肯州模式"[2]。

---

[1] 巴莫曲布嫫:《何谓非物质文化遗产?》,《民间文化论坛》2020年第1期,第114~119页。
[2] 联合国教科文组织网站英文表述为: Traditional Mexican Cuisine-ancestral, ongoing community culture, the Michoacán paradigm。

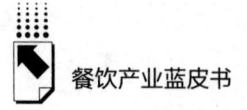

（三）地域特色小吃制作技艺增加背后是文化的双向认同

近两年地域特色小吃是消费者心目中的"网红产品"，被国家领导人或政要"品尝"过的庆丰包子、煎饼果子、胡辣汤，还有在新媒体下"出圈"的小龙虾、螺蛳粉，都曾被疯狂追捧。更为重要的是小吃也成为抚慰人心、慰藉身心、凝聚民心的重要载体，在后疫情时代复工复产的"小店经济"或"夜间经济"中，小吃是民生幸福和就业保障；在习近平总书记与沙县小吃的故事里，小吃是实现乡村振兴的新增长点，是脱贫致富的地方大产业；而放眼到国际层面，以"小贩、小贩美食及小贩中心作为新加坡独有的生活方式和文化印记"的新加坡小贩文化（Hawker Culture）更于2020年12月走进了联合国非物质文化遗产名录，成为浓缩新加坡文化的魅力符号。

在第五批非遗名录中，我们也可喜地看到在现代消费和生活语境下所形成的文化互动和认同，也直观地反映在入选的饮食类非遗项目上。如表3所示，整个5批次国家级饮食类非遗项目中，地域特色食品或小吃有36项，涵盖了面食、米食、豆食等，特别是第五批就有18项，占到了一半，而且还首次出现了"小吃"这个字眼，新增了一个"小吃制作技艺"的类型，一些广泛出现在大中小城市街头巷尾的兰州拉面、沙县小吃、胡辣汤、桂林米粉、臭豆腐等特色小吃的传统制作技艺，都被列入第五批非遗名录。

这就是小吃或地域食品生存发展的独有智慧，不管社会如何变迁，饮食消费方式如何升级，小吃所蕴含的灵活性和柔韧性使其具有极强的适应性和渗透性，强化着中国传统饮食文化的地域基因，牵动着天南海北中国人的记忆与情愫，甚至也因为强大的文化认同带来深远的消费影响。最典型的如麦当劳和肯德基也在不断探索如何在西式快餐中融入中国地域特色小吃元素，麦当劳在尝试西安肉夹馍，肯德基融入得更彻底，从过往的粥（皮蛋瘦肉粥）、饼（老北京鸡肉卷）、豆浆、油条，进一步切入中国的早餐市场，在武汉的门店为售卖武汉过早名小吃"热干面"而准备了筷子。

表3 五批次国家级饮食类非遗项目中的地域特色食品或小吃

子类	批次	(国家级)类名/项目名	申报地区
面食类	第2批(2008)	龙须拉面和刀削面制作技艺(传统面食制作技艺)	山西
		抿尖面和猫耳朵制作技艺(传统面食制作技艺)	山西
		郭杜林晋式月饼制作技艺(月饼传统制作技艺)	山西太原
		安琪广式月饼制作技艺(月饼传统制作技艺)	广东
		同盛祥牛羊肉泡馍制作技艺	陕西
		周村烧饼制作技艺	山东
		都一处烧麦制作技艺	北京
		富春茶点制作技艺(茶点制作技艺)	江苏
	第3批(2011)扩展	天津"狗不理"包子制作技艺(传统面食制作技艺)	天津
		稷山传统面点制作技艺(传统面食制作技艺)	山西
	第4批(2014)扩展	桂发祥十八街麻花制作技艺(传统面食制作技艺)	天津
		南翔小笼馒头制作技艺(传统面食制作技艺)	上海
	第5批(2021)扩展	太谷饼制作技艺(传统面食制作技艺)	山西晋中
		李连贵熏肉大饼制作技艺(传统面食制作技艺)	吉林四平
		邵永丰麻饼制作技艺(传统面食制作技艺)	浙江衢州
		缙云烧饼制作技艺(传统面食制作技艺)	浙江丽水
		老孙家羊肉泡馍制作技艺(传统面食制作技艺)	陕西
		西安贾三灌汤包子制作技艺(传统面食制作技艺)	陕西
		兰州拉面制作技艺(传统面食制作技艺)	甘肃兰州
		中宁蒿子面制作技艺(传统面食制作技艺)	宁夏中卫
		馕制作技艺(传统面食制作技艺)	新疆
		塔塔尔族传统糕点制作技艺(传统面食制作技艺)	新疆
米食类	第3批(2011)	五芳斋粽子制作技艺	浙江
	第4批(2014)	蒙自过桥米线制作技艺	云南
	第5批(2021)	沙河粉传统制作技艺(米粉制作技艺)	广东广州
		柳州螺蛳粉制作技艺(米粉制作技艺)	广西柳州
		桂林米粉制作技艺(米粉制作技艺)	广西桂林
豆食类	第4批(2014)	龙口粉丝传统制作技艺	山东招远
		豆腐传统制作技艺	安徽淮南
		豆腐传统制作技艺	安徽寿县
	第5批(2021)扩展	豆腐传统制作技艺	山东泰安

续表

子类	批次	（国家级）类名/项目名	申报地区
其他类（小吃）	第4批(2014)	奶制品制作技艺（察干伊德）	内蒙古
	第5批(2021)	龟苓膏配制技艺	广西梧州
		沙县小吃制作技艺（小吃制作技艺）	福建三明
		火宫殿臭豆腐制作技艺（小吃制作技艺）	湖南长沙
		逍遥胡辣汤制作技艺（小吃制作技艺）	河南周口

二 五批次国家级非遗名录中的饮食项目分析

尽管第五批国家级饮食类非遗项目呈现一些新的变化，但结合目前国内非遗的四级申报制度，各省市作为非遗的地方申报主体和保护主体，依然在将申报作为非遗保护过程的实践中，存在着一些有待解决的问题和一些潜在的不利倾向。

（一）在申遗保护实践的动力上，地域差异明显

从入选国家级饮食类非遗项目的地区分布来看，如表4所示，有8个省份的饮食类非遗项目数量超过了10项，其中山西最多达到21项，紧随其后的是北京和四川，但与各省市的国家级非遗项目总数相比，北京的饮食类非遗项目占比更高，这可解读为其对饮食类非遗项目的关注和挖掘更早。

剩下的24个省份的饮食类非遗项目都少于9项，而且还有5个省份目前仅有1项（见图1）。进一步结合各省市首次有饮食类项目入选的时间来看，个别省份如广西饮食类项目的入选时间非常晚，第1个国家级饮食类非遗项目出现在2014年的第四批，剩下的4个项目都集中在本年初刚公布的第五批国家级非遗名录。中国地域饮食文化异彩纷呈，从目前入选的项目数量来看，很多省份依然还有很多饮食类非遗项目有待挖掘、有待价值考证，非常有必要重视以申报带动保护、带动传承的实践活动。

表4 五批次国家级饮食类非遗项目数量超过10项的地区

份	饮食类非遗项目数	非遗项目总数	占比(%)
山西	21	168	12.5
北京	18	122	14.8
四川	17	153	11.1
浙江	15	253	5.9
江苏	11	161	6.8
福建	11	146	7.5
山东	10	186	5.4
云南	10	144	6.9

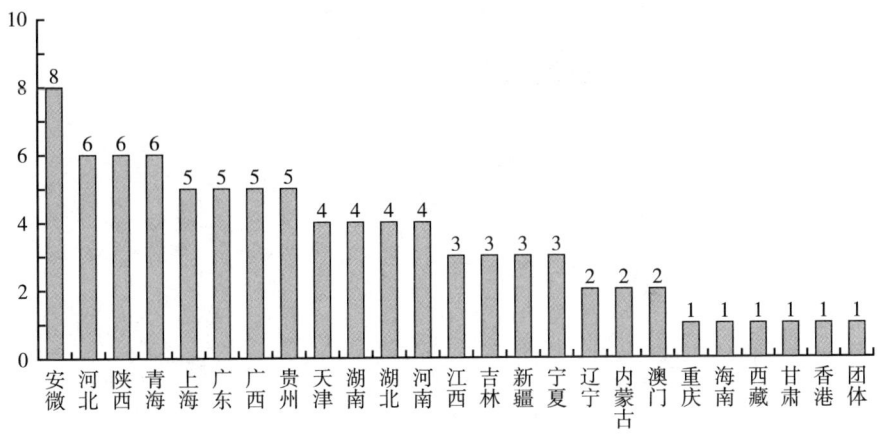

图1 五批次国家级饮食类非遗项目数量低于10项的地区或单位

（二）在项目类别上偏科严重，无法体现饮食的多维价值

目前整个五批国家级饮食类非遗项目共有200项，从项目类别来看（见图2），传统技艺是绝对主力，项目数达到169项，占到了八成多，而且还是以"茶""酒"传统制作技艺为主，达到72项，占所有国家级饮食类非遗项目的36%，占饮食传统技艺非遗项目的42.6%，快接近一半。长期形成的这种以"传统技艺"为导向的申报思路在省市县三级非遗中更加明显，这直接导致在现实的饮食非遗保护传承实践中很容易陷入"生产性保

护"的产业化和工业化陷阱,从而出现"因商业而模糊了文化,因生产而忽略了体验,因工业化而迷失了味觉记忆的问题"①。这样产生的间接后果是我们每次都很难甄选到合适类别的项目去申报联合国非物质文化遗产,无法体现出中国饮食文化和饮食生活的独特性,传统技艺的思维定式与联合国对饮食非遗更强调"可持续性、共享性和民族性"②的评审倾向相去甚远。

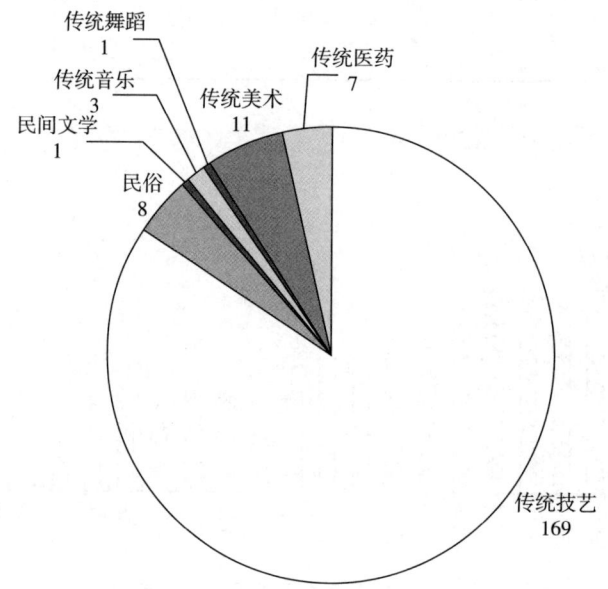

图2　五批次国家级饮食类非遗项目的类别分布

而作为契合联合国《保护非物质文化遗产公约》的饮食生活智慧、知识体系以及作为社会实践、仪式和节庆活动更多体现在饮食民俗、民间文学等类别上,而这些类别数量非常之少,民俗仅有8项,民间文学和传统舞蹈类别中与饮食相关的项目各自仅有1项,其他的传统美术、传统音乐、传统

---

① 程小敏、于干干:《饮食类非物质文化遗产的"嵌入式"传承与精品化发展——以云南过桥米线为例》,《思想战线》2017年第43(05)期,第162~172页。
② 于干干、程小敏:《中国饮食文化申报世界非物质文化遗产的标准研究》,《思想战线》2015年第41(02)期,第120~126页。

医药也仅有零星几个。虽然第五批国家级非遗名录中出现的"中餐烹饪技艺与食俗"项目的变化是值得肯定的,但这是为申报联合国非物质文化遗产做前期准备的权宜之计,就当下非遗申报制度和类别划分思路来看,目前大量被列入省级层面、集中于"传统技艺"类别的饮食类非遗项目,依然会在未来以绝对优势比例进入国家级非遗名录中。因此,要改变和丰富当前饮食非遗的类别分布格局,一方面有必要重新审视当前非遗分类法对饮食非遗的影响,另一方面也希望各省市在评审省市级饮食类非遗项目时,能在观念上更创新更包容,看到饮食对城市社会、文化、经济、生态等各个层面的综合价值,挖掘更多体现地域饮食生活智慧、饮食知识体系和实践活动的饮食类非遗项目。

(三)在项目的多样性上,地域认知观念有差异

从表5来看,云南和青海饮食类非遗项目的类别最丰富,涵盖了4种类别,除了传统制作技艺和民俗外,云南有饮食类非遗项目中目前唯一的传统舞蹈类别(彝族跳菜),青海有饮食类非遗项目中目前唯一的民间文学类别(藏族婚宴十八说),此外现有的3个与饮食相关的传统音乐类别项目也有2个在青海。

表5　各地区的国家级饮食类非遗项目的类别分布

申报地区	项目数量	类别分布						类别数
		传统技艺	民俗	传统美术	民间文学	传统舞蹈	传统音乐	传统医药	
山西	21	13		6				2	3
北京	18	18							1
四川	17	16		1					2
浙江	15	13	2						2
江苏	11	9	1	1					3
福建	11	9						2	2
山东	10	8						2	2
云南	10	7	1			1	1		4
安徽	8	8							1
河北	6	6							1

续表

申报地区	项目数量	类别分布							类别数
		传统技艺	民俗	传统美术	民间文学	传统舞蹈	传统音乐	传统医药	
陕西	6	5		1					2
青海	6	1	2		1		2		4
上海	5	5							1
广东	5	4	1						2
广西	5	4	1						2
贵州	5	5							1
天津	4	3		1					2
湖南	4	4							1
湖北	4	3		1					2
河南	4	4							1
江西	3	3							1
吉林	3	3							1
新疆	3	2					1		2
宁夏	3	3							1

注：饮食类非遗项目数量少于3个的省份不在统计之列。

其他省份在类别和数量分布的多样性上差异性较大，这背后体现的是对饮食非遗认知的观念差异。山西和江苏不仅非遗数量排序靠前，而且类别分布也较丰富，涵盖了三种类别；但是北京虽然非遗数量仅次于山西，但类别分布上非常单一，目前都在传统技艺类别；此外，与云南、广西同属西南区域，且少数民族众多、饮食文化内容丰富的贵州，不仅数量少（仅5项），而且类别也单一；最值得注意的是中部四省（湘鄂豫赣）国家级饮食类非遗项目普遍偏少，在饮食非遗项目的挖掘、研究、保护方面的工作还有待强化。

三 现代语境下饮食类非遗项目保护传承的思考：新重点和新机遇

（一）非遗概念泛化背景下，更需重视饮食非遗表达通俗性与准确性的关系

中国非物质文化遗产实践已走过了近20年的历程，当前以政府主导的

中国饮食类非物质文化遗产的当代际遇与未来进路

非遗申报更准确地说是一项工作，而并不是非遗保护的经验实践，国家级非遗名录更多体现的是地方政府的一项工作成果，所以我们在梳理分析国家级饮食非遗名录所呈现的特征时，一直都在强调作为一项工作的观念和思路。这项工作从今天呈现的状况来看总体上是成功的，至少"非遗"已经成为一个大部分人周知的概念，特别是在当下视频化社会和新技术加持下，人人都能借助各类数字化内容生产平台（UGC 或 PGC）成为非遗的演说者。这种概念的泛化，虽说有助于非遗的传播，但也充分暴露了非遗表达的混乱与理解的误区。在饮食类非遗项目中，尤其明显体现在"传统技艺"类。

在"传统技艺"类饮食非遗项目的各种信息传播中，地方政府宣传一定会强调技艺精湛，项目代表性传承人则以讲述和演示工艺流程为传习主要内容，普通消费者也会以"好吃"或"技术高超"等预期去品尝那些被列入非遗名录的美食。但是我们从非遗申报书文本内容来看，并无"工艺复杂或技术精湛"的要求，而且农耕社会留下的"传统技艺"，大部分都是民用的，并没有特别高深的技术，大部分不是官窑，不是御厨，不是皇家御用，技艺技术层面高深与否不是传统烹饪制作技艺是否能成为非遗的标准，非遗评审考量的是凝结为一项代代传承的传统技艺背后的文化价值和功能，而不是食物本身。

因此，挖掘文化内涵，尤其是与农耕文明密切相关的在地文化，适应当地物候、就地取材的地方知识智慧甚至熟人社会以食为媒形成的人际关系黏性，才是饮食非遗的价值和独特性所在。但这些内容在各种公开渠道的表达中很少被突出或强调，甚至我们经常会在一些官方新闻标题或报道中看到"××小吃拟入非遗""日本的和食、韩国的泡菜入选了非遗""非遗美食×××，制作工艺精湛，味美可口"的口头化表达，这种口头化而非学术研究的表达方式在当前视频化传播背景下更是愈演愈烈，标榜或转述"非遗"已成为通俗化表达语境下的一种"附庸式"① 流行和蹭热度式叙事。这不仅不利于

---

① 朱伟：《现代语境下非物质文化遗产的表达与叙事》，《文化遗产》2021 年第 1 期，第 1~8 页。

一些亟待保护和关注的饮食类非遗项目得到更多切实有效的传承，而且也会降低入选名录的饮食类非遗项目的文化影响力和文化价值。

（二）后疫情时代更需重视饮食非遗与可持续发展的关系

2015年9月，联合国大会通过《变革我们的世界：2030年可持续发展议程》，首次将文化纳入可持续发展的国际进程，在《实施〈保护非物质文化遗产公约〉操作指南》中呼吁各缔约国"将保护非物质文化遗产充分融入可持续发展规划、政策和项目"，非物质文化遗产对可持续发展的重要性体现在包容性社会发展、包容性经济发展、环境可持续发展以及和平和安全四个维度上。但是长期以来"与可持续发展内涵有着千丝万缕联系的饮食类非遗项目"①，不仅没有挖掘和展示饮食类非遗在可持续发展上的优势，而且还执着于在传统制作技艺赛道里与更具传统美学与艺术特征的工艺美术类技艺项目"PK"。

但是，2020年全球蔓延的新冠肺炎疫情让我们对食物、饮食文化有了更深层次的思考。疫情尽管给非遗带来威胁，但另一方面非遗又是社区面对紧急情况时进行准备、响应和恢复的资源。根植于地域文化的饮食类非遗更是在疫情特殊时期充分展现了与在地的生态联系、与社区的情感黏性以及在社会发展中的韧性，我们可以从国内和国际两个层面来看这些特质和功能。

聚焦国内，饮食类非遗在疫情期间不能聚集、不能流动的情况下，充分体现了对包容性社会发展的价值和作用。如各种地方特产食材驰援武汉，以食物鼓气加油（为热干面加油）等充分体现了非遗借由地方感带来的情感功能；居家参与家庭烹饪制作，借由代际沟通实现了传承功能；尤其是疫情中各种健康饮食知识的生产、对地方物候知识（在家种菜、发豆芽、腌咸菜）的利用实践实现了对饮食知识体系的学习教育功能；更为难

---

① 钱永平：《可持续发展：非物质文化遗产保护的新理念》，《文化遗产》2018年第3期，第8~14页。

得的是，地域特色食品类的非遗项目更是疫情后复工复产的民生就业保障，为更多贫困和弱势群体创造了收入和工作，实现了一种包容性经济发展思路。

环顾全球，联合国更是专门开辟了一个"新冠疫情与非物质文化遗产"的平台，用于分享各国紧急情况下推进非遗保护传承以及应对的案例，伊朗、法国、中国香港、意大利、新加坡和哥伦比亚都分享了饮食类非遗项目的典型案例。其中，中国香港分享的是以本地食物供应和家庭烹饪技巧来重新关注当地的饮食文化，号召本地居民利用传统知识和技能在家中种植一些蔬菜来生产和保存食物；伊朗则突出疫情让传统酵母制作面包在家庭中复活，越来越多家庭以传统方式加入特殊材料在家里制作酸奶和酪乳。

可见，面对疫情的巨大冲击，普通民众日常浸润中习得的饮食生存性智慧和地域饮食文化认同得以充分激活，这股力量形成了饮食类非遗根植于地方和社区的独特韧性，疫情让饮食类非遗传承场域从市场商业空间回归到以身体资本为载体的风土人情的地方性中。因此，在当下的后疫情时代，我们有必要立足非物质文化遗产的内涵价值，将饮食类非遗并置到可持续发展的高度，论证饮食类非遗与可持续发展的内在联系，思考如何在实践中理解、珍视并保护饮食类非遗中的地方性，尤其是研究和重视饮食类非遗在医疗健康、环境保护、生物多样性等自然生态中的价值与作用，挖掘饮食类非遗对社区的凝聚性，将饮食类非遗的保护内容与传统农业生计、食物储藏方式和地方生态系统联系起来，开展基于社区的整体性保护。

（三）视频社会化下更需重视饮食类非遗传播与传承的关系

2020年疫情下的"隔离"与"连接"让全民第一次如此大规模地聚集在数字网络空间里，短视频、直播等新网络媒体进入井喷阶段，2020年全国短视频用户达到7.92亿，在线直播用户达到5.24亿。社会中的每一个人都试图借助这一生动影像方式实现与外界的连接，将自身的琐碎日常变成一场场充满情趣的文化展演，人民日报中国品牌发展研究院发布的

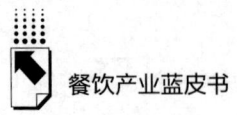

《中国视频社会化趋势报告（2020）》，将2020年定义为"中国视频社会化元年"。①

从非遗的角度来看，视频社会化能最大限度突破非遗等级或传播度的局限，使其有更为广阔的展示空间。抖音2020年发布的非遗数据报告显示，自抖音2019年发起"非遗合伙人"以来，相关非遗短视频达4.9万个，截至2020年5月，抖音覆盖的国家级非遗项目比例达到96%，皮影戏、京剧、油纸伞、古琴、建盏、木偶戏、铜雕、刺绣、景泰蓝等非遗项目纷纷"出圈"，受到短视频的主要受众——年轻群体的追捧。美食一直是影像表现技术的最佳载体，2012年的纪录片《舌尖上的中国》更是将饮食文化的文本创作和内容叙事推向了高潮。但是在全民视频狂欢中，我们对饮食类非遗项目的传播多了几分隐忧，对非遗保护传承的方式和格局多了几分审慎。

传播门槛空间降低、传播作用愈发凸显的当下，我们需要审慎看待非遗传播与非遗传承的区别，不能过度乐观地认为传播了多少非遗内容就传承了多少，尤其是在饮食类非遗项目面临着主流评审认知有偏差和社会实践流于商业化的局面下，过度追求所谓的传播效果或"眼球"经济，必然会忽视内容的深度和准确性，甚至走向社会公序良俗的背面，"吃播"传递不健康饮食理念的诟病实际上是美食过度媒介化所种的果。

尤其令人担忧的是，这种过度媒介化反而使得饮食类非遗项目在其他非遗项目逐渐"出圈"的对比下，成为短视频中不那么有吸引力的内容，抖音和快手发布的非遗短视频数据中，真正获得观看者关注甚至因激发兴趣而慕名学艺的非遗项目其实集中在传统工艺美术（刺绣、铜雕、建盏、油纸伞）和民间视听（古琴、木偶戏、京剧）范畴。我们认为美食传播火爆受追捧，更多是商业利益动机宣传造势出来的"网红美食"所带来的错觉，饮食类非短视频平台真正在全面介绍饮食类非遗项目或突出非遗标签的账号不仅数量少，而且"粉丝"关注度也不高。我们曾在2021年3月20日至4

---

① 郑茜：《重启与再造：2020年民族文化现象评析》，中国民族报微信公众号，http://www.ihchina.cn/luntan_details/22230.html，2021.01.12。

月 7 日期间，针对国家级饮食类非遗项目在微博、微信、抖音、快手、B 站的视频数量及内容做过一次检索梳理，被观看最多的非遗项目是沙县小吃制作技艺，共有 78.7 万次播放，但视频上传者不是个人或专业自媒体传播机构，而是中央电视台新闻中心官方微博，很明显这不是一个以饮食类非遗项目为专题的账号。自 2018 年 6 月开播的江西卫视《非遗美食》节目，至今在该节目中出镜的各级饮食类非遗项目已经超过 1 万个，每周四雷打不动开播，但令人尴尬的是，这样一个以饮食类非遗项目为输出内容的节目在抖音账号上的"粉丝"量仅有 10.5 万，可能还不如一个抖音微商账号。目前播放量高居前列的美食类短视频大多属于娱乐消费狂欢类型，联通的是五官与物欲感觉，与文化无关，是一种易于在浅层次形成与观者互动在场的景观，背后是消费主义和享受主义至上；更与传承无大益，炫技、探店或烹饪教学式的内容输出，只会加深观者对饮食的刻板印象，对饮食类非遗"唯技术论"的误解。

此外，当所有人都能成为美食的演说者，饮食类非遗项目越来越多地借助短视频进行展演和互动时，非遗的传承空间和方式都在发生变化，非遗生发的文化空间越来越开放，族群内部的文化传递传承经由网络空间变成了更多人群间的跨文化交流。因此，我们有必要思考，曾经口口相传、身体在场、相对封闭空间的传承格局是否也会发生改变？新兴媒体与网络社交对饮食非遗传播和传承的影响力到底有多大？作为经验感官、象征符号、权力表征的身体，在网络空间下是被弱化还是被强化？强调代际谱系化的传承是否会在开放空间下形成多支点的传承脉络？这些问题聚焦到内部表现内容多元的具体饮食类非遗项目中，都会成为视频社会化下审慎处理饮食类非遗传播与传承关系的前置考量。

参考文献

［1］季鸿崑：《食在中国：中国人饮食生活大视野》，山东画报出版社，2008。

［2］于干千、程小敏:《中国饮食文化申报世界非物质文化遗产的标准研究》,《思想战线》2015年第12期。

［3］朱伟:《现代语境下非物质文化遗产的表达与叙事》,《文化遗产》2021年第1期。

［4］钱永平:《可持续发展:非物质文化遗产保护的新理念》,《文化遗产》2018年第3期。

B.16
中国文化传统中饮食节俭惯习与健康观

——基于春节的样本调查*

张祖群 陈琦 李昕**

摘 要: 基于饮食浪费与节俭现象的共存、节日饮食与日常饮食的区别、传统饮食与现代饮食的矛盾,以各地饮食习俗及节俭惯习样本调查、历史数据、现实数据为研究材料,分析中国文化传统中饮食节俭惯习与健康观,具有重要的经济价值、政治价值、文化价值取向。本文从中国文化传统与饮食营养理论两个方面,对饮食节俭惯习与健康观进行理论溯源,比照反餐饮浪费的国际行动,在现实语境下,分析当今饮食节俭与健康观的传承、转变;展望未来,国家治理餐饮浪费要实现有法可依,进行防止餐饮浪费的制度设计。

关键词: 中国文化传统 餐饮浪费 节俭惯习 健康观

---

* 基金项目:北京理工大学研究生教育实践改革重点项目"设计艺术学(文化遗产与艺术创新方向)硕士生教育'三位一体'综合改革探索"(2020SJJG005)、2020年校级教育教学改革立项项目"美育与专业教育有效融合:困境、改革和创新"、2020年校级研究生教育培养综合改革项目"以学生为导向的研究生培养模式:精益课程、理论素养与综合实践——以设计艺术学(文化遗产与艺术创新方向)为例"、2021年校级教育教学改革重点项目"将延安自然科学院校史融入我校'四史'学习教育研究"(学生思政教育类)、2021年校级研究生教育培养综合改革一般项目"当代文化思潮-研究生'课程思政'示范课程建设"。

** 张祖群,博士后,北京理工大学设计与艺术学院文化遗产系副教授、硕士研究生导师,主要研究方向为文化遗产与艺术设计等;陈琦,北京理工大学设计与艺术学院2020级硕士研究生,主要研究方向为文化遗产与艺术设计等;李昕,北京理工大学设计与艺术学院2020级硕士研究生,主要研究方向为文化遗产数字化与艺术设计等。陈琦与李昕并列为第二作者,排名不分先后。

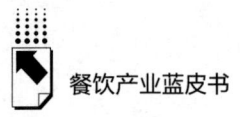

一 研究背景

(一)研究问题

1. 饮食浪费与节俭现象的共存

FAO 资料显示：在全球每年生产的粮食中大约有 13 亿吨食物被无情浪费掉，约占全球食物总量的 1/3，总价值超过 1 万亿美元。从食物浪费种类来看，根茎、果蔬食物损耗最大（占总量的 40%~50%），谷物、鱼类产品损耗次之（占总量的 30%），牛奶、肉类、油籽等损耗也较大（占总量的 20%）。发达国家每年浪费粮食至少 6.7 亿吨，发展中国家每年浪费粮食至少 6.3 亿吨，两种类型国家浪费都严重，粮食浪费和国家发展程度无明显相关性。以美国为例，每年食物浪费率高达 30% 以上，带来较大生态赤字与人口资源环境压力。在全世界七大洲中，非洲 80% 以上的国家（或地区）存在粮食不足或短缺，至少有 1/4 以上粮食需要进口。食物浪费加剧了全球范围内日益严重的生态环境负荷、人口-资源-环境-可持续压力、居民健康危害等[1]。

与此同时，全球大众媒体对于粮食节约的呼吁从未停止。我国每年召开的全国"两会"关于节约粮食、保证粮食安全等议案往往成为热点。节约粮食逐渐成为全球精英阶层的共识，将节约粮食化为实际行动是对全球粮食安全、可持续发展、基本人权与发展权等重大议题的积极响应。

2. 节日饮食与日常饮食的区别

民间传统节日，通常是家庭成员团圆聚会。有人虽然远在异乡，却"每逢佳节倍思亲"，无不向往着全家团聚，在共同的味蕾记忆中分享天伦之乐[2]。较之一日三餐的日常饮食，节日饮食因而附载了一定的文化功能，

---

[1] 冯丽妃：《每年浪费粮食可养三亿人》，《养猪》2013 年第 5 期。
[2] 邵万宽：《民间传统节日与饮食习俗析论》，《楚雄师范学院学报》2018 年第 33 卷第 4 期。

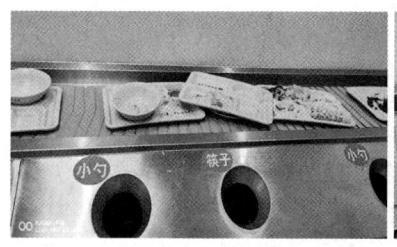

图 1　学生餐厅餐饮浪费情况（××大学调查样本，作者自摄）

上升成为具有社会价值的一种文化符号，呈现象征性（例如圆形的元宵、年糕、汤圆等食物象征圆满团聚，成为春节期间的标志性美食）、多样性（量多齐全，饮食丰富多样）、高能量高嘌呤（例如鸡鸭鱼肉海鲜）等特征。节日是一年一度或者固定时期内某些食物的一次集中时空展演与约定俗成的传承。节日饮食一改传统农耕（游牧）社会平时粗茶淡饭习俗，肉鱼海鲜构成节日里高能量高蛋白的奢侈消费与仪式消费[①]。

3. 传统饮食与现代饮食的矛盾

古人讲究的因时而食、因季进食，蕴含着朴素的膳食营养宝塔理念。这些对今天国人的饮食惯习和饮食行为仍然具有指导与借鉴意义。在今天的时代语境中，现代餐饮菜肴较之传统饮食有了新的演变。第一，突破狭义菜系之分，人口流动带动中华本土不同菜系之间融合、调和。第二，西式烹调原料引入黄油、咖喱、味淋、千岛酱等，中国本土各种风味菜系与西式餐饮之间融合，带来烹调品种与口味汁液等不断推陈出新[②]。现代饮食呈现中西口味融合、内部菜系风味融合，形成多样化、广谱性的饮食消费。这与传统的单一地理人群对应单一饮食风味，已经有极大区别。传统饮食与现代饮食的矛盾对于今天提倡饮食节俭惯习与健康观，提供了重要的参照系。

[①] 王秀丽、刘润雅、孙君茂：《中国节庆饮食文化的特征分析与转变路径》，《中国食物与营养》2019 年第 11 期。

[②] 杨华利：《科学发展观看待传统文化下的现代餐饮》，《高校后勤研究》2009 年第 6 期。

（二）研究材料

1. 各地饮食习俗及节俭惯习样本调查

各地的节庆饮食不尽相同，区域差异极大。笔者于2021年1月20日～23日，对北京理工大学设计与艺术学院14位同学进行了访谈，并邀请他们对各自家乡在春节期间饮食浪费情况和家乡的地方特色饮食传承情况进行调研（见表1）。调研范围涉及东西南北共9个省（自治区、直辖市）。

表1 春节期间调研城市特色美食

姓名	学历	性别	年龄	省市	特色美食	节约措施
李林	硕士生	女	24	河北邯郸	二毛烧鸡、五百居香肠、郭八火烧	首先，因为我们家是五口之家，饭菜数量不会多的夸张，其次因为出现过过节做菜吃不完的情况，所以一般在这种时候，我们家的每个菜量都会尽量做少
夏雨露	本科生	女	19	河北石家庄	"燕风楼"肉肠、正定特色八大碗、老黄牛崩肝、正定马家鸡、缸炉烧饼、羊杂糕、特色腌肉等	随着广告宣传力度的不断加大和公民素质的提高，大家的光盘意识有所增强。爷爷奶奶一辈子是苦过来的，尽管现在生活好了，他们也不愿意浪费，为我们全家树立了榜样。现在在疫情期间走亲访友少了，各家家里也没有屯很多东西，菜品也量小样多，保证吃饱的同时做到不浪费
夏逸雨	硕士生	女	24	浙江宁波	海鲜	由于海鲜不宜储藏的特性，且隔夜的海鲜不可再食用，因此我家人都养成了餐餐现做，每盘菜分量较少的惯习，过年期间也不例外
胡嘉容	硕士生	女	23	新疆乌鲁木齐	库车大馕，哈萨克纳纳仁，维吾尔族烤包子、烤全羊，托克逊大盘鸡等	或许是祖辈有逃过饥荒、扎根边疆建设祖国的经历，所以我家乡非常注重节约粮食，春节期间没有浪费粮食的情况

续表

姓名	学历	性别	年龄	省市	特色美食	节约措施
张行	硕士生	女	24	内蒙古赤峰	赤峰对夹	春节期间我们家乡几乎没有食物浪费的情况。赤峰当地受"光盘政策"的影响以及消费观、饮食观进步的影响，家庭内聚餐在准备饭菜时就会有意识控制菜量，而且即便有没吃完的饭菜，也会在下一顿重新加热食用避免浪费。如果是外出就餐则会将吃不完的饭菜打包带走
景浩然	硕士生	女	24	山东德州	德州扒鸡	未提供
戢蔷	本科生	女	21	湖北武汉	武昌鱼、老通城豆皮、蔡林记热干面、荆州鱼糕、孝感麻糖	由于目前疫情尚未完全结束，因此今年春节我们家乡大多数人都是在各自的家中过的，大规模聚集起来的情况比较少，浪费情况也有所减少
赵彤彤	硕士生	女	24	山东聊城	魏氏熏鸡、沙镇呱嗒、董家炸肉、临清周记"托板豆腐"、鸳鸯饼、阳平胡辣汤、临清捶鸡面	近几年人们非常重视粮食节约，餐厅服务员会提议不多点，就餐顾客也会将剩菜打包，因此春节期间没有粮食浪费的情况
胡英	本科生	女	21	湖北孝感	麻糖、米酒、鱼面、莲藕排骨汤、水汽包子、月半粑、糖糍粑粑、月亮锅	春节期间饮食消费异常火爆，大家都愿意消费。保持合理的饮食消费应该营养均衡、荤素搭配、量力而行
李京	硕士生	女	24	河北唐山	麻糖、棋子烧饼、饹馇、京东板栗	在过节期间，当地浪费粮食的情况较少见
张雨露	本科生	女	20	山西晋中	剔尖面、桃花面、饸烙、莜面栲栳栳、荞面碗托、平遥牛肉	春节期间以我所见，很多商场的餐饮店都贴出了"合理饮食，杜绝浪费"的标志，也有了小份菜品的推出，但是还是有少数人点很多菜品的现象出现，不过较之往年，浪费现象有所减少。以我家今年年夜饭为例，主要是各类蔬菜，肉类以小份组成拼盘为主，营养搭配合理，没有造成浪费

续表

姓名	学历	性别	年龄	省市	特色美食	节约措施
白映溪	本科生	女	19	河南焦作	浑浆凉粉、孟州炒面、孟州糖饼	据观察,春节期间较少存在饮食浪费情况,因为春节期间更多人选择在家中做饭团聚,吃不完的饭菜会放在冰箱中,等下一餐再次加工食用;外出聚餐时,大家的节约意识也渐渐增强,餐厅都鼓励打包,吃不完的食物会打包带回家
彭亦婷	本科生	女	19	广西桂平	柳州螺蛳粉、桂林米粉、南宁老友粉、宾阳酸粉、全州红油米粉、桂平猪脚粉、花甲粉、卷粉	随着"光盘行动"环保理念的宣传和普及,家乡人们的节约食物的意识逐渐加强,春节期间,按照家乡这边"初一的饭菜吃到十五"的惯习加上疫情影响减少了聚餐活动,浪费食物的情况有了好转。
张梦圆	硕士生	女	24	山西太原	拨烂子、莜面栲栳栳	2021年过年受疫情影响,拜年串门、外出就餐、家中待客等在饮食浪费上均显著减少。家中父母经常教导一粥一饭,当思来之不易,吃多少盛多少,量力而为,因而养成非不得已不浪费的饮食观念。过年通常意味着大鱼大肉,取好兆头之意,然而油腻食物也对我们的肠胃与身体带来了不小负担,因而与妈妈等长辈烹制食物时有意识地规避过量的材料,在满足基本营养摄入的基础上,点到为止,少油少盐,向健康合理的饮食观看齐

注:节约措施的内容均为访谈同学对家乡或本人家庭的观感。

2. 历史数据

中国人有传统饮食节俭惯习,追求内心的解脱与内在超越性。箪食瓢饮,"粗茶淡饭"足矣①。对于躬耕者而言,开垦播种、收获乃至烹饪均不

---

① 刘俞廷:《"粗茶淡饭":北宋士绅阶层的新型饮食文化》,《中州学刊》2020年第7期。

易,故"一粥一饭,当思来处不易;半丝半缕,恒念物力维艰";对于继承家产者来说,物质财富是祖辈辛勤积累所得,自己只是继承并发扬光大之,故"缅怀先祖,香火旺盛,忠孝为本,勿忘族恩";对于仕宦者来说,俸禄皆来源于民脂民膏,故"吏禄三百石,岁晏有余粮,念此私自愧,尽日不能忘"。因此,无论是从道德情操,还是生活品德方面,国人常怀感恩之心,秉承节俭的传统饮食惯习。底层的农耕民众往往将珍惜和节约粮食的行动,转换为朴素的情感表达与生活理念。

3. 现实数据

2021年2月19日在北京丰台区的一家羊蝎子火锅店,两个人就餐竟然点了远远超过两人的正常菜量(高达2000多元的菜品)。店员好心劝导消费者,其中一消费者非但没有认识到自己是在浪费粮食,甚至还出口伤人。这个小视频在网络上引起轩然大波。有人认为顾客花自己的钱去随意消费,没有错误,店员管不着,其他人更没有评判权力。更多人则认为顾客恶意铺张浪费,非常可耻,缺乏社会公德。改革开放以来,国力大增,人们的餐桌也逐渐丰盛,特别是在一些走亲访友的节日之中,主人家讲究"面子",招待客人往往过度丰盛,最后浪费很多。随着"光盘行动"的普及、新冠肺炎疫情逐渐控制,人们对于健康饮食有了更大的追求,对食物浪费也有了新的认识,传统饮食节俭惯习又逐渐重新融入生活。

(三)饮食节俭的研究价值

1. 经济价值取向

古代帝王"宫室唯恐过度""宫女不过十余""节葬皆以瓦器,不得以金银铜锡为饰",治国理政,提倡节俭;古代平民,"再凉不烤灯头火,再饿不吃播种粮",生活生产之中都蕴含朴素的经济学理念。传统的节俭饮食惯习是在生产生活资料相对贫乏的状况下形成的,意在对人的欲望需求进行节制。暴饮暴食、狼吞虎咽等都不符合国人审美,人们倡导最大限度地节约资源,杜绝饮食浪费。经济学家总结一个民族节约精神的价值实际上是注重这个民族不断增加的资本总额方面。

2. 政治价值取向

饮食惯习，节俭虽小，却能"以小见大"。廉洁成为中国社会对官员最基本的道德要求之一。倘若官员节俭，便不会为了个人私欲中饱私囊，更多的体现"两袖无私天地宽"，以个人之私德惠及大众，以小德积大德；倘若官员不节俭，贪污受贿，伤及百姓利益，造成社会不公平、不公正，将导致政府的腐败、政治的腐败。古人云"历览前贤国与家，成由勤俭败由奢"，那些勤政节俭的官员（如杨绾、陆贽、司马光、包青天、刘崧、于成龙）往往治理一方百姓，青史留名，后人垂记之。

3. 文化价值取向

《现代汉语词典》将"节俭"解释为"用钱等有节制，俭省"，同时收录"节衣缩食""节食""节省""节欲""节约"等相似词语①。从词源学意义上讲，节俭是一种克己文化，是人们对自身行为的道德约束和伦理限制。在人与人织就的社会关系大网中，节俭的饮食惯习是健康的观念，能反映一个时代的消费时尚、社会文化趋向。古人云"忧劳可以兴国，逸豫可以亡身""克勤于邦，克俭于家""民生在勤，勤则不匮"，"由俭入奢易，由奢入俭难"，即此文化价值取向之明证也。

二 理论溯源

（一）中国文化传统溯源

在传统饮食惯习上，各地家宴菜肴都有自己的特色，多取圆满团圆之意，蕴含风土民情、地方传统。陕西家宴一般为四大盘、八大碗，四大盘为炒菜和凉菜，八大碗以烩菜、烧菜为主，先吃冷盘，再上热菜，最后以烩菜或蒸糯米结束。湖北东部和中部地区为"三蒸"（蒸全鱼、蒸全鸭、蒸全

---

① 中国社会科学院语言研究所词典编辑室：《现代汉语词典》（第6版），商务印书馆，2012。

鸡)、"三糕"(鱼糕、肉糕、羊糕)、"三丸"(鱼丸、肉丸、藕丸)。在外游子，赶回湖北老家过节，第一件事是老娘盛一碗莲子银耳汤，歇几天临走时再来一碗莲藕排骨汤。浙江有些地方过节上"十大碗"，以讨"十全十福"之彩，上齐鸡鸭鱼肉及各种蔬菜①。齐鲁地区节日待客极为热情，用鸡块、鱼块、苜蓿肉等，多达10~18个菜不等，以满桌为宜，中间上三至五道大菜（硬菜）。湘西、鄂西土家族则是腊月二十九提前一天过"赶年"，吃团圆饭。历史上土家人在腊月三十为国出征，家里留守人提前一天过"赶年"，以纪念为国出征的丈夫、儿子，碗摞碗的年夜饭中浸染浓厚的家国情怀。

在魏晋以前，传统的中国饮食模式是分餐制的，有别于现代的合餐制。古人分餐食之，很讲究饮食礼仪，注重餐饮细节。每人一大盘餐点，大盘里盛有多个小碟小碗，分别装汤、饭、鱼、菜、肉等。每人吃自己盘中食物，不能随意去食他人盘里饭菜。历经魏晋涤荡，随着中外文化交流、民族文化大融合，传统封建礼制遭到破坏，人们热衷于宴饮集体活动。为了适应不同人的口味，逐渐将分餐制转换为合餐制②。在一大桌上同时体现不同类型口味的饭菜，一人一座一杯一碟一双筷，可以随意夹食自己想吃的食物。2020年，世界中餐业联合会公布与推行中餐分餐制、双筷制、公筷制，并给出相应服务操作规范，得到社会各界积极响应。

在传统的农耕社会，立春岁首具有节庆意义。春节期间民众纳福祈年，庆贺万象更新。它所蕴藏的礼仪观、价值观、文化观潜移默化地影响着人们。在春节期间，亲朋团圆、齐聚餐饮，贴心表达阖家欢乐、岁岁平安。山珍海味，饕餮大餐，美食过度矣。春节饮食节俭克制，也见证着时代进步。人们往往重视春节饮食的隆重性和丰富性，容易忽视中国传统饮食中的节俭惯习和对健康饮食的追求。从一个家庭春节期间的饮食节俭惯习中，几乎可以判断这个家庭整年的饮食惯习与健康观。能在春节期间视节俭与健康观为

---

① 王华：《趣话春节饮食习俗》，《新农村》2017年第1期。
② 刘容：《中国古代用餐方式的衍变》，《文化学刊》2014年第4期。

首位的人，一定会把"俭约中求精美，平淡且健康"刻进自己平时的生活基因里。

（二）饮食营养理论溯源

古人讲"五谷为养，五果为助，五畜为益，五菜为充"，这和现代营养学提倡的"饮食营养与平衡"有异曲同工之妙。国家卫生健康委员会颁布的《健康中国行动（2019~2030年）》提出15项重大行动，其中"合理膳食行动"列入其中第二项。第十项"老年健康促进行动"、第十一项"心脑血管疾病防治行动"、第十二项"癌症防治行动"、第十三项"慢性呼吸系统疾病防治行动"、第十四项"糖尿病防治行动"均给出了相关的合理饮食建议。"合理膳食行动"讲究由膳食提供人体的营养成分不仅种类要齐全，而且在数量上也要合理，保质保量多成分才能够保证机体正常运转①。饮食过量与少量均会对人的健康造成损害。根据新版《中国居民膳食指南（2016）》，建议人们合理的饮食结构如表2所示。六大营养素除保证一定量的供应外，还要有合理配比，达到均衡②。以此营养搭配建议，可以"绘制"出每个个体的健康饮食量宝塔模型。

表2 《中国居民膳食指南（2016）》中的合理食物摄入量

分类	食物	摄入量
谷薯类	全谷物和杂豆类	每天50~150g
	薯类	每天50~100g
蔬果奶类	蔬菜	每天300~500g
	水果	每天200~350g
	液态奶	每天300g
肉蛋类	鱼肉	每周280~525g
	畜禽肉	每周280~525g
	蛋类	每周280~350g

---

① 陈海波：《"会吃饭能把我们挡在去医院的路上"——访国家食物与营养咨询委员会主任陈萌山》，《光明日报》2021年1月23日。
② 黎佩琼：《饮食对健康的影响》，《饮食科学》2018年第24期。

续表

分类	食物	摄入量
其他	食盐	每天不超过6g
	烹调油	每天25~30g
	糖	每天摄入量不超过50g,最好控制在25g以下
	反式脂肪酸	每天不超过2g
	饮用水	每天1500~1700mL

三 现实反照:当代饮食健康观的形成

(一)反餐饮浪费的国际行动

2008年欧盟(EU)颁布新修订的《欧盟废弃物框架指令》与《欧洲零售行动计划》等,2015年开始实施《"创新食物利用理念,优化预防浪费战略"行动计划》[1],在预防浪费与废弃物再循环利用战略中,重点实施预防与减少食物浪费。2012年1月,联合国粮食与农业组织(FAO)、联合国环境规划署(UNEP)等国际组织启动了减少粮食浪费的全球运动"Think、Eat、Save:Reduce Your Footprint"(主题为:思考、就餐、节俭,减少你的碳足迹)。国际组织提倡各国制定符合自身国情的《反粮食浪费法》,从法律层面上防范和制止浪费行为[2],在收割、存储、运输、加工、消费等环节最大限度减少粮食消耗与浪费。建议各国商家提供减量化包装和清晰的标签说明,倡导"光盘"行动。中国政府积极响应国际组织号召,采取多种措施建构"粮食安全 - 食品安全 - 减少浪费"三位一体的全面粮食观。

(二)春节期间饮食节俭与健康观的转变

"每逢春节胖三斤",春节期间的丰富饮食习俗和日常生活中的节俭饮

---

[1] 宗会来:《欧盟及主要成员国减少食物浪费主要做法及启示》,《世界农业》2015年第8期。
[2] 余佶:《TES行动及对中国减少粮食浪费的启示》,《世界农业》2014年第11期。

食惯习之间是一个矛盾的统一体。在人民生活水平日益提高的今天，要保持节庆期间的红红火火、丰盛富足与平时的精打细算、节俭持家之间的动态平衡，值得我们深入探讨。根据商务部公布的数据，2017年我国春节期间餐饮及零售收入为8400亿元，2019年春节期间餐饮及零售收入为10050亿元；2020年受新冠肺炎疫情影响，春节期间餐饮及零售收入为5854亿元；2021年有所回升，为8210亿元（见图2）。2020年春节受新冠肺炎疫情影响，人们出行减少，餐饮行业受到重创。2021年，随着疫情防控形势趋向平稳，餐饮市场逐步开始升温。

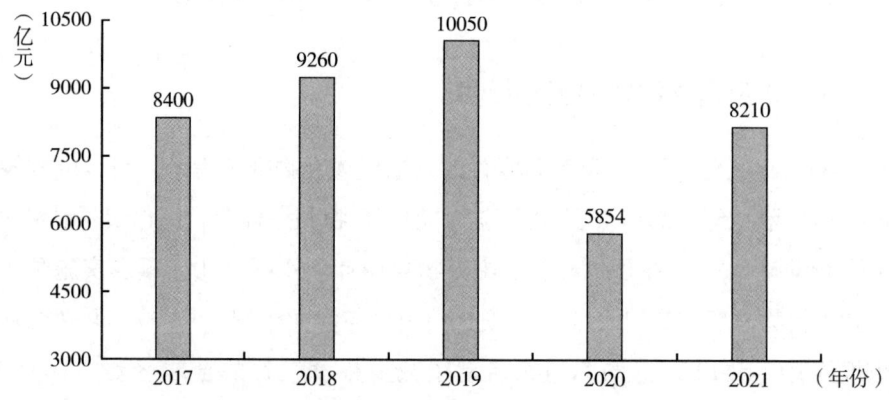

图2　2017~2021年我国春节期间餐饮及零售收入

资料来源：根据商务部、艾媒数据中心数据整理。

在保持餐饮业销售增长的同时，需高度重视节俭之风是否得到有效落实。通过调研，笔者发现：

第一，随着环保理念的宣传和普及，人们节约食物的意识逐渐增强。受"光盘政策"的影响，现今人们的"光盘"意识得到极大增强，非常重视粮食节约。民众外出聚餐时，许多商场的餐饮店都贴出"合理饮食，杜绝浪费"标志，推出小份菜品。餐厅服务员也会提醒顾客少点一份菜，并鼓励把吃剩的饭菜打包带走。大多数民众已经逐步形成节约粮食的意识，较之往年，2021年春节期间食物浪费的情况已经大为减少。虽然也有多点菜品的现象，不过较之往年，这种现象已有所减少。

第二，受家庭世代传承的影响，长辈教育子女不要浪费饮食。爷爷奶奶、爸爸妈妈是苦过来的，深刻懂得"谁知盘中餐、粒粒皆辛苦"之道理。尽管现在生活变好了，大家不愿浪费，长辈以身作则，为全家树立榜样。2021年春节，老一辈多会鼓励儿孙后代做到菜品量小样多，在保证多元丰盛、吃饱喝足的同时，尽量不要浪费。即便是有少许饭菜剩余，也会暂时存放在冰箱冰柜里，下一顿饭重新加热食用。在调研的个别地区（例如浙江宁波），由于海鲜物产丰富，隔夜海鲜不可再食，当地居民都养成"餐餐现做"惯习，春节期间和日常一样，每盘菜分量较少，但是花样增多。

第三，随着时代语境发生变化，移风易俗，民众日常生活更加便利。随着现代物流服务业的发展，春节期间超市每天都会正常营业，提供各类原料菜品、洗净的盒式水果蔬菜、加工成熟的菜品等，可以当天买、当天做、当天吃，不必一次囤几天的货，避免了食物在存储过程中发生腐烂。若干年前，春节前后，北方的冬天家家户户都会囤积几十斤上百斤的大白菜、土豆、大蒜等。现在这种景象一去不复返了。以前东北的乡村屯里，腊八开始杀年猪，热热闹闹。现在腊八不放假，元旦放假，为迎接在外工作的子女回乡，都改元旦杀年猪了。上好的猪肉腌制之后，送给子女一些，猪下水也全部充分利用，猪血蒸馒头，猪下水熬白菜。移风易俗，一样的热闹，一样的红火。

第四，随着居民生活水平日渐提高，健康观念也越来越走入寻常百姓家。人们已经意识到油腻食物会对肠胃和身体带来较大负担，容易引发"三高"等疾病。人们逐渐注重健康饮食，一改传统理念中春节必须要吃大鱼大肉的习俗，开始注意合理的膳食搭配。家庭聚餐时有意识地控制每份菜的分量，以小份为主，组成蔬菜肉类谷物等营养全面的拼盘。这样既保证了视觉效果的丰盛和营养搭配的全面，同时也避免了不必要的铺张浪费。

第五，在新冠肺炎疫情尚未完全结束的形势下，春节期间串门拜年、家中待客、外出就餐等显著减少，也间接减少了食物浪费。为了疫情防控的需要，2021年春节期间全国多个城市提倡市民、打工者就地过春节，这样极大减少了城市之间人流的大规模进出。大部分人都待在家里过春节，减少外

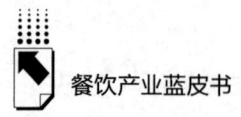
餐饮产业蓝皮书

出活动。人们在家活动,为了控制体重增长,也会通过减少做饭次数等来减少食物热量摄入(如平时一日三餐改为居家一日两餐)。

四 未来趋向

(一)治理餐饮浪费的行为将有法可依

我国是世界第一人口大国,吃饭问题应该说是一件国家大事,但现实生活中依然存在部分餐饮严重浪费现象。有些地方请客吃饭餐盘叠置,一桌菜竟达三四十道之多,满桌餐盘挤压大量剩菜。与之形成对比的是,我国不少老少边穷地区刚刚"脱贫"摘帽,刚刚解决温饱问题,居民收入与生活质量亟待提高。部分严重浪费现象与部分低收入贫困现象形成强烈反差。

鉴于餐饮企业主体责任落实不到位、全社会没有形成节约粮食的普遍惯习、浪费粮食往往成为道德约束而没有法律约束等,全国人大常委会就餐饮浪费问题开展了立法调研。2021年3月,作为中国第一个省(自治区、直辖市)出台的《北京市反食品浪费规定(草案)》提请北京市人大常委会审议。2021年4月第十三届全国人民代表大会常务委员会通过《中华人民共和国反食品浪费法(草案)》。该法分为32条,明确了"防止食品浪费"与"保障国家粮食安全"、"弘扬中华民族传统美德"、"践行社会主义核心价值观",乃至"节约资源,保护环境,促进经济社会可持续发展"之间的关系①。自2021年4月29日公布之日起即施行的《中华人民共和国反食品浪费法》,明确了各相关主体的责任,为全社会确立节日餐饮消费、日常食品消费提供了基本行为准则。治理餐饮浪费的行为将有法可依、有法必依、执法必严、违法必究。作为中国法律实践中行之有效的政策措施,该法的实施有利于建立长效机制,发挥法律的引领和规范作用。

---

① 《中华人民共和国反食品浪费法》,《人民日报》2021年4月30日。

(二)中国传统餐饮节俭惯习在稳定地传承

"崇俭黜奢"一直是中华饮食文化体系中节俭观的核心思想之一,节俭是人类发展的一条社会基本准则,也被作为重要的道德修养之一。时至今日,历史典籍中历代先贤的节俭惯习仍然广为流传,为人所尊崇。《左传》表述"俭,德之共也;侈,恶之大也"(节俭,是品格高尚的人共同的品质,侈靡是很大的罪过)。① 尽管不同时期节俭的标准与功效存在差异,但是节俭的内在价值观仍然具有相对的稳定性。早在原始社会,节俭已经成为大众认可的饮食原则。农业社会生产力依然落后,人们往往通过省吃俭用维持生活生产。春秋时期,孔子视"俭、温、良、恭、让"为最重要的道德标准,并在日常生活中将其作为一种生活方式加以践行。② 孟子对处在动乱中的颜回"居陋巷,一箪食,一瓢饮"而"不改其乐"的俭朴君子品格,大加肯定与称颂。三国时期诸葛亮在《诫子书》中写道:"夫君子之行,静以修身,俭以养德。非淡泊无以明志,非宁静无以致远。"他以此训诫儿子,要用宁静来提高自身修养,以节俭来培养自己品德,要成为谦谦君子。同样,三国时期曹操在《内诫令》中,自身尚俭,以此范例,告诫家人,勿过度讲究吃、穿、住、用,务必勤俭朴素。宋代苏轼在《菜羹赋》中写道:"东坡先生卜居南山之下,服食器用,称家之有无。水陆之味,贫不能致,煮蔓菁、芦菔、苦荠而食之。其法不用醯酱,而有自然之味",展示他以俭养德、自强不息的文人思想。明末清初著名学者朱柏庐在《治家格言》(亦称《朱子家训》)中写道"一粥一饭当思来处不易;半丝半缕恒念物力维艰",以此警示子孙,衣食来之不易,应当生活节俭。清末曾国藩提出:"居家之道,惟崇俭可以长久,处乱世尤以戒奢侈为要义。"无产阶级革命家陈毅在《七古·手莫伸》中写道:"九牛一毫莫自夸,骄傲自满必翻车。

---

① 刘利等译注:《左传》,中华书局,2007。
② 阚彦凌、周玉萍:《传统节俭观与现代消费观的冲突与调适》,《新疆社科论坛》2014年第5期。

历览古今多少事，成由谦逊败由奢。"① 一代伟人毛泽东崇尚勤俭节约反对浪费。他曾对接待工作中存在礼仪繁多浪费时间、接待宴会铺张浪费两大现象深恶痛绝，认为这是浪费国家的金钱和物资，浪费人民的血汗，于心何忍！② 毛泽东同志是践行勤俭节约的典范，是人民的楷模与公仆。勤俭节约是中华民族的优秀品质。无论是"克勤于邦，克俭于家"的劝勉，还是"俭节则昌，淫佚则亡"的告诫；无论是孔子"饭疏食饮水，曲肱而枕之，乐亦在其中"的幸福观，还是老子"去甚、去奢、去泰"的思辨，或者墨子提倡的"节用"理念……有关俭与奢的箴言，无不沉淀着历史的启迪，牵动着中国人对个体人格、家风国运的思考。节俭的思想浓缩了中国哲学的本土智慧。

浪费与节俭不仅会影响一个人的成败得失，还会影响一个国家的发展。从一株秧苗到一碗米饭，从一粒黄豆到一瓶酱油，从一颗蓼蓝种子到一匹蓝印花布，都要历经几十道复杂工序。人们艳羡田园生活，本质上是对男耕女织的朴素劳动生产生活的向往、对勤劳质朴的劳动者的赞叹。品鲈鱼美，勿忘"出没风波里"的艰辛；食盘中餐，须记"田家秋作苦"的汗水。永远保持一颗敬畏的心，敬畏上天，敬畏大地，敬畏劳动成果，颗粒归仓，颗粒入口，节俭是每个公民尊重劳动成果应该有而且必须有的姿态。

（三）进行多种防止餐饮浪费的制度设计

应进行国家层面的顶层设计，加强各党政机关、政府部门、企业、个体商贩、非政府机构、农户、消费者之间的共同协作，系统性制定减少食物链全过程中食物损失和浪费之措施③。下大力遏止食物浪费，需要加强基本国情教育，加强传统美德教育，加强环境伦理教育，加强制度设计，对过度浪

---

① 王云：《透过传统文化浅析"舌尖上的浪费"》，《中国食品》2021年第1期。
② 许双：《毛泽东勤俭节约思想研究》，湘潭大学马克思主义专业硕士学位论文，2017。
③ 黄佳琦、聂凤英：《食物损失与浪费研究综述》，《中国食物与营养》2016年第22卷第10期。

费进行相应处罚：（1）零售超市中对食物重量、形状、外观等要有严格标准。大尺寸食品容易造成食物购买堆积、食物浪费和消费者肥胖等。食物促销可能会造成家庭食物过度购买、超期储存等。处于旅游（非惯常工作）状态的消费者比处于工作、休息在家状态的消费者，会消费与浪费更多的食物[1]。降低酒店餐盘的物理尺寸可以减少食物浪费20%左右。（2）团餐制缺乏具体的标准和尺度，难以把握进食的数量，很容易造成粮食浪费和过量饮食。食堂公共餐厅垄断经营，饮食消费以数量取胜，质量难以满足个性化消费者需求[2]。可以取消餐饮业"最低消费"与"一次性消费一定额度之后有奖"设置，取消饮食隐形过度浪费。（3）对餐饮服务经营者明确要求，应主动提醒顾客防止食品浪费，向顾客提供不同规格的小份餐，以供选择。提倡商家供应小份菜，光盘有奖，每桌赠送小果盘一份。对就餐客人，全部"光盘"给予10%左右餐费折扣，若剩余饭菜超过10%，则加收餐费10%；若剩余饭菜超过20%，则加收餐费20%。依次累计加收餐费，以警示惩罚粮食浪费现象。（4）提倡餐饮企业重新设计主料辅料相结合的菜品，做到减少原料、增加多种口味，将一种原材料制作多种口味，实现物尽其用。例如鸡腿可以做东安子鸡、左宗棠鸡、麻辣鸡丁、宫保鸡丁、八宝鸡丁等多种口味。（5）提倡运用数字化对原材料与供应链渠道进行有效管理，避免库存积压带来的不必要食材浪费。餐饮经营者提倡在食材采购、储存管理、炉灶加工、餐盘制作、就餐服务、厨余垃圾处理等各个环节，通过精细化管理最大限度地减少浪费。（6）协同工商管理部门、餐饮协会或相关订餐平台等，联合开发与运用商业智能数据管理系统，使餐饮企业数据管理从前台到后台实现连接，用科学管理的方法从供给侧层面制止餐饮浪费[3]。餐饮企业自身要"会节约"，由

---

[1] 张盼盼、白军飞、刘晓洁、成升魁：《消费端食物浪费：影响与行动》，《自然资源学报》2019年第2期。
[2] 樊琦、刘梦芸：《餐饮消费环节粮食浪费治理对策研究》，《粮油食品科技》2015年第2期。
[3] 林丽鹏：《杜绝"舌尖上的浪费"，这家餐饮企业这样做（深度观察）》，《人民日报》2021年5月12日。

"小散乱"走向科学化、数字化、流程化、特色化、品牌化,提升经营管理水平。

参考文献

[1] 邵万宽:《民间传统节日与饮食习俗析论》,《楚雄师范学院学报》2018年第4期。
[2] 刘容:《中国古代用餐方式的衍变》,《文化学刊》2014年第4期。
[3] 黄佳琦、聂凤英:《食物损失与浪费研究综述》,《中国食物与营养》2016年第10期。

B.17 《反食品浪费法》解读

王文江*

摘　要：《反食品浪费法》的颁布与实施，是餐饮食品行业的一件大事，必将深刻影响餐饮食品生产、经营等市场行为与全产业链。法律的生命在于实施。《反食品浪费法》的实施需要政府部门模范带头、教育引导和规范执法，需要相关经营者、家庭、公民与其他主体严格守法，进而在全社会形成健康文明的新风尚。本文介绍了《反食品浪费法》立法背景与过程、《反食品浪费法》重要特点、餐饮食品经营者的相关义务规定等内容，旨在为理解《反食品浪费法》提供一些思路。

关键词：《反食品浪费法》　节约粮食　法律责任

2021年4月29日，十三届全国人民代表大会常务委员会第二十八次会议表决通过了《反食品浪费法》。该法共三十二条，自公布之日起生效。国家立法机关通过法律形式，防止食品浪费，保障粮食安全，弘扬传统美德，进而促进经济社会的可持续发展。该法对从粮食生产到餐饮食品消费全过程、全环节的食品浪费行为实施监督管理，将实践检验成熟的政策措施上升为国家法律，规定国家、政府、市场、公民、家庭等各类主体的权利（力）、义务和责任，明确反食品浪费的行为模式与法律后果。

---

* 王文江，法学硕士、应用经济学博士后，世界中餐业联合会副秘书长兼行业研究与品牌建设办公室主任，主要研究领域为政策法规、餐饮产业发展等。

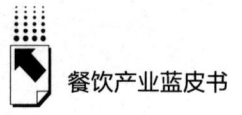
餐饮产业蓝皮书

一 立法背景与过程

"习近平总书记一直高度重视粮食安全和提倡'厉行节约、反对浪费'的社会风尚,多次强调要制止餐饮浪费行为。2013 年 1 月,习近平总书记作出重要指示,要求厉行节约、反对浪费。此后,习近平总书记又多次作出重要指示,要求以刚性的制度约束、严格的制度执行、强有力的监督检查、严厉的惩戒机制,切实遏制公款消费中的各种违规违纪违法现象,并针对部分学校存在食物浪费和学生节俭意识缺乏的问题,对切实加强引导和管理,培养学生勤俭节约良好美德等提出明确要求。"[1]

2020 年 8 月,"习近平总书记再次对制止餐饮浪费行为作出重要指示,强调加强立法,强化监督,采取有效措施,建立长效机制,切实培养节约习惯,在全社会营造浪费可耻、节约光荣的氛围。全国人大常委会栗战书委员长就贯彻习近平总书记重要指示作出批示,要求将总书记重要指示精神贯彻在人大立法、监督工作之中,以具体工作和行动,为保障国家粮食安全、养成文明的餐饮文化新风尚提供法律保障"[2]。

(一)专题调研

2020 年 8 月,十三届全国人大常委会成立了专题调研组。全国人大常委会副委员长吉炳轩、郝明金、武维华任组长,全国人大农业与农村委员会主任委员陈锡文任副组长,成员包括全国人大农业与农村委员会、财政

---

[1] 《坚决制止餐饮浪费行为切实培养节约习惯在全社会营造浪费可耻节约为荣的氛围》,2020 年 8 月 12 日,https://news.gmw.cn/2020-08/12/content_34078925.htm。
[2] 《全国人民代表大会常务委员会专题调研组关于珍惜粮食、反对浪费情况的调研报告》,2020 年 12 月 23 日,http://www.npc.gov.cn/npc/c30834/202012/54c3e0f5e7e94ecab9feb5cf9f522f25.shtml。

经济委员会、教科文卫委员会、民族委员会组成人员与部分全国人大代表。①

2020年9月8日,专题调研组召开动员部署会与专家座谈会,部署调研工作,并听取专家、学者的意见、建议。9月、10月,专题调研组分赴北京、天津、山东等5省(市)调研,了解食品浪费等实际情况,并委托上海、黑龙江、海南、云南、陕西等省(市)人大常委会在其行政区域内实施调研。专题调研组深入17个县(市、区),调研了5家粮食生产基地和农民专业合作社、7家粮食仓储企业、9家粮食与食品加工企业、10家流通与餐饮企业、13家单位食堂、3家餐厨垃圾处理企业,通过听取汇报、召开座谈会、实地察看、个别走访等多种方式,深入了解从生产到消费全链条节粮减损情况。11月11日,专题调研组总结调研工作,整理调研报告。另外,专题调研组还开展了问卷调查②,收回2796份问卷,并进一步完善调研报告。12月23日,十三届全国人大常委会第二十次会议举行第二次全体会议,武维华副委员长作关于珍惜粮食、反对浪费的调研报告。报告主要内容如下:第一,当前我国粮食安全形势、粮食损失浪费情况及主要原因。报告指出,我国粮食损失主要表现在两个方面:一是储存、运输与加工环节,每年损失超过700亿斤;二是餐饮消费环节(包括商业餐饮、公共食堂与家庭饮食),仅城市餐饮浪费每年就在340亿~360亿斤(居民家庭饮食中的浪费未计算在内)。第二,贯彻落实习近平总书记重要指示的主要做法及成效。第三,推进粮食全产业链各环节减损降耗。第四,存在的主要问题。主要问题是:生产环节损耗较高、产后环节损失较为突出、餐饮浪费尚未得

---

① 根据《全国人民代表大会常务委员会专题调研组关于珍惜粮食、反对浪费情况的调研报告》整理,参见《全国人民代表大会常务委员会专题调研组关于珍惜粮食、反对浪费情况的调研报告》,2020年12月23日,http://www.npc.gov.cn/npc/c30834/202012/54c3e0f5e7e94ecab9feb5cf9f522f25.shtml。

② 问卷调查显示,受访者中的83.8%非常关注或关注粮食与食品浪费现象,59.4%表示身边经常或时有发生食品浪费现象,49.5%认为周边人缺乏节约粮食、食物的意识和行动。参见《全国人民代表大会常务委员会专题调研组关于珍惜粮食、反对浪费情况的调研报告》,2020年12月23日,http://www.npc.gov.cn/npc/c30834/202012/54c3e0f5e7e94ecab9feb5cf9f522f25.shtml。

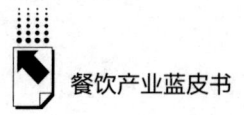

到根本遏制、法律制度尚不健全，等等。第五，对策建议。报告强调指出要切实抓好制止餐饮浪费工作，加快建立法治化长效机制。①

（二）立法审议

立法是慎重的国家行为。全国人大常委会法制工作委员会经过充分调研论证、广泛征求意见和反复研究修改，起草了反食品浪费法草案；多次组织专家学者、餐饮食品相关组织人员、食品生产经营企业代表等参加的座谈会，听取对草案的修改意见、建议，不断完善草案内容，并按照立法程序提请审议。世界中餐业联合会作为行业组织，多次参加座谈会，并结合行业发展实际，提出了近20条修改建议，部分建议被采纳。

2020年11月27日，十三届全国人大常委会第七十八次委员长会议举行，建议十三届全国人大常委会第二十四次会议审议关于提请反食品浪费法草案的议案。② 2020年12月22日至26日，十三届全国人大常委会第二十四次会议初次审议反食品浪费法草案。十三届全国人大常委会法制工作委员会副主任许安标在会上作了说明。2020年12月底，《中华人民共和国反食品浪费法（草案）》在中国人大网公布，首次征求社会公众意见。意见反馈时间为2020年12月31日至2021年1月29日。

2021年4月15日，十三届全国人大常委会第九十一次委员长会议举行，建议十三届全国人大常委会第二十八次会议审议反食品浪费法草案。③ 2021年4月26日，十三届全国人大常委会第二十八次会议举行。会议听取

---

① 本段内容根据《全国人民代表大会常务委员会专题调研组关于珍惜粮食、反对浪费情况的调研报告》整理，参见《全国人民代表大会常务委员会专题调研组关于珍惜粮食、反对浪费情况的调研报告》，2020年12月23日，http：//www.npc.gov.cn/npc/c30834/202012/54c3e0f5e7e94ecab9feb5cf9f522f25.shtml。
② 栗战书主持召开十三届全国人大常委会第七十八次委员长会议决定十三届全国人大常委会第二十四次会议12月22日至26日在京举行，2020年11月27日，http：//www.npc.gov.cn/npc/c2774/202011/8bcf1d170a8741d8ad825d6473a06b9f.shtml。
③ 栗战书主持召开十三届全国人大常委会第九十一次委员长会议决定十三届全国人大常委会第二十八次会议4月26日至29日在京举行，2021年4月16日，http：//www.npc.gov.cn/npc/c22774/202104/85020c25bb6649cc9b18cd32e6551bc0.shtml。

了宪法和法律委员会副主任委员周光权作的关于反食品浪费法草案审议结果的报告。草案二审稿完善了食品浪费定义；进一步明确了反食品浪费工作的牵头部门和有关执法主体；进一步加强了公务活动用餐管理，加强了反食品浪费宣传教育，营造了节约光荣、浪费可耻的社会氛围等。[①] 4月28日，十三届全国人大常委会第九十二次委员长会议举行，全国人大宪法和法律委员会主任委员李飞作了关于反食品浪费法草案修改意见的汇报。委员长会议决定，将反食品浪费法草案等提交常委会会议审议。[②] 4月29日，十三届全国人大常委会第二十八次会议审议通过了《反食品浪费法》等8件法律。[③]《反食品浪费法》正式实施。

二 《反食品浪费法》主要特点

（一）坚持约束与倡导相结合

在立法过程中，有人认为，节约粮食本身是个人道德修养范畴，属于传统美德，是否节约属于个人行为，因此也疑惑《反食品浪费法》立法的必要性。其实，道德与法律之间的界限不是一成不变的，在一个历史时期属于法律约束的范畴，在另一个历史时期可能转变为道德约束；反之，在一个历史时期属于道德规范的行为，在另一个历史时期可能转变为法律约束。节约粮食属于第二类。因为在新的历史阶段，资源短缺属于常态，社会发展也到了一定的文明程度，节约粮食不仅是个人道德修养的体现，而且与国家、民

[①] 十三届全国人大常委会第二十八会议在京举行继续审议乡村振兴促进法草案、反食品浪费法草案、个人信息保护法草案、海南自由贸易法草案等，2021年4月27日，http://www.npc.gov.cn/npc/kgfb/202104/94ca954c263d459b9a1770edfd014668.shtml。

[②] 十三届全国人大常委会举行第九十二次委员长会议听取有关草案和议案审议情况汇报 栗战书主持，2021年4月28日，http://www.npc.gov.cn/npc/kgfb/202104/ad4ac7d9b76e43d7bac8e9ce6a3b1f64.shtml。

[③] 栗战书主持十三届全国人大常委会第二十八次会议闭幕会并作讲话强调加快完善中国特色社会主义法律体系为全面建设社会主义现代化国家提供法治保障，2021年4月29日，http://www.npc.gov.cn/npc/kgfb/202104/33e769db128446d6b4474c8a925e8463.shtml。

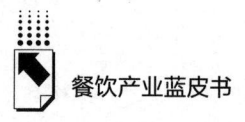

族的未来发展紧密相关。更好地利用资源，为人们创造更美好的环境和高品质生活，就需要充分发挥资源的效能。

《反食品浪费法》以"小切口"方式，为中国社会确立了餐饮、食品生产、消费等环节的基本行为规范，反映了人们的呼声，符合时代发展潮流。同时，该法坚持了约束与倡导相结合的原则，把一部分属于严重浪费的行为采取严格约束措施，明确规定违反后的法律责任；把一部分属于轻微浪费的行为，采取倡导的做法，逐步培育人们的节约意识和文明素质。

（二）全体参与，全民有责

1. 国家作为主体的规定

这部分内容集中规定在第三条、第十五条、第二十三条、第二十五条、第二十六条。国家在制定相关政策和规范性文件时，将把反食品浪费作为重点考虑因素，也会制定相应激励措施引导全社会参与。一是明确管理原则、措施，坚持多措并举、精准施策、科学管理、社会共治原则，采取积极措施防止、减少食品浪费。二是倡导科学的消费与生活方式。三是完善粮食与相关产品管理与技术。四是明确建立食品捐赠机制和实施税收刺激政策。五是积极开展营养健康引导。

2. 牵头部门的确定

《反食品浪费法》规定，国家发展和改革委员会是反食品浪费工作的牵头部门，会同国务院其他相关部门分析食品浪费情况，部署反食品浪费相关工作。根据《反食品浪费法》规定，国家发展和改革委员会办公厅近日印发了全链条粮食节约减损工作方案，明确了国家发展和改革委员会、教育部等20个部门的任务分工，对粮食生产、储存、运输等全链条节约减损工作作出部署，构建从田间到餐桌的全链条管理体系，并列出8个方面、40条工作任务。

3. 国务院其他部门根据职责履行相关职权

《反食品浪费法》规定了国务院其他相关部门的职责。第一，国家商务部要建立健全相关行业标准和服务规范，并会同国家市场监督总局等部门建立餐饮行业反食品浪费制度规范,采取有效措施鼓励餐饮市场主体提供分餐服务、公开反食品浪费等情况。第二,国家市场监督总局要加强对食品生产经营领域反食品浪费的监督,督促落实反食品浪费措施。第三,国家粮食和物资储备局要加强对仓储、流通过程中节粮减损工作的管理,并会同国务院其他相关部门制定、实施粮食储存、运输、加工标准。第四,国务院机关事务管理局会同其他相关部门建立机关食堂反食品浪费工作成效评估与通报制度,将反食品浪费纳入公共机构节约资源考核、节约型机关创建工作之中。第五,国家教育部负责指导、督促学校加强对反食品浪费的教育与管理。第六,国家文化和旅游部及其他有关部门,要将旅行社、景区、星级酒店等旅游经营者的反食品浪费工作情况纳入质量标准等级评定指标体系。

4. 各级人民政府及部门职责

《反食品浪费法》明确了各级人民政府及部门职责。一是各级人民政府要加强工作领导,确定目标任务,建立工作机制,组织开展监测、调查、分析与评估,加强监督管理,等等。二是县级以上地方人民政府要每年公布反食品浪费情况,提出加强措施,持续推动反食品浪费。三是各级人民政府及其有关部门要采取有效措施,形成浪费可耻、节约为荣的氛围。四是各级人民政府及其有关部门要建立监督检查机制,发现问题及时督促整改。五是县级以上人民政府及其有关部门要持续开展宣传教育。六是县级以上地方人民政府建立捐赠体制机制。七是县级以上人民政府要加强对反食品浪费科学研究与技术开发的支持。另外,《反食品浪费法》还要求各级人民政府向社会采购商品和服务时,要把防止食品浪费作为重要考虑因素。

5. 家庭与公民义务

《反食品浪费法》明确了家庭与公民义务。第一,组织与参加用餐活动时要做到适度备餐、点餐,文明、健康用餐,根据个人健康情况、饮食习惯和需求合理点餐取餐。第二,要树立文明、健康、理性、绿色的饮食消费理念。第三,要养成科学健康、物尽其用、防止浪费的习惯。第四,履行厨余垃圾源头减量义务等。

6. 行业组织义务

《反食品浪费法》规定，餐饮、食品等行业组织应当做好下面几项工作：一是制定并实施相关团体标准、行业自律规范；二是宣传、推广反食品浪费知识，推广优秀典型；三是引导会员单位、个人开展相关活动；四是对实施浪费行为的会员单位或个人要采取相应的自律措施。

另外，《反食品浪费法》还规定了人民团体、国有企事业单位、消费者协会与其他消费者组织、新闻媒体等主体的相关义务；也规定了在一些事项上的要求，比如：一是在制定、修改有关标准时要将防止食品浪费作为重要考虑要素等等；二是食品保质期的设置要科学合理，标注要显著且容易辨认。

（三）坚持法治平衡

1. 维护法律的一致性

《宪法》是国家根本大法，是一切规范性文件的效力来源。《立法法》明确规定了立法活动的权限和程序，要求法律（狭义的法律）、行政法规、地方性法规、自治条例、单行条例，以及国务院部委规章、地方政府规章的制定、修改与废止，要严格按照规定实施。《价格法》规定了国家管理价格行为的原则、价格分类以及各类价格制定主体的权利与义务。《食品安全法》规定了食品的概念、各类食品安全情形的行为模式与法律后果等。《消费者权益保护法》规定了消费者合法权益的范围与情形、经营者的义务、争议的解决以及相关法律责任等。《行政处罚法》规定了行政处罚的设定、实施与程序等。《反食品浪费法》以《宪法》为依据，综合协调了与上述其他法律之间的关系，维护了法治建设的统一和法律的一致性。比如，有人建议将餐厅的最低消费纳入《反食品浪费法》的监管范围，最终未被采纳。原因在于，根据《价格法》规定，最低消费属于市场调节价的范畴，应由经营者依法自主决定，但价格必须明示，且不得强买强卖。

2. 处罚与引导相得益彰

《反食品浪费法》规定了各类主体的义务，但只对其中的五类行为规定了处罚措施。从主体上看，包括餐饮服务经营者、食品生产经营者、设有食堂的单位、广播电台等传播媒体四类。一是餐饮服务经营者未主动提醒消费者防止食品浪费的，或者诱导、误导消费者超量点餐，造成明显浪费的。二是在生产过程中，食品生产经营者造成严重浪费的。三是设有食堂的单位未制定防止食品浪费措施，或者虽已制定但未予实施的。四是广播电台、电视台、网络视频服务者违反法律规定，制作、发布、传播宣传浪费食品的节目或者视频信息的。从处罚措施上，主要集中在行政处罚上，包括警告、责令改正、罚款，责令暂定业务、停业整顿等。虽然《反食品浪费法》授权省级、较大的市、自治州等地方立法机构可以制定反食品浪费的具体办法，但其须依据《反食品浪费法》和相关法律制定的权限、程序执行，且管理原则与处罚措施不得超越《反食品浪费法》。

立法者考虑到反食品浪费目标的实现是一个长期的过程，所以在制定罚则时做了充分的衡量，对一些违反情形并没有规定具体的罚则。这样，随着《反食品浪费法》的实施，可以逐步积累经验，视情况发展再进行修订、完善。

三 餐饮食品相关经营者的义务规定

《反食品浪费法》明确了餐饮食品相关经营者的范畴，主要包括食品生产经营者，餐饮服务经营者，餐饮外卖平台，单位食堂，超市、商场等食品经营者，旅游经营者等，其中的部分主体在内涵和外延上有交叉，但规定的义务与责任情形并不同，且各有偏重。

（一）主体分类的依据与界定

1.《食品安全法》等规范性文件

《食品安全法》明确规定了食品生产经营、食品生产、食品经营等概念。根据该法，食品生产经营指的是食品生产和加工；食品经营指的是食品销售和餐饮服务。国家市场监督总局根据《食品安全法》等法律法规，制定了《食品生产许可管理办法》（国家市场监督管理总局于2020年1月2日发布）、《食品经营许可管理办法》（原国家食品药品监督管理总局于2015年8月31日发布，2017年11月17日修正）。《食品生产许可管理办法》进一步明确了食品生产的范围、食品许可管理与食品生产许可类别（包括食品生产许可、食品添加剂生产许可）。《食品经营许可管理办法》规定了食品经营许可管理、食品经营主体业态、分类经营项目等。根据该办法，食品经营主体业态分为食品销售经营者、餐饮服务经营者、单位食堂三类；相关经营者申请通过网络经营、建立中央厨房或者从事集体用餐配送的，在主体业态后以括号标注。原国家食品药品监督管理总局根据《食品安全法》制定的《网络餐饮服务食品安全监督管理办法》，明确了网络餐饮服务第三方平台提供者（即餐饮外卖平台）的权利、义务与责任。

综上，食品生产经营者包括食品生产者、食品添加剂生产者和食品经营者。食品经营者又分为三种主体业态，即食品销售经营者、餐饮服务经营者、单位食堂。超市、商场等食品经营者，是因食品经营者所依托的场所不同而产生的类别。餐饮外卖平台是独立于食品生产经营者之外的一类主体。

2.《旅游法》

《旅游法》规定的旅游经营者，包括旅行社、景区、城镇和乡村居民利用自有住宅或者其他条件依法从事旅游经营以及为旅游者提供交通、住宿、餐饮、娱乐等服务或信息的其他经营主体等。

（二）各类主体的主要规定

1. 食品生产经营者

《反食品浪费法》对食品生产经营者的规定内容集中在第十五条、第十七条、第二十四条之中，但没有具体罚则。例如，关于食品生产经营者。一是应采取措施、改善条件，防止食品变质、降低损耗；二是造成浪费严重的，县级以上人民政府市场监督部门、商务部门等可以约谈其主要负责人、法定代表人；三是在相关部门的引导下，依法向有关组织、个人捐赠食品。四是依法履行厨余垃圾源头减量义务。

上述规定适用的市场主体包括食品生产者、食品添加剂生产者、食品销售经营者、餐饮服务经营者、单位食堂。除了造成严重食品浪费的情形外，其他情形没有对应的具体罚则。

2. 食品经营者

《反食品浪费法》第十二条规定："超市、商场等食品经营者应当对其经营的食品加强日常检查，对临近保质期的食品分类管理，作特别标示或者集中陈列出售。"① 此条规定中的食品经营者主要是指食品销售经营者，但对违反情形没有对应的具体罚则。前述中关于食品生产经营者的一些规定适用于食品经营者。

3. 餐饮服务经营者

《反食品浪费法》对餐饮服务经营者规定的内容比较多，主要集中在第七条。这些规定又分为必须采取的措施和可以采取的措施两部分。第一，必须采取的措施包括：一是建立健全管理制度，加强对服务人员珍惜粮食、反对浪费等方面的培训；二是通过主动提示提醒、在醒目位置张贴或摆放标识、服务人员提示说明等方式，引导消费者适量点餐；三是不断提升餐饮食品质量，按标准、规范等要求制作食品，合理确定数量、分量，并提供小份餐食品；四是提供团餐服务时，菜单设计中纳入反食品浪费理念，并按照用餐人数配置菜品；五是提供自助餐服务时，明示消费规则和反食品浪费要求，提供多种规格餐具，并提醒消费者适量取餐；六是不得诱导、误导消费者超量点餐。第二，可以采取的措施包括：一是菜单上标明食品分量、规格、建议消费人群等信息，向消费者提供点餐提示，并根据消费者要求提供公筷公勺与打包服务；二是采取奖励方式，鼓励消费者实施光盘行动；三是向造成明显浪费的消费者收取处理厨余垃圾的费用，但要明示收费标准；四是运用信息化技术实施科学管理等。

此条规定适用于主体业态为餐饮服务经营者的食品经营者，除违反主动对消费者进行防止食品浪费提醒或诱导、误导消费者超量点餐造成明显浪费

---

① 参见《反食品浪费法》。

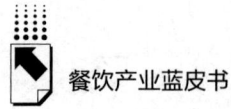

的情形外，没有规定具体罚则。前述中关于食品生产经营者、食品经营者的一些规定，同样适用于餐饮服务经营者。

4. 单位食堂等相关主体

《反食品浪费法》第八条、第九条列出了设有食堂的单位、学校、单位食堂、学校食堂、校外供餐单位等不同类别主体。其中，设有食堂的单位表现为各类设有食堂的主体；学校是特殊列出的一类主体，也可能属于设有食堂的单位；单位食堂属于食品经营者的一种主体业态；学校食堂是单位食堂的一种子类别；校外供餐单位应当是为学校送餐的餐饮服务经营者。从类别上，单位食堂、学校食堂、校外供餐单位属于食品经营者范围。

《反食品浪费法》第八条第二款规定："单位食堂应当加强食品采购、储存、加工动态管理，根据用餐人数采购、做餐、配餐，提高原材料利用率和烹饪水平，按照健康、经济、规范的原则提供饮食，注重饮食平衡。"第三款规定："单位食堂应当改进供餐方式，在醒目位置张贴或者摆放反食品浪费标识，引导用餐人员适量点餐、取餐；对有浪费行为的，应当及时予以提醒、纠正。"《反食品浪费法》第九条第二款规定："学校食堂、校外供餐单位应当加强精细化管理，按需供餐，改进供餐方式，科学营养配餐，丰富不同规格配餐和口味选择，定期听取用餐人员意见，保证菜品、主食质量。"对单位食堂、学校食堂、校外供餐单位，《反食品浪费法》没有规定具体罚则。前述中关于食品生产经营者、食品经营者、餐饮服务经营者的一些规定同样适用于单位食堂、学校食堂、校外送餐单位。

5. 餐饮外卖平台、旅游经营者

《反食品浪费法》第十条规定："餐饮外卖平台应当以显著方式提示消费者适量点餐。餐饮服务经营者通过餐饮外卖平台提供服务的，应当在平台页面上向消费者提供食品分量、规格或者建议消费人数等信息。"本条规定既涉及餐饮外卖平台，需要以显著方式提醒点餐环节，也要求通过餐饮外卖平台提供服务的餐饮服务经营者，向消费者提供菜品数量、规格、建议消费人数等信息。从中衍生出，餐饮外卖平台应当对通过其平台提供服务的餐饮服务经营者予以监督，确保服务信息是完整的、齐全的。考虑到法律与实践需要深度磨合,《反食品浪费法》对此没有规定具体罚则。

《反食品浪费法》第十一条规定:"旅游经营者应当引导旅游者文明、健康用餐。旅行社及导游应当合理安排团队用餐,提醒旅游者适量点餐、取餐。"除此之外,《反食品浪费法》中关于主动提示提醒消费者防止食品浪费,不得诱导、误导消费者超量点餐,不得在经营过程中造成严重浪费的条款同样适用于旅游经营者。

后 记

《反食品浪费法》是一个新生事物。立法者明确了相关主体的权利(力)、义务与责任。但对于执法机关、司法机关、市场主体、公民等来说,却需要一个适应过程。一方面需要全面、系统地了解《反食品浪费法》的内涵与外延,该法与其他法律法规的协调关系;另一方面需要调整原来一些行为的方式方法。其中,各地方制定具体实施办法的抽象行政行为与执法机关的具体行政行为具有主导作用。从制定具体实施办法方面来说,一是要严格按照《立法法》及其他相关法律规定的权限、程序进行;二是不得超越《反食品浪费法》,增加特定主体的义务,或者扩大特定主体的权利(力)。从执法方面来说,如何实现在规范、引导市场秩序中,做到不针对性执法、不"两头堵"执法,考验着执法机关的理性与法律意识。实践中发生的一些案例证明了这一点的重要性。从长时间来看,《反食品浪费法》对于防止食品浪费、保障国家粮食安全、弘扬中华民族传统美德、促进经济社会可持续发展的规范与引领作用将会逐步彰显。

参考文献

[1]《全国人民代表大会常务委员会专题调研组关于珍惜粮食、反对浪费情况的调研报告》,2020年12月23日,http://www.npc.gov.cn/npc/c30834/202012/54c3e0f5e7e94ecab9feb5cf9f522f25.shtml。

附　　录
Appendix

B.18
中华人民共和国反食品浪费法

(2021年4月29日第十三届全国人民代表大会常务委员会第二十八次会议通过)

第一条　为了防止食品浪费，保障国家粮食安全，弘扬中华民族传统美德，践行社会主义核心价值观，节约资源，保护环境，促进经济社会可持续发展，根据宪法，制定本法。

第二条　本法所称食品，是指《中华人民共和国食品安全法》规定的食品，包括各种供人食用或者饮用的食物。

本法所称食品浪费，是指对可安全食用或者饮用的食品未能按照其功能目的合理利用，包括废弃、因不合理利用导致食品数量减少或者质量下降等。

第三条　国家厉行节约，反对浪费。

国家坚持多措并举、精准施策、科学管理、社会共治的原则，采取技术上可行、经济上合理的措施防止和减少食品浪费。

国家倡导文明、健康、节约资源、保护环境的消费方式，提倡简约适度、绿色低碳的生活方式。

第四条　各级人民政府应当加强对反食品浪费工作的领导，确定反食品浪费目标任务，建立健全反食品浪费工作机制，组织对食品浪费情况进行监测、调查、分析和评估，加强监督管理，推进反食品浪费工作。

县级以上地方人民政府应当每年向社会公布反食品浪费情况，提出加强反食品浪费措施，持续推动全社会反食品浪费。

第五条　国务院发展改革部门应当加强对全国反食品浪费工作的组织协调；会同国务院有关部门每年分析评估食品浪费情况，整体部署反食品浪费工作，提出相关工作措施和意见，由各有关部门落实。

国务院商务主管部门应当加强对餐饮行业的管理，建立健全行业标准、服务规范；会同国务院市场监督管理部门等建立餐饮行业反食品浪费制度规范，采取措施鼓励餐饮服务经营者提供分餐服务、向社会公开其反食品浪费情况。

国务院市场监督管理部门应当加强对食品生产经营者反食品浪费情况的监督，督促食品生产经营者落实反食品浪费措施。

国家粮食和物资储备部门应当加强粮食仓储流通过程中的节粮减损管理，会同国务院有关部门组织实施粮食储存、运输、加工标准。

国务院有关部门依照本法和国务院规定的职责，采取措施开展反食品浪费工作。

第六条　机关、人民团体、国有企业事业单位应当按照国家有关规定，细化完善公务接待、会议、培训等公务活动用餐规范，加强管理，带头厉行节约，反对浪费。

公务活动需要安排用餐的，应当根据实际情况，节俭安排用餐数量、形式，不得超过规定的标准。

第七条　餐饮服务经营者应当采取下列措施，防止食品浪费：

（一）建立健全食品采购、储存、加工管理制度，加强服务人员职业培训，将珍惜粮食、反对浪费纳入培训内容；

（二）主动对消费者进行防止食品浪费提示提醒，在醒目位置张贴或者摆放反食品浪费标识，或者由服务人员提示说明，引导消费者按需适量点餐；

（三）提升餐饮供给质量，按照标准规范制作食品，合理确定数量、分量，提供小份餐等不同规格选择；

（四）提供团体用餐服务的，应当将防止食品浪费理念纳入菜单设计，按照用餐人数合理配置菜品、主食；

（五）提供自助餐服务的，应当主动告知消费规则和防止食品浪费要求，提供不同规格餐具，提醒消费者适量取餐。

餐饮服务经营者不得诱导、误导消费者超量点餐。

餐饮服务经营者可以通过在菜单上标注食品分量、规格、建议消费人数等方式充实菜单信息，为消费者提供点餐提示，根据消费者需要提供公勺公筷和打包服务。

餐饮服务经营者可以对参与"光盘行动"的消费者给予奖励；也可以对造成明显浪费的消费者收取处理厨余垃圾的相应费用，收费标准应当明示。

餐饮服务经营者可以运用信息化手段分析用餐需求，通过建设中央厨房、配送中心等措施，对食品采购、运输、储存、加工等进行科学管理。

第八条　设有食堂的单位应当建立健全食堂用餐管理制度，制定、实施防止食品浪费措施，加强宣传教育，增强反食品浪费意识。

单位食堂应当加强食品采购、储存、加工动态管理，根据用餐人数采购、做餐、配餐，提高原材料利用率和烹饪水平，按照健康、经济、规范的原则提供饮食，注重饮食平衡。

单位食堂应当改进供餐方式，在醒目位置张贴或者摆放反食品浪费标识，引导用餐人员适量点餐、取餐；对有浪费行为的，应当及时予以提醒、纠正。

第九条　学校应当对用餐人员数量、结构进行监测、分析和评估，加强学校食堂餐饮服务管理；选择校外供餐单位的，应当建立健全引进和退出机制，择优选择。

学校食堂、校外供餐单位应当加强精细化管理，按需供餐，改进供餐方式，科学营养配餐，丰富不同规格配餐和口味选择，定期听取用餐人员意见，保证菜品、主食质量。

第十条　餐饮外卖平台应当以显著方式提示消费者适量点餐。餐饮服务经营者通过餐饮外卖平台提供服务的，应当在平台页面上向消费者提供食品分量、规格或者建议消费人数等信息。

第十一条　旅游经营者应当引导旅游者文明、健康用餐。旅行社及导游应当合理安排团队用餐，提醒旅游者适量点餐、取餐。有关行业应当将旅游经营者反食品浪费工作情况纳入相关质量标准等级评定指标。

第十二条　超市、商场等食品经营者应当对其经营的食品加强日常检查，对临近保质期的食品分类管理，作特别标示或者集中陈列出售。

第十三条　各级人民政府及其有关部门应当采取措施，反对铺张浪费，鼓励和推动文明、节俭举办活动，形成浪费可耻、节约为荣的氛围。

婚丧嫁娶、朋友和家庭聚会、商务活动等需要用餐的，组织者、参加者应当适度备餐、点餐，文明、健康用餐。

第十四条　个人应当树立文明、健康、理性、绿色的消费理念，外出就餐时根据个人健康状况、饮食习惯和用餐需求合理点餐、取餐。

家庭及成员在家庭生活中，应当培养形成科学健康、物尽其用、防止浪费的良好习惯，按照日常生活实际需要采购、储存和制作食品。

第十五条　国家完善粮食和其他食用农产品的生产、储存、运输、加工标准，推广使用新技术、新工艺、新设备，引导适度加工和综合利用，降低损耗。

食品生产经营者应当采取措施，改善食品储存、运输、加工条件，防止食品变质，降低储存、运输中的损耗；提高食品加工利用率，避免过度加工和过量使用原材料。

第十六条　制定和修改有关国家标准、行业标准和地方标准，应当将防止食品浪费作为重要考虑因素，在保证食品安全的前提下，最大程度防止浪费。

食品保质期应当科学合理设置，显著标注，容易辨识。

第十七条 各级人民政府及其有关部门应当建立反食品浪费监督检查机制，对发现的食品浪费问题及时督促整改。

食品生产经营者在食品生产经营过程中严重浪费食品的，县级以上地方人民政府市场监督管理、商务等部门可以对其法定代表人或者主要负责人进行约谈。被约谈的食品生产经营者应当立即整改。

第十八条 机关事务管理部门会同有关部门建立机关食堂反食品浪费工作成效评估和通报制度，将反食品浪费纳入公共机构节约能源资源考核和节约型机关创建活动内容。

第十九条 食品、餐饮行业协会等应当加强行业自律，依法制定、实施反食品浪费等相关团体标准和行业自律规范，宣传、普及防止食品浪费知识，推广先进典型，引导会员自觉开展反食品浪费活动，对有浪费行为的会员采取必要的自律措施。

食品、餐饮行业协会等应当开展食品浪费监测，加强分析评估，每年向社会公布有关反食品浪费情况及监测评估结果，为国家机关制定法律、法规、政策、标准和开展有关问题研究提供支持，接受社会监督。

消费者协会和其他消费者组织应当对消费者加强饮食消费教育，引导形成自觉抵制浪费的消费习惯。

第二十条 机关、人民团体、社会组织、企业事业单位和基层群众性自治组织应当将厉行节约、反对浪费作为群众性精神文明创建活动内容，纳入相关创建测评体系和各地市民公约、村规民约、行业规范等，加强反食品浪费宣传教育和科学普及，推动开展"光盘行动"，倡导文明、健康、科学的饮食文化，增强公众反食品浪费意识。

县级以上人民政府及其有关部门应当持续组织开展反食品浪费宣传教育，并将反食品浪费作为全国粮食安全宣传周的重要内容。

第二十一条 教育行政部门应当指导、督促学校加强反食品浪费教育和管理。

学校应当按照规定开展国情教育，将厉行节约、反对浪费纳入教育教学内容，通过学习实践、体验劳动等形式，开展反食品浪费专题教育活动，培养学生形成勤俭节约、珍惜粮食的习惯。

学校应当建立防止食品浪费的监督检查机制，制定、实施相应的奖惩措施。

第二十二条 新闻媒体应当开展反食品浪费法律、法规以及相关标准和知识的公益宣传，报道先进典型，曝光浪费现象，引导公众树立正确饮食消费观念，对食品浪费行为进行舆论监督。有关反食品浪费的宣传报道应当真实、公正。

禁止制作、发布、传播宣扬量大多吃、暴饮暴食等浪费食品的节目或者音视频信息。

网络音视频服务提供者发现用户有违反前款规定行为的，应当立即停止传输相关信息；情节严重的，应当停止提供信息服务。

第二十三条 县级以上地方人民政府民政、市场监督管理部门等建立捐赠需求对接机制，引导食品生产经营者等在保证食品安全的前提下向有关社会组织、福利机构、救助机构等组织或者个人捐赠食品。有关组织根据需要，及时接收、分发食品。

国家鼓励社会力量参与食品捐赠活动。网络信息服务提供者可以搭建平台，为食品捐赠等提供服务。

第二十四条 产生厨余垃圾的单位、家庭和个人应当依法履行厨余垃圾源头减量义务。

第二十五条 国家组织开展营养状况监测、营养知识普及，引导公民形成科学的饮食习惯，减少不健康饮食引起的疾病风险。

第二十六条 县级以上人民政府应当采取措施，对防止食品浪费的科学研究、技术开发等活动予以支持。

政府采购有关商品和服务，应当有利于防止食品浪费。

国家实行有利于防止食品浪费的税收政策。

第二十七条 任何单位和个人发现食品生产经营者等有食品浪费行为的，有权向有关部门和机关举报。接到举报的部门和机关应当及时依法处理。

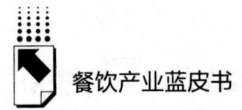

第二十八条 违反本法规定,餐饮服务经营者未主动对消费者进行防止食品浪费提示提醒的,由县级以上地方人民政府市场监督管理部门或者县级以上地方人民政府指定的部门责令改正,给予警告。

违反本法规定,餐饮服务经营者诱导、误导消费者超量点餐造成明显浪费的,由县级以上地方人民政府市场监督管理部门或者县级以上地方人民政府指定的部门责令改正,给予警告;拒不改正的,处一千元以上一万元以下罚款。

违反本法规定,食品生产经营者在食品生产经营过程中造成严重食品浪费的,由县级以上地方人民政府市场监督管理部门或者县级以上地方人民政府指定的部门责令改正,拒不改正的,处五千元以上五万元以下罚款。

第二十九条 违反本法规定,设有食堂的单位未制定或者未实施防止食品浪费措施的,由县级以上地方人民政府指定的部门责令改正,给予警告。

第三十条 违反本法规定,广播电台、电视台、网络音视频服务提供者制作、发布、传播宣扬量大多吃、暴饮暴食等浪费食品的节目或者音视频信息的,由广播电视、网信等部门按照各自职责责令改正,给予警告;拒不改正或者情节严重的,处一万元以上十万元以下罚款,并可以责令暂停相关业务、停业整顿,对直接负责的主管人员和其他直接责任人员依法追究法律责任。

第三十一条 省、自治区、直辖市或者设区的市、自治州根据具体情况和实际需要,制定本地方反食品浪费的具体办法。

第三十二条 本法自公布之日起施行。

B.19
餐饮业人工智能技术应用指南

目　次

前言

引言

1　范围

2　规范性引用文件

3　术语和定义

4　引进人工智能技术总体要求

5　餐饮行业人工智能应用的基础设施

6　餐饮人工智能技术应用参考框架

前　言

本文件按照 GB/T 1.1-2020《标准化工作导则 第1部分：标准化文件的结构和起草规则》的规定起草。

请注意本文件的某些内容可能涉及专利。本文件的发布机构不承担识别专利的责任。

本文件由世界中餐业联合会提出并归口。

本文件起草单位：世界中餐业联合会、上海明胜品智人工智能科技有限公司。

本文件主要起草人：邢科春、梁硕、国晶、殷理航、黄飞、徐浩、朱恩、朱灵、李佩泽、甲一夫、李果、陈伟。

本文件为首次发布。

引　言

本《指南》遵循科学、系统、实用和引领的原则，贯彻新发展理念，坚持高质量发展，促进传统产业转型升级，通过梳理餐饮人工智能技术应用领域定义、理念、技术、设备、方法和发展方向，帮助餐饮企业提高人工智能技术的认识和应用水平，引领餐饮业应用新技术、新模式提质增效，推动餐饮业加速向数字化、网络化、智能化发展，提高产业链供应链稳定性和现代化水平。

1　范围

本文件规定了引进人工智能技术注意要点和人工智能基础设备，针对餐饮总部管理、餐厅单店经营、营销管理、消费者服务、人员管理、货物管理以及设备管理等板块制定餐饮人工智能技术应用参考框架。

本文件适用于中国餐饮企业规划、研发、应用餐饮人工智能技术，同时可作为相关部门、行业组织、第三方人工智能服务机构等开展餐饮人工智能建设的参考。

2　规范性引用文件

本文件没有规范性引用文件。

3　术语和定义

下列术语和定义适用于本文件。

3.1 人工智能

3.1 人工智能 Artificial Intelligence (AI)

一门延伸人类智能的技术科学，它研究人类智能活动的规律，应用计算机的软硬件来模拟人类智能行为，使机器具有学习、推理、思考、规划等判断能力，其技术范畴见图1。

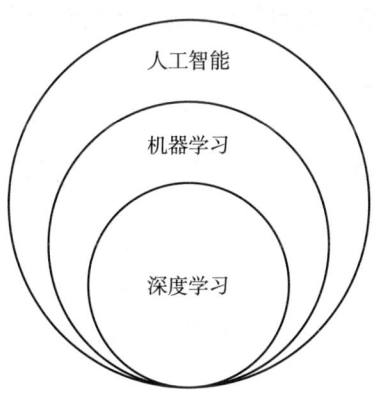

图 1 人工智能技术范畴

3.2 机器学习

3.2.1 机器学习 Machine Learning (ML)

专门研究计算机如何模拟实现人类的学习行为，通过对经验的学习获取知识或技能，从而对问题做出推理、预测或决定。机器学习是人工智能的核心，是使计算机具有智能的根本途径。机器学习的一般流程，是使用算法解析数据，从样本中学习，训练出模型，然后对某类问题做出推理。

3.2.2 算法

解决特定问题求解步骤的描述，即处理问题的策略，在机器学习中算法主要是指以概率论为基础的统计学习方法。根据任务的不同，我们可以将机器学习分为监督学习、无监督学习、强化学习三种类型，分别对应着分类和回归、聚类和降维、策略学习等算法类型。

3.2.3 样本

样本是数据的实例。机器学习中，一般将样本数据分成独立的三部分：训练集、验证集和测试集。训练集是指经过预处理后，有相对稳妥、精确的特征描述的数据集，分为有标注数据和无标注数据两种类型，训练集用于训练模型；验证集是模型训练过程中单独留出的样本集，它可以用于调整模型的超参数和用于对模型的能力进行初步评估；测试集是用来评估模型最终性能的"新样本"，机器学习的目标就是学习到能够在特定问题上应对"新样本"的模型。

3.2.4 训练

根据样本数据使用机器学习算法寻找模型参数的过程。

3.2.5 模型

可以解决特定类型问题的模式，通过数学公式和参数，建立了从数据特征输入到标签输出的映射关系，可以用来对新的数据进行推理和预测。

3.3 深度学习

3.3.1 深度学习 Deep Learning (DL)

基于多层人工神经元结构连接构造的神经网络机器学习方法，深度学习能够学习样本数据的内在规律和表示层次，在声音、文字和图像等数据的学习和解释方面具有突出优势，深度学习在计算机视觉、语音识别、自然语言处理、机器翻译、推荐、搜索排序以及其他相关领域取得了很好的成果，极大地推动了人工智能在各行业的应用。

3.3.2 大数据分析 Big Data Analytics

对规模巨大的数据进行分析。大数据可以概括为 5 个 V，数据量大（Volume）、速度快（Velocity）、类型多（Variety）、价值（Value）、真实性（Veracity）。大数据分析包含数据仓库、数据分析、数据挖掘、数据可视化、数据安全等领域内容。人工智能的要素包括数据、算法和算力，大数据是人工智能技术应用的基础。

3.3.3 计算机视觉 Computer Vision (CV)

一门研究如何使机器"看"的科学，就是指用摄像机或摄影机代替人眼对目标进行识别、跟踪和测量，用计算机做图形图像处理，建立从图像或者多维数据中获取信息的人工智能系统。计算机视觉也可以看作是研究如何使人工系统从图像或多维数据中进行"感知"的科学。该领域的研究包含图像分类、物体识别、图像理解、视频理解、三维视觉、虚拟现实/增强现实、多媒体、多模态融合等方向。深度学习技术的成熟促进了计算机视觉应用的发展。

3.3.4 自然语言处理 Natural Language Processing (NLP)

研究人与计算机之间用自然语言，即人们日常使用的语言进行有效交互的理论和方法，研制能有效实现自然语言通信的计算机系统，特别是其中的软件系统。当前的自然语言处理主要基于机器学习算法，特别是统计机器学习及深度学习在其中发挥了重要作用。自然语言处理能够应用在人机交互、机器翻译、自动问答、多轮对话、语音助手、智能客服、外呼中心等领域，是人工智能在计算机视觉之外取得丰硕成果的另一主要应用领域。

3.3.5 知识图谱 Knowledge Graph (KG)

由实体及其关系构成的图状数据结构，使用语义网络来表达信息和知识，用来构建由事实及规律组成的知识库，并进行知识融合、表示、推理等应用，是构建具有分析和推理能力人工智能的技术路径。

知识图谱为海量异构的大数据处理提供了一种更为有效的方式，已应用在信息检索、智能搜索、对话问答、社交网络等领域，使得系统的智能化水平更高，更加接近于人类的认知思维。知识图谱通常分为通用知识图谱和行业领域知识图谱，结合餐饮行业知识构建的餐饮知识图谱包含更加规范精确的行业数据及丰富的信息表达，帮助用户更加便捷地获取和应用行业知识。

3.3.6 运筹优化 Operations and Optimization

运筹学从系统整体的角度研究优化途径及方案，一般用于规划，决策，排队，以及资源调配。最优化方法的目的在于针对所研究的组织系统，求得一个合理运用人力、物力和财力的最佳方案，发挥和提高系统的效能及效益，最终达到系统的最优目标。

运筹学包含规划论、库存论、图论、决策论、对策论、排队论、可靠性理论等。

3.3.7 机器人流程自动化 Robotic Process Automation (RPA)

一种应用程序，通过模仿最终用户在电脑的手动操作方式，来使最终用户手动操作流程自动化。机器人流程自动化系统可以使 IT 系统更自动地运行，替代人员的手工软件操作，实现流程效率优化。

3.3.8 生物特征识别 Biometrics

通过计算机利用人体所固有的生理特征（指纹、虹膜、面相、DNA 等）或行为特征（步态、击键习惯等）来进行个人身份鉴定的技术。

3.3.9 联邦学习 Federated Learning (FL)

一种新兴的人工智能基础技术，主要解决数据孤岛问题，让参与方在不共享数据的基础上联合建模，保护数据隐私的同时进行数据使用和机器学习建模。

4 引进人工智能技术总体要求

4.1 基本要求

在餐饮企业引入人工智能技术过程中，应当充分考虑到数据安全和消费者隐私保护，认识理解目前人工智能技术的局限性，充分准备好故障防控处理和设备操作安全措施，并对成本收益做好充分考量，以此保证人工智能技术的顺利引进和实施，为商业活动持续创造价值。

4.2 数据资产与安全

餐饮企业在引入人工智能技术进行商业活动时，依赖于各种信息系统产生的大量数据，包括但不限于以文档、图片、视频、语音、日志文件及信息流为载体的原始数据，经过加工整理后产生了对商业应用有价值的数据，形成了数据资产。数据资产是新时代在土地、劳动力、资本、技术之外的市场化配置第五要素，是智能时代最重要的资产形式之一，需要通过数据加密、数据备份、异地容灾等现代信息储存手段和联邦学习等技术来进行主动防护，确保数据安全。

4.3 消费者隐私保护

餐饮企业在引入人工智能技术进行商业活动时，应该严格遵守《消费者权益保护法》、《GB/T 35273－2020 个人信息安全规范》等相关法律法规，合法收集、使用消费者数据，严格保护消费者隐私。

4.4 算法模型偏差和技术应用预期

人工智能技术快速发展，随着数据的积累和算法的发展，算法模型的准确率可以得到不断提高，但由于算法模型本身的机制不具有 100% 的准确率，需要对大数据和算法模型应用的不确定性与偏差有正确的认识。

同时，当前阶段的人工智能技术不能实现完全自动化、智能化，大部分场景仍需要人工参与介入。餐饮企业在引入人工智能技术时，应对人工与智能技术进行合理分配。

4.5 故障风险和应急预案

在餐饮企业引入人工智能技术进行商业活动时，可能会出现人为及非人为的故障风险，对技术的灵敏性、准确性等方面造成影响。餐饮企业应当建立对故障的预防预警机制，并做好应急准备，最大限度预防和减少故障事件及其造成的损害。

4.6 智能设备操作安全

餐饮企业引入智能设备进行工作时，要注意智能设备在安装、工作、维护等方面的安全隐患，制订相应的安全操作手册，消除设备运行过程中潜在的不安全因素，保证公司财产和人员安全。

4.7 人工智能系统投入和实施成本

餐饮企业引入人工智能技术时，产生的成本包括但不限于研发成本，建设成本，维护升级成本以及维修成本，企业应当充分考虑投入产出，保证项目顺利实施。

5 餐饮行业人工智能应用的基础设施

5.1 基本要求

人工智能建设需要传感器、终端、机器等智能设备基础设施，移动通信、物联网、工业互联网等网络基础设施，拥有相关的数据平台、大数据中心和云计算中心等数据基础设施，以及机器学习平台，深度学习平台，AI服务器等算法基础设施，以构建起终端侧，边缘侧和云端的综合能力。

5.2 物联网IOT和智能物联网AIOT

是互联网基础上的延伸和扩展的网络，将各种信息传感设备与互联网结合起来而形成的一个巨大网络，实现在任何时间、任何地点，人、机、物的互联互通。在万物互联的数字时代，人工智能技术深入到终端的各个设备之中，承担着感知，认知并主动提供服务的能力。结合了AI技术的物联网，称作AIOT智能物联网。

5.2.1 高拍仪

又称高速影像拍摄仪，是一款折叠式的超便携低碳办公用品，能完成一秒钟高速扫描，具有OCR文字识别功能，可以将扫描的图片识别转换成可编辑的文档。此外，它还支持录像、拍照、复印、传真等。

5.2.2 手持设备

又称移动设备或口袋电脑，是一种口袋大小的计算设备，通常有一个小的显示屏幕和触控输入（或小型键盘）。

5.2.3 录像机

一种磁带记录器。它能记录电视图像及伴音，及存储电视节目视频信号，并且可把它们重新送到电视发射机（或直接送到电视机）。

5.3 边缘计算

指在靠近物联网物的一侧，就近构建存储计算平台。边缘计算处于物理实体和工业连接之间，构建了终端设备与云计算的中间桥梁，满足业务在实时、应用智能、安全与隐私保护等方面的基本需求。

5.4 云计算

分布式计算的一种，指的是通过网络"云"将巨大的数据计算处理程序分解成很多个小程序，然后通过多部服务器组成的系统进行处理和分析这些小程序得到结果并返回给用户。通过这项技术，可以在很短的时间内（几秒钟）完成对数以万计的数据的处理，从而达到强大的网络服务。

现阶段所说的云服务，是分布式计算、效用计算、负载均衡、并行计算、网络存储、热备份冗杂和虚拟化等计算机技术混合演进并集成服务的结果。云计算分为公有云和私有云形态，云计算与大数据和人工智能技术结合，形成了新基建的主要技术组成部分，并在IT建设投资中份额和占比快速增长。

5.5 数据中台

是一套可持续"让企业的数据用起来"的机制，一种战略选择和组织形式，是依据企业特有的业务模式和组织架构，通过有形的产品和实施方法论支撑，构建一套持续不断把数据变成资产并服务于业务的机制。数据中台包含大数据平台，数据体系，应用场景等方面的建设内容。

5.6 机器学习平台

分为开源平台和一站式企业级平台，开源平台是机器学习或者深度学习基础计算框架，聚焦于训练机器学习或深度学习模型；一站式机器学习平台产品则是基于基础的机器学习计算框架进行二次开发，提供一站式的生态化的服务，为用户提供从数据预处理、模型训练、模型评估、模型在线预测的全流程开发和部署支持，以降低机器学习的应用门槛。

5.7 机器人

一种能够半自主或全自主工作的智能机器。按照控制方式可分为操作型、程控型、数控型、感觉控制型、学习型、人工智能型等类型机器人，按照移动形式可分为半移动式机器人（机器人整体固定在某个位置，只有部分可以运动，例如机械手）和移动机器人。在餐饮行业，智能机器人可应用在炒菜、传菜、端菜及餐厅服务的各个场景中。

5.8 射频识别技术

作为自动识别技术的一种，RFID通过无线射频方式进行非接触的数据双向通信，利用无线射频方式读取电子标签等媒介的内容，从而识别数据。

5.9 全球定位系统/地理信息系统

全球定位系统（GPS）可以用于实时、全天候和全球性的导航服务；地理信息系统（GIS）可以用于采集、储存、管理、运算、分析、显示和描述地理分布数据。

6 餐饮人工智能技术应用参考框架

6.1 餐企总部管理

6.1.1 开发营建

6.1.1.1 新店选址

提取城市基本数据（人口密度、人均收入和政策环境等）、商圈情况

（商圈类型、平均租金、区域定位、历史客流量、历史店铺淘汰情况）、路段情况（人流量、便利性等）、周边配套等数据进行分析和算法建模，让餐企充分了解目标商圈客源成分、客群偏好、竞争对手现况、国家政策等信息，减少人为主观因素干扰，进行多城市、多点位快速选址，从而提升开店成功率和门店位置管理的准确性，实现门店部署的最优策略。

6.1.1.2 旧店复盘评估

通过扫描客流热力采集客流数据，同比、环比订单和收入情况，结合天气、市场活动，竞争对手位置分布及客流状况，商圈变化分析等因素进行归因分析，分析门店客流动态变化和销售变化的原因，帮助餐企收集消费者偏好和行为习惯，为既有门店续约、关移店等资产管理提供分析及决策支持。

6.1.2 菜单设计和产品组合的研发

利用算法模型模拟不同产品、价格及促销活动的组合，通过过往订单数据学习消费者在不同组合情况下的偏好，基于对产品历史销售状况，对产品从品类、口味、外观、制作方式、主料、利润率等多个维度进行标注，利用知识图谱，挖掘和关联隐性原因结合预测模型推荐新品研发方向，从而帮助优化菜单设计，让餐企更精准有效地进行产品定价和产品组合。

6.1.3 连锁运营与加盟管理

6.1.3.1 督导和巡店

通过门店现有摄像头和录像机，结合视频计算机视觉技术，实现远程巡店稽核和自动监测预警，识别员工着装规范、操作规范和产品出品状况；通过智能工牌的硬件载体，收录服务员日常与顾客的对话，通过语音识别技术检测员工服务和促销话术的规范。并将图片、视频和音频等日常数据通过云平台整理为餐企数据资产，并根据督导指标持续提醒门店改进，帮助督导管理人员掌握所有一线门店情况和进行连锁管理。解决餐企在不同城市或偏远地区，门店标准化管理困难的问题。

6.1.3.2 异常状况管理

通过知识图谱实现自动化整合原来由人工整理的数据和信息，如未成单数量、菜品售罄时间、断货或停单情况和投诉情况、平均送餐时间、交易时间等信息，挖掘数据间深层次的关联关系，结合大数据分析提高跨类整合效率和准确度，从而快速锁定门店实际运营中发生交易异常问题的原因，实现具体到对人、机、物的事后精准管理。

6.1.3.3 加盟商审核

利用大数据分析技术，根据餐企对加盟的要求提取加盟商的申请材料中的关键信息（加盟者基础信息、预选店铺信息、商圈信息等），实现机器人流程自动化，自动化审阅并生成初步审核结果，提升原有纯人工审核的工作效率、降低加盟风险，提升加盟品质。

6.1.3.4 财务和法务管理

流程和系统自动化

应用深度学习技术，减少人工手动重复性操作工作，如发票匹配、预算审核、文件审批、费用审计等，降低人员负担。形成基于规则自动分配审批任务和执行发票及付款流程，加速实现财务/法务处理的机器人流程自动化，管控风险并保证合规性，提升流转效率。

6.1.3.5 公共关系管理

舆情监控，新闻和热点追踪

收集餐企关注的全网数据（监督抽检结果及行政处罚通报和国内相关餐饮热点和新兴事件等），通过知识图谱技术做到实时解析新闻报道、政府公告等舆情内容中企业关注的热词及内涵。再通过自然语言处理技术，自动将信息分类打标（例如新舆情的性质：积极、消极或中性）帮助餐企智能公关，保持品牌在消费者端的良好口碑形象。

6.2 餐厅单店经营

6.2.1 店内生产

6.2.1.1 需求预测和排产

通过分析历史订单、物料使用情况、厨房的人力状况和设备产能等数据，结合实时的进单状况利用运筹优化进行生产排产，便于餐厅管理者管理库存。当发生实际销售与预估销售趋势变化极大时能自动迭代更新算法模型，迅速灵活调整门店销售计划，减少售罄和物料过期，从而更好地管控厨房生产工作。

6.2.1.2 自动生产

基于自动配料机、感应货架和机械臂等智能硬件设备，结合计算机视觉算法，让中式正餐和西式快餐都实现自动给料、炒菜和装盘功能，节省人力成本的同时还能提高标准化制作水平。

6.2.1.3 出品质量检测和监测

餐企传统只能靠巡店的抽查及主观判断的方式进行品质管控，通过在门店出餐口加装智能采集图像设备，抓拍7×24小时采集餐厅每日出餐产品的图像，基于计算机视觉，按照不同维度对成品进行品相分析，对不合格出品进行声光提示，提升出品品质。

6.2.2 员工考勤及行为规范

6.2.2.1 员工考勤管理

通过人脸考勤钟等智能硬件设备，基于计算机视觉技术自动识别员工的人脸信息、实时定位和体温数据，自动确认健康证信息，并记录日常打卡考勤情况。针对体温或健康证信息异常的员工，主动触发系统提示，从而帮助餐企自动管理所有员工的出勤和工作日常信息，杜绝了误报、虚报的情况。

6.2.2.2 员工行为规范管理

通过门店端的智能摄像头和边缘服务器，基于计算机视觉和算法自动识别和分析后厨员工的仪容仪表，例如是否按要求穿戴厨师衣帽口罩等，并检测相关行为是否按照餐企规定的标准执行；引入语音工牌识别前厅（外场）服务人员的话术规范等，提升餐厅食品安全和管理效率。

6.2.3 餐厅环境与安全管理

通过餐厅端的摄像头和录像机全量录制门店日常经营的视频画面，利用计算机视觉技术对特定内容的图像或视频片段进行识别并判断内容的合规性，例如监测后厨环境，监测夜间是否有老鼠跑动，查看设备和物料是否未遵循库存管理规定摆放，垃圾和废弃物是否存在不当处置的情况；并基于智能摄像头和人形检测算法识别异常入侵情况，从而帮助餐厅做到有效防盗。

6.2.4 现金和资产管理

通过在收银环节加装信息智能采集设备，采集收银人员的行为数据，集中管理和资金相关的全量信息，监测并预警异常行为，实时管控并保证收益流程的合规性和资金的安全性。此外，利用物联网和射频识别技术管理固定资产，监控设备以及固定资产的物理位置和使用状况，监测设备资产在不同门店的转移状况。

6.2.5 利润报表关键问题分析与管理

监测利润报表各项数据（如管理费用、营业外收支明细等）中的异常进行推理及演绎，对应同期或当期业务情况，找到成本管控中存在的关键异常问题，如盘存差异等。并给出建议的改进方向，代替传统人工分析，提升利润管理的能力及效率。

6.3 营销管理

6.3.1 客群洞察

收集消费者的 CRM 数据、消费数据、LBS（地理位置）数据及互动数据等，通过大数据分析建立人群画像并进行分类，帮助餐饮企业了解目标客户群体尤其是门店附近居住消费者的特征，根据人群特征制定开店、新品、营销等策略。同时通过算法模型，进行科学的人群细分，从而分人群特征传递对应的品牌或促销信息，实现千人千面。

表1 客群洞察技术及应用

痛点	技术	应用
消费者特征模糊，品牌定位不科学	大数据分析	消费者精准画像
与消费者沟通粗放，不能个性化互动	算法模型	消费者聚类细分，千人千面互动

6.3.2 社交营销

收集品牌历史社交营销数据，如活动预算、传播、代言人及效果等数据，通过大数据分析技术，可以协助餐饮企业在社交平台进行品牌或产品营销时，制订有关文案、活动及代言人的最优推广策略，实现从前选，到比价优化、监测评估,再到策略管理的全链路社交营销优选闭环。

6.3.3 舆情监控

收集品牌的网络舆情数据,包括消费者与品牌的互动数据、品牌在社会事件中的声量数据等,通过构建舆情知识图谱,可以建立起品牌、消费者及社会事件的舆情网络,全渠道监测品牌健康度,对于内外部风险可以及时发现、预警并管控,防止品牌名誉受损,保持品牌在消费者端正面积极的口碑形象。

6.3.4 广告投放

收集品牌以往的广告投放数据,如预算、定向人群、媒体平台、广告形式及效果等,引入算法模型,借助机器人流程自动化,可以自动生成最优广告排期,甄选目标人群,重点向门店附近居住的消费者发送广告,过滤掉无效及低质量流量。在投放广告过程中实时追踪投放效果,进行大数据分析,并实时反馈到算法模型,不断优化投放策略,实现广告投入产出比的最大化。

表2 广告投放技术及应用

痛点	技术	应用
广告排期依靠人拍脑袋决策,手工操作执行	算法模型 机器人流程自动化	自动化生成并下发最优排期,科学投放
广告流量作弊,造成流量浪费	算法模型	流量甄别优选,过滤低质量流量
广告投放效果难以衡量	大数据分析 算法模型	实时反馈效果,自动调优

6.4 消费者服务

6.4.1 会员管理

6.4.1.1 CRM 私域管理

在 CRM 消费者生命周期标签体系中,引入第三方数据,如媒体数据、广告投放数据和地理位置数据等。通过建立算法模型,可以融合打通多维消费者数据信息，对标签进行精细化判定，对消费行为进行精准预测，针对标签及预测结果与消费者进行个性化、智能化的互动，实现品牌与消费者生命周期全链路的沟通、运营，做到千人千面，持续提升消费者对品牌的黏性。

表3 CRM私域管理技术及应用

痛点	技术	应用
CRM数据单薄，挖掘不充分，价值难以充分发挥	大数据分析算法模型	数据打通融合，丰富数据维度，精细化判定识别消费者特征
无法甄别CRM中不同消费意愿的人群	算法模型	预测CRM人群消费意愿，实时监控消费者生命周期
老会员活跃性低	算法模型	消费者生命周期全链路个性化运营，千人千面

6.4.1.2 满意度、客诉和意见反馈

在处理消费者服务满意度的体系中，引入大数据分析技术，打通消费者评价数据、订单数据和CRM数据，分析判定致使消费者满意/不满意的关键特征，从而为菜品，服务流程等关键步骤提供优化指导。

6.4.2 门店堂食——餐前

6.4.2.1 预约/排队入店

结合历史消费者预约排队信息，如排队人数、等候时长、过号率等，通过算法预测，在预约排队系统中实现精准的时间预估，为消费者提供可靠的等候时长信息，向消费者推送预期等待时间，减少消费者取消等待或者过号的比率。

6.4.2.2 点单和候餐

门店内安装智能识别设备，协助服务员提供高质量服务。智能识别设备包括摄像头、录像机、智能工牌等，可以自动采集消费者及服务员的头像信息、声纹信息等，结合计算机视觉及自然语言处理技术，自动识别门店人员的行为动作和语音，让店内服务员及时为消费者提供个性化服务；同时可以判断服务员在服务过程中言行是否礼貌、规范、得体，提升服务质量。

门店内引入智能服务设备，代替人工，节省人力成本。智能服务设备包

括服务机器人、自助点餐机、智能取餐柜等,结合计算机视觉、自然语言处理技术及大数据分析技术(处理数据包括消费者菜品偏好、订单金额、消费频次、年龄性别职业等数据)对消费者进行个性化的菜单推荐、配餐、领位及候餐等服务,实现前厅服务无人化。

表4 点单和候餐技术及应用

痛点	技术	应用
门店人力成本高	计算机视觉 自然语言处理	服务机器人取代服务员,实现前厅无人化
门店人员操作不合规	计算机视觉 自然语言处理	智能设备自动识别不合规操作,及时纠正规范
消费者需求不能及时响应	计算机视觉 自然语言处理	智能设备自动采集识别店内消费者需求,及时响应

6.4.3 门店堂食——餐时

6.4.3.1 配餐送餐

在门店引入机械臂及运输机器人,通过机器学习技术赋能其"学会工作",取代部分人工的配餐、送餐工作,实现人机协同。可以提高效率,减少人工误差,并节省人力成本。

6.4.3.2 用餐服务

在餐桌安装语音收集和识别设备,通过自然语言处理技术,智能设备可以在消费者用餐过程中,将消费者的服务需求进行采集、翻译,并发送给服务员,服务员收到后为消费者提供相应服务,减少服务员看桌的时间。提升服务响应速度,降低服务员的工作量。

6.4.4 门店堂食——餐后

主要为结账支付和发票管理,通过计算机视觉技术,借助智能识别设备,可以自动识别门店菜品及价格,并通过生物特征识别中的人脸识别技术,进行支付和发票推送服务,使结账过程智能化、无人化。

6.4.5 电商/外卖

6.4.5.1 商圈规划

依据历史商圈的服务指标数据,包括配送时长、运力满足率、投诉率及延时率等,建立商圈服务模型,可以对订单及运力进行精准预估,将不同门店划分为不同商圈,优化订单流转及骑手调度。同时可以生成更加合理的商圈划分建议,不断迭代更新,全局优化商圈的战略部署。

表5 商圈规划技术及应用

痛点	技术	应用
难以科学开店选址	算法模型	模型生成商圈规划建议,实现订单流转及运力的全局最优

6.4.5.2 智能推荐

收集消费者线上点单行为数据、交易数据等,通过推荐算法,在消费者进行线上点单时,实现自动识别消费者菜品偏好,并针对性进行大规模精细化的个性菜单展示,实现菜单内容的千人千面,来引导消费者下单,提升下单率与客单价。

6.4.5.3 物流派单

收集物流派单历史数据,包括订单量、骑手数量、配送时间等数据,通过算法分析,可以分时段、分区域进行单量预估与骑手数量预估,并智能调度运力,实现全局最优的路径规划,从而提高配送餐品的效率,降低配送成本。

6.4.5.4 骑手调度

收集骑手送单历史数据,包括配送时长、配送区域、超时率、费用等数据,进行大数据分析,并利用骑手调度算法,可以为每个骑手提供并单建议、路径指导、空驶调度建议等,并根据骑手实际表现,如配送时长、超时率、并单率等,进行动态付费,提高骑手配送效率,有效管理骑手绩效。

6.4.5.5 无人配送

搭建或加入智能硬件物流体系,应用无人机、无人送餐车等进行餐品配送,视觉系统由摄像头、激光雷达、超声波装置等多种传感器组成,依托自动驾驶技术,配送过程完全实现无人化。凭借调度算法,可以让无人送货装置在人流密集的环境里达到优秀的平均速度,实现安全的人机共存。

6.4.6 团膳

收集品牌团膳活动中人、财及货的运营历史管理数据,通过大数据分析及运筹优化技术,可以对团膳进行智能化管理,从食材采购到为消费者送餐,全链路数字化监控,根据订单量可以精准预估每个环节所需时间及人力投入,精准控制食材成本、人工成本和管理成本,全局优化菜单、人员、场地和日程等安排。同时借助算法模型,可以精准计算菜品的营养指标,为消费者提供个性化的膳食建议。

表6　团膳技术及应用

痛点	技术	应用
人、财、货等数据割裂,统一运营能力薄弱	大数据分析 运筹优化	从供应链到消费者全链路数据打通,精准监控运营
与消费者互动少,难以实现精准的个性化关怀,消费者黏性低	算法模型 大数据分析	为消费者提供个性化膳食营养指标及建议

6.5　人员管理

6.5.1　人员招募和岗位设置

主要包括筛选简历和人岗匹配,利用机器人流程自动化技术对各个招聘渠道的简历进行集合汇总,然后通过大数据分析批量筛选简历,自定义标签设置自动筛选条件,智能过滤不符合需求的候选人,批量定位候选人,提升餐企对人才的搜索能力,提升招聘速度。建立人才能力评估模型,综合分析候选人的过往经历、工作经验和知识水平等各维度信息,帮助HR实现自动智能的人岗精确匹配。

6.5.2　人员排班

通过运筹优化模型改善依赖人工,花费时间长的粗放式排班,实现系统

餐饮产业蓝皮书

自动化排班。基于预估营业额指导排班,并与企业内部招募/训练系统对接,通过提供人力资源需求预测,灵活调拨和分配人力资源,并结合员工生产力状况、工作时间和员工技能等进行运筹优化,从而提升员工满意度和餐企工作效率。

6.5.3 绩效考核

运用大数据 Big Data 聚类和关联规则学习的技术,对餐企绩效管理进行综合评估分析,将收集到的全面信息与绩效考核指标纳入绩效考核模型,进行分析对比,减少人为主观因素造成的不客观不公平情况。将员工个人绩效、部门团队绩效以及企业绩效三者关联,实现能通过绩效考核全面了解经营成果并制定未来发展规划。

6.5.4 培训管理

通过智能硬件如眼镜、手环等,承载虚拟现实/增强现实等数字化手段呈现培训内容,针对不同岗位建立岗位技能图谱,通过如文本、图像图形、音视频等多媒体手段,加强人员学习效果;利用自适应学习程序全程搜集学习数据,构建个性化学习发展路径并提供实时与有意义的评价反馈。

6.6 货物管理

6.6.1 供应商管理

6.6.1.1 供应商评级

利用知识图谱和大数据分析,帮助改善供应商选择不当,绩效评价机制不完善、无法高效管理等难题。通过自动化的方式从外部获取并整合供应商信息,包括但不限于证照和资质、认证和信用、到货准时率及准确率,以及涉及某个供应商的政府抽检报告、行政处罚结果和媒体曝光新闻等,并分类创建包括各类原料、产品以及供应商、生产商、服务商等不同维度组合的评估需求及评估标准,完成对供应商的动态评级和综合绩效评估。

6.6.1.2 信息溯源和动态预警

帮助餐企从上游源头管理原物料,从而对食材做到从田间、地头到餐桌的全链路管理。在生产之初就采用射频识别技术(RFID)、动态二维码等方式进行明确标识食材信息。并通过大数据 Big Data 算法模型，分析供应商及上游（供应商/生产商/养殖场/屠宰场/农场）在食材供应链过程中的信息，实现供应商质量信息的溯源自动化与食品安全风险的全时和智能监测、识别、预警和影响排查流程的自动化。

6.6.2 采购管理

主要包括订货与报价，不需要人为提报采购需求，算法系统自动预测和感知物料需求并自动触发补货请购，预测供应商谈判的场景和结果，并分析和推荐合适的供应商与参考的签约价格，利用知识图谱技术寻源自动匹配供应商，构建分析模型，预测相应谈判场景，从而控制谈判风险。

6.6.3 物流及仓储管理

6.6.3.1 冷链温控

在温湿度传感器、射频识别技术和全球定位系统/地理信息系统 GPS/GIS 等技术的基础上，借助大数据、物联网等技术监管冷链储存和运输过程，通过掌握实时温湿度减少变质损耗，保障食品安全，管控整个冷链物流配送流程。帮助货物管理实现全链可追溯和可掌控的目标。

6.6.3.2 分拣和装卸

通过扫描识别货物的二维码等信息，并结合机械臂实现自动化分拣，实现高效搬运和拣货作业，减少人工误差，实现人机协同。

通过在装卸环节部署摄像头捕捉车辆轨迹和进行车牌识别，记录并数字化车辆装载率、人工能效等数据，实现全程状态可视化，管控装车过程和进度，助力优化运营成本。

6.6.3.3 配送线路规划

利用大数据分析和算法建模匹配相关资源，结合精确算法和启发式算法实现物流线路优化，依据不同送货任务自动调度相应人员、车辆，并进行最佳线路规划提高配送过程中对人、货、物的管理水平，有效控制运输成本。

6.6.4 出入库和调拨

通过在仓库门口加装高拍仪或使用支持扫码打印的手持终端设备，对货物使用射频识别技术或动态二维码管理的方式，实现出入库自动记录库存变

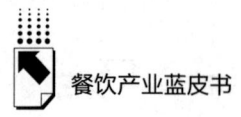

化情况，通过智能调拨减少人力成本和管理误差。所有硬件设备通过智能物联网平台管控，同步各终端数据，帮助餐企掌握原来无法全量管控的库存情况。

6.6.5 品质管理

主要包括效期和品质，通过扫描并识别货物包装上的二维码信息，统一进行货物效期管理。代替人工管理效期，有助于减少人为失误和遗漏情况的发生。并将货物效期信息与出入库调拨关联绑定，保证货品先进先出，帮助餐企降低货品因效期管理不当造成的损耗率。

6.7 设备管理

6.7.1 状态监控

通过智能物联网对设备进行状态监控。包括待机时长及能耗、工作时长及能耗、工作计次及相应时间。通过大数据比对同类型设备待机时长与工作时长比率、工作次数时间段分布，分析设备开关机时间是否合理。当发现设备长时间待机未工作，且根据历史数据分析门店暂无工作需求时，下发指令关闭设备，帮助门店精细化管理设备，合理优化成本。

6.7.2 故障预警和预防性维护

6.7.2.1 设备故障预警

通过智能物联网对设备进行实时监控、基于故障类型大数据建模分析，通过设备在运行状态下的异常数值进行有效的故障预警。避免设备坏了才修，不坏不修的情况。减少因设备原因导致的营运瓶颈。

6.7.2.2 设备预防性维护

利用智能物联网回传设备工作数据，结合设备故障大数据建模分析结果所得出的故障预警结合故障细节、备件和维修工程师配备情况、所在位置进行智能派单，保证设备第一时间得到预防性维护，不影响门店日常经营。

6.7.3 能效监控和优化

通过智能物联网，监控设备每日的开启时长、工作时长和能耗状态（包括耗水、耗电量等）。利用大数据技术分析市面上同类型设备在同等条件下的能耗状况，建立不同类型设备的能耗评估标准，包括标准能耗标准和节约能耗标准。并结合当前门店包括高峰期和离峰期数据在内的实际能耗情况，帮助餐企发现优化机会点，帮助门店进行合理的成本管控。

6.7.4 应产率管理

在完善库存盘点流程的基础上，利用智能物联网监控设备日常运行状况，记录和分析每天的领料情况和生产数据，计算相应产品的应产率，结合实际情况评估是否在合理范围内，从而确保出品的品质，也能够提升餐企的标准化管理水平和利润管理能力。

6.7.5 陈列和摆放

在入库时使用计算机视觉、物联网电子秤和文字识别OCR技术对商品的参数（如：名称、重量、效期、外包装等）进行识别，并完成基本信息登记及破损识别。若各项数据均正常，则根据效期排列入库到指定仓位；若识别到信息不匹配或者货品破损时，发出货物拒收提示，便于门店进行效期管理、破损控制。

出库时，根据先进先出原则自动取出货品，使用物联网电子秤对出库货品进行数量统计，便于门店进行采购预估、先进先出、盘存差异管理。

Abstract

Since its publication in 2006, consistently focusing on the forefront and hot issues of the development of the catering industry, and analyzing the development status of the industry in an in-depth and accurate way, the Blue Book of the Catering Industry: Development Report of China's Catering Industry has become an important carrier of the research results of the catering industry and an important medium for the dissemination of Chinese cuisine culture.

The Development Report of China's Catering Industry (2021) is divided into four parts, including General Report, Regional Development, Special Report and Appendix.

The first general report of this book analyzes the macro operation of China's catering industry in 2020. Due to the profound impact of COVID-19, the catering industry fell into a severe recession in 2020, which also promoted industrial restructuring as well as the standardized and digital development of the industry; It makes the analysis that the catering market will embrace new consumption opportunities, new investment opportunities, new technology development, new industrial chain collaboration and other new opportunities in the post-COVID-19 era; It proposes the development goals of the catering industry during the "14th Five-year Plan", and eight development tasks, that is, promoting the supply-side structural reform of the catering industry, the reform of the consumer demand side and the construction of digital catering industry, integrating the rural economic development, enhancing the influence of Chinese cuisine culture, accelerating the development of green, ecological and economical catering, doing a good job in ensuring people's livelihood of the catering industry, and making the catering industry an important industry in the implementation of the healthy China strategy.

Abstract

The second general report, aiming at the problems exposed in the catering industry during the outbreak of COVID-19, analyzes the feasibility and necessity of promoting the high-quality development of the catering industry by formulating the Regulations on the Promotion of the Development of the Catering industry in an in-depth way, puts forward the legislative pathway, and explains the structural arrangements and main contents of the Regulations on the Promotion of the Development of the Catering industry. The second part of this book is about regional development, focusing on the operation of the catering industry in Beijing, Shanghai, Guangdong, Jiangsu, Zhejiang, Hainan, Macao and Shaanxi in 2020, making an objective inventory and analysis of the operation characteristics of the catering industry in various regions, and putting an emphasis on the analysis of the revitalization measures and innovative solutions in the face of the severe impact of COVID-19. The third part of this book is a special report, which selects the topics generally concerned in the industry to make a detailed analysis, such as the revitalization and development of local cuisine, brand building of catering, takeout, the fifth batch of intangible cultural heritage projects and anti-food waste.

Keywords: China's catering industry; "14th Five-Year Plan"; High-quality development; Brand power; Intangible cultural heritage

Contents

Ⅰ General Reports

B.1 Keep a Foothold on the New Development Stage Implement the New Development Concept Realize the High-quality Integration into the New Development Pattern during the "14th Five-Year Plan"

—The Development Review of China's Catering Industry in 2020 and the Outlook during the "14th Five-Year Plan"

Zhao Jingqiao, Yu Ganqian / 001

    1. Analysis on the Macro Operation of China's Catering Industry in 2020 / 003
    2. Catering Market with both Crisis and Opportunities in the Post-COVID – 19 Era / 008
    3. Objectives and Tasks of Industrial Development during the "14th Five-Year Plan" / 013
    4. Promoting the Integration of the High-quality Development of the Catering Industry into the New Development Pattern / 022

Abstract: As a basic life service industry in the national economy, the catering industry has achieved a leap in income scale from 3 trillion to 4 trillion during the 13th Five Year Plan period, and continues to play an important role in expanding consumption, stabilizing employment, ensuring people's livelihood and inheriting culture. Because of the COVID-19 pandemic, the catering industry has been in a serious recession in 2020, and the pandemic has also accelerated the adjustment of industrial structure and promoted the development of industrial standardization and digitalization. At the starting point of the 14th Five Year Plan, the catering industry should follow the 14th Five Year Plan, closely focus on the needs of people's better life, standing on the new development stage, actively implement the new development concept, integrate high-quality industrial development into the new development pattern of the 14th Five Year Plan, and contribute to the long-term goal of 2035 and the second Centennial goal.

Keywords: Catering industry; "14th Five-Year Plan"; High quality development

B.2 Research Report on Accelerating the Formulation of the "Regulations on the Promotion of New Development in the Catering Industry"   *Yu Ganqian, Yao Junying* / 028

Abstract: In the process of responding to COVID-19, it has been exposed that China's governance system has long neglected the important role of the catering industry in the national public health security system, social public health system and national emergency support system. To promote the high-quality development of the catering industry in accordance with the law, to elevate the policies and regulations that are feasible, effective and efficient into laws, to formulate regulations to promote the development of the catering industry and to put them on the relevant legal agenda to promote the reform in accordance with the law, are the practical requirements for the modernization of the governance system and governance capacity of the catering industry. Based on the analysis of the necessity and feasibility of speeding up the enactment of the Regulations on the

Promotion of the Development of the Catering industry, this paper puts forward the legislative pathway and explains the structural arrangements and main contents of the Regulations on the Promotion of the Development of the Catering Industry.

Keywords: Catering industry; Legislation; the Promotion of the Development of the Catering Industry

Ⅱ Development of the Regional Catering Industry

B.3 Beijing Catering Industry Development Report in 2020

Yun Cheng, Zong Zhiwei / 037

Abstract: The sudden outbreak of COVID-19 has caused a great impact on the catering market in Beijing. Beijing's catering industry has taken multiple measures to cope with COVID-19. The government led the association to guide enterprises to get involved, and the catering market has gradually recovered. The measures such as the establishment of quality-assured restaurants, the application for government consumption vouchers, the launch of "Eat all delicious food in Beijing" annual consumption promotion project, the fostering of standardized demonstration restaurants in the catering industry have achieved substantial results. The year 2021 is the first year of the "14th Five-Year Plan", as well as a key period to promote the new development of the capital. It is expected that the catering industry in Beijing will gradually get rid of the impact of COVID-19, achieve restorative growth and steady improvement, and make new development with the help of digital technology.

Keywords: Beijing; Catering industry; Digitalization

Contents

B.4 Shanghai Catering Industry Development Report in 2020

Business Information of Shanghai / 045

Abstract: In 2020, Shanghai's catering market, while doing a good job in conducting epidemic containment and ensuring people's food supply, actively sought change and transformation, showing strong resilience and development vitality. With the help of policies, Shanghai has issued a number of local standards to guide the safe, healthy and orderly development of the catering industry. By holding "May 5th Shopping Festival", "Global Food Festival", "Snack Festival" and other large-scale festival activities, it strongly boosted the confidence of catering consumption, restored the function of the catering industry, and promoted the recovery of the catering industry in an all-round way. It aims to make innovation to promote the two major upgrades of "morning and night" food, promote the innovation of breakfast supply, realize online and offline linkage, provide citizens with more convenient, diverse and healthy breakfast services, and light up the night economy of Shanghai with midnight takeout snacks. With the "old and new" innovation, time-honored brands took the initiative to seek innovation and change, and new-style tea drinks are made available everywhere, injecting new vitality into the city.

Keywords: Shanghai catering industry; Festival promotion; New-style tea drinks

B.5 Guangdong Catering Industry Development Report in 2020

Cheng Gang / 056

Abstract: Due to the impact of COVID-19, the revenue of the catering industry in Guangdong saw negative growth for the first time in 2020. The total annual revenue was 412.476 billion yuan, a year-on-year decrease of 18.247 billion yuan, a decrease of only 4.2%. The number of existing enterprises fell by

nearly 70,000 over the previous year, a decrease of 7%. Guangdong's share in the national catering industry accounted for more than 10% again, reaching up to 10.4%. The share of catering in total retail sales of consumer goods in Guangdong continued to climb to 10.3%. Even under the severe influence of COVID-19, the catering industry, with the experiential consumption attribute, still acted as a driving force for offline commercial consumption, attracting a wide range of consumers to come to the shop for consumption, driving and activating more related consumption, and playing an important role in restoring consumer confidence and boosting market activity. The high-quality development plan of "Guangdong Cuisine Master" project has been formally implemented, in which 49 specific measures have been established in terms of the four major systems of talent, industry, standard and culture. Guangdong's catering industry has carried out a lot of fruitful work in curbing catering waste and promoting the construction of civilized restaurants. During the period of epidemic containment, social organizations in Guangdong's catering industry actively defended the rights and interests of the industry, actively carried out activities for self-support and self-help, and gathered the strength of the industry to tide over the difficulties together. The food connotation and industry extension of Guangdong catering has been redefined after the outbreak of COVID-19, and the charm, vitality and business style of Guangdong catering yield unusually brilliant results in front of the world!

Keywords: "Guangdong Cuisine Master" Project; Catering industry; Civilized restaurant; Industry rights protection

B.6 Jiangsu Catering Industry Development Report in 2020

Yu Xuerong / 086

Abstract: In 2020, Jiangsu's catering industry suffered an unprecedented heavy blow. After the stage of reshuffle, survival and development, the catering enterprises reversed their business ideas, adjusted the market layout, boosted and reshaped their confidence, minimized the loss brought by COVID-19, made use of their respective advantages to expand business formats, promoted the improvement of catering quality, and achieved certain results in reducing costs and improving efficiency. Under the situation that epidemic containment becomes normalized, it is urgent to adhere to the road of brand, create green catering, improve the overall quality of catering and seek development in an in-depth way. This paper makes an objective analysis of the operation, development characteristics, existing problems, countermeasures and suggestions of the provincial consumer market from four aspects, and puts forward solutions to ensure the healthy and orderly development of the catering industry throughout the province.

Keywords: Jiangsu's catering industry; Catering brand; Green catering

B.7 Zhejiang Catering Industry Development Report in 2020

Zhejiang Catering Industry Association / 101

Abstract: While the total amount of Zhejiang's catering industry is expanding, the market segmentation is subject to continuous deepening. In the post-COVID-19 era, the catering industry has recovered steadily, showing the characteristics of highlighted retailing trend, accelerated online operation, intensified regional cultural integration, and the coexistence of consumption upgrade and downgrade, etc. In this process, Zhejiang Catering Industry Association has played a significant role.

Keywords: Zhejiang catering; Market segmentation; Business circle catering; Retailing trend

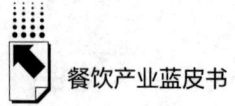

B.8 Hainan Catering Industry Development Report in 2020

Chen Heng, Yang Zhekun / 119

Abstract: The year 2020 is a year when the global economy has suffered a heavy blow and the world development pattern has undergone great changes. It is also the first year for the construction of Hainan Free Trade Port, in which Hainan's catering industry faced great challenges and obtained unprecedented opportunities for development, and made new explorations in various aspects, including flexible and diverse market operation, improvement and upgrading of dining mode, folk custom and characteristic development, creation of themed health care catering, standardized and branding operation, and various types of business combination, etc. Looking into the future, the catering industry in Hainan will carry out the strategic adjustment for the development strategy of Hainan Free Trade Port in accordance with the "14th Five-year Plan"; promote the development of "large accommodation industry" and "health care catering industry" according to the needs for the construction of the international tourism consumption center in Hainan; vigorously expand the high-quality development of rural accommodation and catering industry on the basis of standardization and intelligence; actively encourage and promote the construction of various standards to form a demonstration effect; speed up the legislation of the hotel and catering industry in Hainan and lay a solid foundation for the development of the industry; encourage the branding development of the industry and build core competitiveness; encourage high-quality innovation in the hotel and catering industry at all levels of the industry.

Keywords: Free trade zone; Health care catering; Standardization; Branding

Contents

B.9 Macao Catering Industry Development Report in 2020

Tang Jizong / 137

Abstract: In 2020, the Macao SAR's economy contracted 56.3% in real terms. Fatigue prevention and control measures to maintain safe social distance and block the flow of people activities have had a greater impact on the global tourism, F&B, accommodation and other hospitality industries that require consumers to contact service providers face-to-face. During the epidemic, those in the Macau F&B industries are mainly serve inbound tourists and larger scales have been hit more severely, while smaller scales with local consumption as the main source of income have been relatively less affected. Macau's F&B industries are mostly traditional small, medium and micro enterprises, and lacks the ability to resist the risks of market changes, expand the market across borders, and compete with foreign investment. It's necessary to find a path for the F&B industries take opportunities and base on their comparative advantages for sustainable development in the future.

Keywords: Macau; F&B; Digital Economy; Epidemic; Economic development

B.10 Study on the Sustainable Development of Shaanxi Catering Enterprises in the Post-COVID-19 Era

Wang Xiqing, Zhang Yan, Tan Qihong and Han Jie / 150

Abstract: The sudden outbreak of COVID-19 has hit the catering industry hard. In the post-COVID-19 era when epidemic containment becomes normalized, the catering enterprises in Shaanxi must take preventive measures by attaching great importance to sustainable development. On the basis of in-depth interviews with catering operators, this paper sorts out three driving forces for the sustainable development of catering enterprises in Shaanxi. On the basis of defining the connotation of the three driving forces, it finds out the prominent problems existing in the development of Shaanxi catering industry, and makes clear the development pathway of the three driving forces for the sustainable development of Shaanxi catering enterprises.

Keywords: Post-COVID-19 era; Shanxi catering; Sustainable development

Ⅲ Special Reports

B.11 Nostalgic Memory of Cuisine Culture in Southern Yunnan
—Investigation and Analysis of Cuisine Culture Based on Jianshui County　　　　　　　　　　　　　　　　*Zhang Liming* / 162

Abstract: With the rich resources of Jianshui food culture in southern Yunnan, the food tradition and ethnic minority food customs under the influence of the Han culture have been formed. The food culture presents the characteristics of "each has its own beauty and each place has its own diversity". The steam pot, steam pot chicken and other delicious food carry the memory of food culture. The activation of food cultural memory as well as the re-excavation and reuse of food cultural resources have promoted the restoration of the style of the ancient city, the construction of creative blocks, rural construction and the development of cultural tourism, making tourists immersed in the nostalgic journey of food culture. The "City of Food" is the direction of cultural inheritance and construction of cuisine in Jianshui. The government, enterprises and society should be mobilized to take active action, utilize the opportunity of developing nostalgic food with regional culture to achieve high-quality development of the catering industry and cultural tourism industry and urban transformation and upgrading in Jianshui.

Keywords: Jianshui in southern Yunnan; Delicious food; Cultural memory; Activation

B.12 Taking the Opportunity of Building an "International Consumer Center City" to Accelerate the Construction of Tianjin as the "International City of Food"

Kong Lingtao, Zhu Jie, Chen Cheng and Guo Chengyue / 176

Abstract: Tianjin proposes to build an "international consumption center city" in the "14th Five-Year Plan". This paper analyzes the promotion of the construction of Tianjin as an "International City of Food", expounds the resource endowment and special location advantage for the construction of the City of Food, and puts forward the general idea and development goal of building Tianjin into an "International City of Food" on this basis.

Keywords: Tianjin; International City of Food; Tianjin cuisine SWOT

B.13 China's Catering Industry Welcomes the Era of Brand Power 2.0
—Research Report on China's Catering Categories and Brands in 2020 *Fan Ning / 186*

Abstract: Based on the big data of brand research institute at canyin88.com, this report analyzes the development status and trend of Chinese catering categories and brands in 2020. Combined with the impact of COVID-19 on the catering industry, focusing on the hot topics such as market classification and expansion, hot categories, top brands, single item categories, etc., it makes in-depth analysis of the catering categories and brands from multiple perspectives and dimensions, and draws the conclusion that China's catering industry has entered the era of brand power 2.0.

Keywords: Catering category; Catering brand; Big data; Brand power

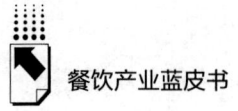

B.14 Development Report of China's Online Take-out Food Industry in 2020　　　　　　　　　　　*An Shen* / 208

Abstract: In 2020, due to the impact of COVID-19, the entire underwent industry underwent tremendous changes. Although there has been a huge blow, and many restaurants have experienced a wave of closures, the number of online takeout users in China has reached 456 million, and the business revenue of takeout has reached 811.94 billion yuan, thus the number of users and the amount of revenue have achieved a huge growth. Under the impact of COVID-19, catering enterprises also started to explore the online takeout business and spent more energy on the standardized production of finished and semi-finished products, launched multiple sales channels of "eat-in + takeout + takeaway + retail", and explored multi-period and multi-scene business models such as "community stalls" and "24-hour restaurants".

Keywords: Takeout; Catering digitalization; Medium and small-sized catering businesses; Category development

B.15 Present Situation and Future Pathway of Chinese Food Intangible Cultural Heritage
　　—Inspection based on the Diet Items in the National Intangible Cultural Heritage List　　*Cheng Xiaomin, Gong Runhua* / 222

Abstract: In China, the concept of intangible cultural heritage has gradually stepped into daily life and modern market from the research field of scholars. Especially at the turn of the "13th Five-year Plan" and the "14th Five-year Plan" when the whole society and culture were undergoing drastic changes, "intangible cultural heritage", as the core gene of China's excellent traditional culture, plays a unique role in the grand narrative of national destiny, culture, economy and society, such as epidemic disaster, poverty alleviation, rural revitalization, cultural and tourism integration and so on. Intangible dietary cultural heritage, as an important part of the intangible cultural heritage, although it shows its function and value in the torrent of the times, there are more struggles and confusion in the process of "becoming an intangible cultural heritage" and "why is an intangible cultural heritage". Fortunately, the diet items in the fifth batch of national intangible cultural heritage list at the beginning of 2021 let us see possible new changes in the protection and inheritance of intangible dietary heritage. Under this opportunity, this paper comprehensively examines the diet items in the fifth batch of national intangible cultural heritage list. Taking the declaration of intangible cultural heritage and list items as the start of observation, this paper shows the changes and characteristics of national intangible dietary cultural heritage items from the diachronic perspective, analyzes the new and old trend of Chinese intangible dietary cultural heritage in terms of cognitive concept, protection idea and inheritance mode. In addition, combined with the current context of video-oriented society and modern narration, this paper proposes that the protection and inheritance of intangible cultural dietary heritage needs to carefully deal with the relationship between popularity and accuracy of expression, the relationship with sustainable development, and the relationship between communication and inheritance in the future.

Keywords: Intangible dietary cultural heritage; Intangible heritage list; Communication and inheritance; Sustainable development

B.16 Frugal Eating Habits and Outlook on Health in Chinese Cultural Tradition

—Sample Survey Based on the Spring Festival

Zhang Zuqun, Chen Qi and Li Xin / 243

Abstract: Based on the coexistence of food waste and thrift, the difference between festival diet and daily diet, the contradiction between traditional diet and

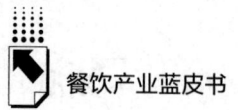

modern diet, with the sample survey, historical data and realistic data of local eating habits and frugal habits as the research materials, it is of great economic value, political value and cultural value orientation to analyze the habit of frugality and the outlook on health in Chinese cultural tradition. From two aspects of Chinese cultural tradition and dietary nutrition theory, this paper traces the theoretical origin of the habit of frugality in diet and the outlook on health. Compared with the international action against food waste, this paper analyzes the inheritance and transformation of the concept of frugality on food and the outlook on health in the realistic context. Looking into the future, there should be laws to abide by in the governance of food waste, the traditional Chinese habit of frugality on food should be inherited steadily, and the institutional system should be made to prevent food waste.

Keywords: Chinese cultural tradition; Food waste; Habit of frugality; Outlook on health

B.17 Interpretation of "Anti-Food Waste Law"　　*Wang Wenjiang* / 261

Abstract: The promulgation and implementation of the Anti-Food Waste Law is a major event in the food and beverage industry, which will surely exert a profound impact on the market behaviors such as production and operation of food and beverage, and the whole industry chain. The life of law lies in implementation. The implementation of the Anti-Food Waste Law requires the government departments to take the lead, educate and guide and standardize the law enforcement, and the relevant operators, families, citizens and other subjects to strictly abide by the law, so as to form a healthy and civilized new trend in the whole society. This paper introduces the legislative background and process of Anti-Food Waste Law, the important characteristics of the Anti-Food Waste Law, the regulations on relevant obligations of food and beverage operators, etc., aiming to provide some ideas for understanding the Anti-Food Waste Law.

Keywords: Anti-Food Waste Law; Frugality on food; Legal liability

V Appendix

B.18 Anti-Food Waste Law of the People's Republic of China

/ 274

B.19 Guide to the Application of Artificial Intelligence Technology in the Catering Industry

/ 281

社会科学文献出版社

皮 书
智库报告的主要形式
同一主题智库报告的聚合

❖ 皮书定义 ❖

皮书是对中国与世界发展状况和热点问题进行年度监测,以专业的角度、专家的视野和实证研究方法,针对某一领域或区域现状与发展态势展开分析和预测,具备前沿性、原创性、实证性、连续性、时效性等特点的公开出版物,由一系列权威研究报告组成。

❖ 皮书作者 ❖

皮书系列报告作者以国内外一流研究机构、知名高校等重点智库的研究人员为主,多为相关领域一流专家学者,他们的观点代表了当下学界对中国与世界的现实和未来最高水平的解读与分析。截至2021年,皮书研创机构有近千家,报告作者累计超过7万人。

❖ 皮书荣誉 ❖

皮书系列已成为社会科学文献出版社的著名图书品牌和中国社会科学院的知名学术品牌。2016年皮书系列正式列入"十三五"国家重点出版规划项目;2013~2021年,重点皮书列入中国社会科学院承担的国家哲学社会科学创新工程项目。

权威报告・一手数据・特色资源

皮书数据库
ANNUAL REPORT(YEARBOOK) DATABASE

分析解读当下中国发展变迁的高端智库平台

所获荣誉

- 2019年，入围国家新闻出版署数字出版精品遴选推荐计划项目
- 2016年，入选"'十三五'国家重点电子出版物出版规划骨干工程"
- 2015年，荣获"搜索中国正能量 点赞2015""创新中国科技创新奖"
- 2013年，荣获"中国出版政府奖・网络出版物奖"提名奖
- 连续多年荣获中国数字出版博览会"数字出版・优秀品牌"奖

成为会员

通过网址www.pishu.com.cn访问皮书数据库网站或下载皮书数据库APP，进行手机号码验证或邮箱验证即可成为皮书数据库会员。

会员福利

- 已注册用户购书后可免费获赠100元皮书数据库充值卡。刮开充值卡涂层获取充值密码，登录并进入"会员中心"—"在线充值"—"充值卡充值"，充值成功即可购买和查看数据库内容。
- 会员福利最终解释权归社会科学文献出版社所有。

数据库服务热线：400-008-6695
数据库服务QQ：2475522410
数据库服务邮箱：database@ssap.cn
图书销售热线：010-59367070/7028
图书服务QQ：1265056568
图书服务邮箱：duzhe@ssap.cn

卡号：358797593641
密码：

S 基本子库
SUB DATABASE

中国社会发展数据库（下设 12 个子库）

整合国内外中国社会发展研究成果，汇聚独家统计数据、深度分析报告，涉及社会、人口、政治、教育、法律等 12 个领域，为了解中国社会发展动态、跟踪社会核心热点、分析社会发展趋势提供一站式资源搜索和数据服务。

中国经济发展数据库（下设 12 个子库）

围绕国内外中国经济发展主题研究报告、学术资讯、基础数据等资料构建，内容涵盖宏观经济、农业经济、工业经济、产业经济等 12 个重点经济领域，为实时掌控经济运行态势、把握经济发展规律、洞察经济形势、进行经济决策提供参考和依据。

中国行业发展数据库（下设 17 个子库）

以中国国民经济行业分类为依据，覆盖金融业、旅游、医疗卫生、交通运输、能源矿产等 100 多个行业，跟踪分析国民经济相关行业市场运行状况和政策导向，汇集行业发展前沿资讯，为投资、从业及各种经济决策提供理论基础和实践指导。

中国区域发展数据库（下设 6 个子库）

对中国特定区域内的经济、社会、文化等领域现状与发展情况进行深度分析和预测，研究层级至县及县以下行政区，涉及省份、区域经济体、城市、农村等不同维度，为地方经济社会宏观态势研究、发展经验研究、案例分析提供数据服务。

中国文化传媒数据库（下设 18 个子库）

汇聚文化传媒领域专家观点、热点资讯，梳理国内外中国文化发展相关学术研究成果、一手统计数据，涵盖文化产业、新闻传播、电影娱乐、文学艺术、群众文化等 18 个重点研究领域。为文化传媒研究提供相关数据、研究报告和综合分析服务。

世界经济与国际关系数据库（下设 6 个子库）

立足"皮书系列"世界经济、国际关系相关学术资源，整合世界经济、国际政治、世界文化与科技、全球性问题、国际组织与国际法、区域研究 6 大领域研究成果，为世界经济与国际关系研究提供全方位数据分析，为决策和形势研判提供参考。

法律声明

"皮书系列"（含蓝皮书、绿皮书、黄皮书）之品牌由社会科学文献出版社最早使用并持续至今，现已被中国图书市场所熟知。"皮书系列"的相关商标已在中华人民共和国国家工商行政管理总局商标局注册，如LOGO（ ）、皮书、Pishu、经济蓝皮书、社会蓝皮书等。"皮书系列"图书的注册商标专用权及封面设计、版式设计的著作权均为社会科学文献出版社所有。未经社会科学文献出版社书面授权许可，任何使用与"皮书系列"图书注册商标、封面设计、版式设计相同或者近似的文字、图形或其组合的行为均系侵权行为。

经作者授权，本书的专有出版权及信息网络传播权等为社会科学文献出版社享有。未经社会科学文献出版社书面授权许可，任何就本书内容的复制、发行或以数字形式进行网络传播的行为均系侵权行为。

社会科学文献出版社将通过法律途径追究上述侵权行为的法律责任，维护自身合法权益。

欢迎社会各界人士对侵犯社会科学文献出版社上述权利的侵权行为进行举报。电话：010-59367121，电子邮箱：fawubu@ssap.cn。

社会科学文献出版社